Éditions Prise de parole
205-109, rue Elm
Sudbury (Ontario)
Canada P3C 1T4
www.prisedeparole.ca

La collection « Agora » publie des études en sciences humaines sur la francophonie, en privilégiant une perspective canadienne.

Nous remercions le gouvernement du Canada, le Conseil des arts du Canada, le Conseil des arts de l'Ontario et la Ville du Grand Sudbury de leur appui financier.

Des mines littéraires

L'imaginaire minier dans les littératures de l'Abitibi et du Nord de l'Ontario

De la même auteure

Avec Mathieu Simard et Ariane Brun del Re (dir.), *L'espace-temps dans les littératures périphériques du Canada*, Ottawa, Éditions David, coll. «Voix savantes», 2018.
Avec Paola Puccini (dir.), *Langue et pouvoir*, Bologne, Éditions Emil, coll. «CISQ», 2017.
Avec Paola Puccini (dir.), *Le bien-être en ville: espaces urbains, langues, cultures et sociétés*, Bologne, Éditions Emil, coll. «CISQ», 2017.

Cet ouvrage a été publié grâce à une subvention de la Fédération des sciences humaines, dans le cadre du Prix d'auteurs pour l'édition savante, à l'aide de fonds provenant du Conseil de recherches en sciences humaines du Canada.

Des mines littéraires
L'imaginaire minier dans les littératures de l'Abitibi et du Nord de l'Ontario

Isabelle Kirouac Massicotte

Collection Agora
Éditions Prise de parole
Sudbury 2018

Œuvre en première de couverture: Olivier Lasser (Depositphotos/naticastillog)
Conception de la première de couverture: Olivier Lasser

Infographie: Camille Contré
Correction d'épreuves: Camille Contré

Tous droits de traduction, de reproduction
et d'adaptation réservés pour tous pays.
Imprimé au Canada.
Copyright © Ottawa, 2018

Diffusion au Canada: Dimedia

Catalogage avant publication de Bibliothèque et Archives Canada
Kirouac Massicotte, Isabelle, auteur
Des mines littéraires: l'imaginaire minier dans les littératures de l'Abitibi et du Nord de l'Ontario/Isabelle Kirouac Massicotte.
(Agora)
Comprend des références bibliographiques.
Publié en formats imprimé(s) et électronique(s).
    ISBN 978-2-89744-126-5 (couverture souple).
    – ISBN 978-2-89744-127-2 (PDF).
    – ISBN 978-2-89744-128-9 (EPUB)
1. Mines dans la littérature. 2. Littérature canadienne-française–Ontario (Nord)–Histoire et critique. 3. Littérature québécoise–Québec (Province)–Abitibi-Témiscamingue–Histoire et critique. I. Titre. II. Collection: Collection Agora (Sudbury, Ont.)
    PS8101.M58K57 2018   C840.9'3553   C2018-903388-6
                                                                                                                  C2018-903389-4

À la mémoire de mon père

Un soir, la neige se mit à tomber. La femme qui, depuis leur arrivée à Montréal, n'avait osé sortir, terrifiée par la ville, s'écria : — Il neige! Viens, nous irons à Senneterre. Et de s'habiller en toute hâte. — Mais les enfants? demanda le mari. — Ils nous attendront; la Sainte Vierge les gardera. Viens, mon mari, je ne peux plus rester ici. Alors il jugea lui-même que sa femme était folle et prit les enfants dans ses bras. Elle était sortie pour l'attendre dans la rue. Il la regarda par la fenêtre. Elle courait en rond devant la porte, puis s'arrêtait, ne pouvant plus attendre. — Nous irons à Malartic, criait-elle, nous irons à Val-d'Or! Un taxi passait. Elle y monta.
Jacques Ferron, « Retour à Val-d'Or »

INTRODUCTION

Bien que différentes communautés ne partagent pas nécessairement les mêmes enjeux et destinées, il est néanmoins possible de relever des parentés imaginaires entre des littératures issues de cultures distinctes, comme le propose François Paré dans *La distance habitée*[1]. Cela s'applique au contexte des Amériques, où

> une ville lointaine fait [...] de manière assez explicite, mais sur un plan symbolique, le récit des migrations successives qui, partout sur le continent nord-américain, ont vu naître les lieux de nouvelles implantations et, avec eux, une mythologie bien connue de la conquête de l'espace[2].

Deux populations géographiquement éloignées peuvent donc avoir en commun des mythes fondateurs, qui sont autant de structures archétypales de l'imaginaire, des « schémas ou potentialités fonctionnelles » qui « façonnent inconsciemment la pensée[3] ». Des thématiques comme celle du peuplement de l'Ouest étatsunien ont non seulement une valeur fondatrice pour différentes communautés, mais elles forment encore de nos jours une « énorme réserve sémiotique[4] ». Le « complexe de Kalamazoo », développé par Pierre Nepveu, évoque également l'idée d'une

---

[1] François Paré, *La distance habitée*, Ottawa, Le Nordir, coll. « Roger-Bernard », 2003, 277 p.
[2] *Ibid.*, p. 83.
[3] Carl Gustav Jung, *Les types psychologiques*, Genève, Éditions Georg, 1950, p. 310.
[4] François Paré, *op. cit.*, p. 83.

parenté entre villes éloignées qui a certainement un impact sur la représentation littéraire de ces lieux:

> [L]es petites et moyennes villes d'Amérique ont un air de famille, peu importe où l'on se trouve. Il peut s'agir de laideur (celle-ci crève souvent les yeux), mais plus généralement de la répétition banale des mêmes abords, commerces et bâtiments, des mêmes modes de vie, de cette désorganisation de l'espace et de l'architecture[5].

La relation entre les œuvres de diverses cultures est, entre autres facteurs, à la fois attribuable à une histoire similaire et à une géographie apparentée; selon Benedict Anderson, les nations sont autant de communautés politiques imaginées qui doivent être *« distinguished, not by their falsity/genuineness, but by the style in which they are imagined*[6] ». Le concept de nation tel qu'il est développé par Anderson permet d'appréhender les imaginaires de différentes communautés sous une autre optique que seulement celle de la ressemblance, soit celle de la différence. En dépit d'une importante parenté historique, géographique et thématique, chaque nation aura ses propres façons d'imaginer son territoire et ses événements les plus marquants: cette différenciation est donc génératrice d'une richesse analytique. Pour sa part, Stuart Hall propose l'idée d'une « communauté de destin », où l'ethnicité signifie *« the astonishing return to the political agenda of all those points of attachment which give the individual some sense of "place" and position in the world, whether these be in relation to particular communities, localities, territories, languages, religions or cultures*[7] ». Cette conceptualisation ajoute à la distinction nécessaire entre les peuples apparentés; le rapport et l'attachement au lieu, au territoire ainsi qu'à la culture peuvent être représentés de manières bien différentes dans les littératures de ces régions.

Le spécialiste de la littérature franco-ontarienne René Dionne évoque également l'importance du rapport à la communauté et au

---

[5] Pierre Nepveu, *Intérieurs du Nouveau Monde*, Montréal, Éditions du Boréal, coll. « Papiers collés », 1998, p. 266.
[6] Benedict Anderson, *Imagined Communities*, London/New York, Verso, 2006, p. 6.
[7] Stuart Hall, *Stuart Hall: Critical Dialogues in Cultural Studies*, London/New York, Routledge, 1996, p. 236.

territoire ainsi que sa représentation et propose que les histoires littéraires et culturelles « [doivent] aller de pair à l'université quand il s'agit de littérature régionale » parce qu'elle tire « principalement son importance de la société qui lui prête vie » et doit être étudiée « en relation constante avec sa source et son cadre de développement[8] ». Dionne définit la littérature régionale comme

> la somme des œuvres produites par une région ou portant sur cette région. Il n'est donc pas nécessaire que ces œuvres décrivent la région ou en traitent; il suffit qu'elles s'y rattachent de façon certaine, que ce soit, par exemple, par le lieu de naissance, de résidence ou de travail de leurs auteurs ou encore par leur contenu (sujet, thèmes, personnages, situation d'une action romanesque, etc.)[9].

Il ne s'agit donc pas d'une production qui repose sur le régionalisme comme on l'entend généralement, autrement dit, une « littérature des mœurs ou de la vie populaire » où serait décrite la nature canadienne[10]. La littérature régionale, bien qu'elle rassemble des textes qui appartiennent à un même territoire, n'est pas pour autant exclusivement tournée vers la représentation de ses paysages, de ses habitantes et habitants, et peut atteindre une certaine forme d'universalité.

Depuis quelque temps déjà, mais de façon plus évidente depuis les années 2010, les régions ont récupéré une place de choix dans certaines œuvres de la littérature québécoise. Mais on ne peut à proprement parler d'un retour au terroir, puisque cela suggèrerait, selon Pierre Lefebvre, des « écrivains empêtrés dans le sol et le sang » qui nous « assommer[aient] avec [...] la tradition[11] ». La résurgence des territoires régionaux dans le corpus québécois, tendance que Francis Langevin nomme « régionalité », consiste plutôt en l'exploration « des espaces régionaux précis, des lieux qui sont spécifiés, problématisés,

---

[8] René Dionne, *La littérature régionale aux confins de l'histoire et de la géographie*, Sudbury, Éditions Prise de parole, 1993, p. 50.
[9] *Ibid.*, p. 23.
[10] Camille Roy, « Critique et littérature nationale », *Le Canada français*, vol. XIX, n° 1, septembre 1931, p. 7-13; n° 2, octobre 1931, p. 73-82.
[11] Pierre Lefebvre, « Présentation », *Liberté*, vol. LIII, n° 3, hiver 2012, p. 5.

rendus signifiants au-delà de leur rôle immédiat de décor[12] ». Parmi les précurseurs de ce « néoterroir », Samuel Archibald identifie Louis Hamelin, qui a notamment écrit l'Abitibi dans son recueil de nouvelles *Sauvages*[13], et Pierre Yergeau, écrivain d'origine abitibienne qui a représenté sa région natale dans *L'écrivain public*[14], pour ne nommer qu'un seul titre. Néanmoins, les écrivains et les écrivaines que l'on associe plus généralement à la régionalité appartiennent à la relève littéraire québécoise et sont pour la plupart de jeunes trentenaires. Il n'y a qu'à penser à Samuel Archibald, qui déploie l'imaginaire de la cité ouvrière d'Arvida au Saguenay dans son recueil de nouvelles du même nom[15], à Nicolas Dickner, qui nous livre une représentation de Rimouski dans son roman *Nikolski*[16], ou encore à William S. Messier qui donne à lire les Cantons-de-l'Est dans son recueil de légendes et de récits intitulé *Townships. Récits d'origine*[17]. En outre, la collection « Contes, légendes et récits du Québec et d'ailleurs[18] » aux Éditions Trois-Pistoles, consacrée à la publication de textes issus des régions québécoises, témoigne aussi d'un renouvellement de l'intérêt accordé à la littérature dite régionale. Les auteures et les auteurs que l'on associe à la régionalité, bien qu'ils soient souvent originaires de la région, habitent pour la plupart Montréal; ce qui est central à cette tendance n'est donc pas le lieu de résidence de ceux qui écrivent sur les régions, mais bien la « recrudescence d'intérêt pour les lieux – référentiels ou non[19] ». Comme le propose Langevin, les écrits de la régionalité

---

[12] Francis Langevin, « La régionalité dans les fictions québécoises d'aujourd'hui. L'exemple de *Sur la 132* de Gabriel Anctil », *Temps zéro* [en ligne], dossier *Instabilité du lieu dans la fiction narrative contemporaine*, n° 6, 2013, mis à jour le 05/08/2014, http://tempszero.contemporain.info/document936.

[13] Louis Hamelin, *Sauvages*, Montréal, Éditions du Boréal, 2006, 289 p.

[14] Pierre Yergeau, *L'écrivain public*, Québec, L'Instant même, 1996, 247 p.

[15] Samuel Archibald, *Arvida*, Montréal, Le Quartanier, coll. « Polygraphe », 2011, 314 p.

[16] Nicolas Dickner, *Nikolski*, Québec, Alto, 2005, 325 p.

[17] William S. Messier, *Townships. Récits d'origine*, Montréal, Marchand de feuilles, 2009, 112 p.

[18] Des tomes de cette collection sont notamment consacrés aux écrits de la Gaspésie, de l'Outaouais et des Îles-de-la-Madeleine.

[19] Francis Langevin, *op. cit.*

« laissent entendre qu'ils vont entrer en dialogue direct avec un héritage discursif "régional" ou folklorique, à moins qu'ils se donnent pour mission de décrire une réalité actuelle sociale ou individuelle[, souvent liée à l'activité économique][20] ». Cela rejoint ce que Micheline Cambron avançait déjà en 1994, à savoir que le concept de littérature régionale « implique peut-être qu'on pourrait lire, pour chacune des régions, un récit commun régional – qui serait l'équivalent d'une identité narrative [...] – auquel les divers corpus d'œuvres pressenties comme régionales donneraient accès[21] ».

Ces réflexions servent de cadre à la problématique qui sera la mienne dans cet ouvrage. En effet, je me propose d'étudier l'impact rhizomique de l'espace minier sur l'écriture des œuvres abitibiennes et franco-ontariennes, qui peuvent être considérées comme précurseures du mouvement de la régionalité lorsque l'on considère la place de choix qu'elles accordent à la région ainsi que leur datation (1981-2005)[22]. Alors que l'histoire de plusieurs villes de l'Abitibi et du Nord de l'Ontario est marquée par l'exploration et l'exploitation minières, je me propose de comparer quelques œuvres de ces deux corpus littéraires[23]. Comme le mentionne Denis Cloutier à propos de l'Abitibi, « la ruée vers les métaux précieux et une situation géographique aux marges de l'écoumène ont laissé des traces dans l'imaginaire régional qui s'est construit au carrefour des rencontres multiples[24] ». D'emblée, ces régions ont une importante parenté

---

[20] *Id.*, « Un nouveau régionalisme ? De Sainte-Souffrance à Notre-Dame-du-Cachalot, en passant par Rivière-aux-Oies (Sébastien Chabot, Éric Dupont et Christine Eddie) », *Voix et Images*, vol. XXXVI, n° 1, automne 2010, p. 60.

[21] Micheline Cambron, « Le concept de littérature régionale », dans Fernand Harvey (dir.), *La région culturelle : problématique interdisciplinaire*, Québec, Institut québécois de recherche sur la culture, 1994, p. 147.

[22] Francis Langevin inclut le Nord de l'Ontario dans les régions convoquées dans les récits de la régionalité. « La régionalité dans les fictions québécoises d'aujourd'hui. L'exemple de *Sur la 132* de Gabriel Anctil », *op. cit.*

[23] Bien que je me concentre sur l'espace minier dans mon étude, cela ne signifie pas pour autant que les corpus nord-ontarien et abitibien seraient exclusivement constitués d'œuvres minières.

[24] Denis Cloutier, « Présentation », *Contes, légendes et récits de l'Abitibi-Témiscamingue*, Trois-Pistoles, Éditions Trois-Pistoles, coll. « Contes, légendes et récits du Québec et d'ailleurs », 2012, p. XIII.

géographique, puisqu'elles sont toutes deux marquées par la présence de chevalements de mines, de

> véritable[s] « cathédrales industrielles » [...] qui s'élancent vers le ciel [et] indiquent la présence d'un puits de mine. Que ce soit à Val-d'Or, à Timmins, à Rouyn-Noranda ou à Sudbury, ces chevalements sont similaires. Ils soulignent avec force une des raisons d'être de cette grande région minière[25].

Outre les chevalements, on retrouve également la structure emblématique des cheminées des fonderies Horne et Copper Cliff dans les paysages de Rouyn-Noranda et Sudbury, qui symbolisent bien la domination de l'industrie minière sur ces villes.

Dès 1886, des mines de nickel ouvrent à Sudbury, le seul endroit en Occident où l'on trouve ce métal, qui servira à la fabrication de munitions pour les deux grandes guerres à venir. Les travailleurs sont principalement des immigrés d'Europe, comme à Cobalt, où l'importante exploitation d'argent vaut à la ville le surnom de *New Eldorado* en 1906; il s'agit d'une véritable « ruée vers l'or », même des explorateurs du mythique Klondike s'y sont rendus. Une anomalie minérale, détectée en 1909 dans la région qui deviendra Timmins, permettra l'exploitation de trois mines d'or dont la production équivaut à sept fois celle du Klondike: il s'agit de la « Faille de Cadillac ». Cette ceinture minérale, qui se partage entre les territoires ontarien et québécois, est également à l'origine des activités minières de Kirkland Lake, Rouyn-Noranda, Malartic et Val-d'Or, où on extraira de l'or et du cuivre. C'est en 1911 qu'Edmund Horne, un prospecteur néo-écossais, passe de l'exploration des régions minières du Nord-Est ontarien à celle des forêts pratiquement vierges de l'Abitibi: le gisement qu'il découvre donne rapidement naissance aux villes de Rouyn et de Noranda[26]. Douze ans plus tard, Robert C. Clark et Gabriel Commandant découvrent la mine aurifère Lamaque, à

---

[25] Guy Gaudreau, « Introduction », *L'histoire des mineurs du Nord ontarien et québécois*, Sillery (Québec), Les éditions du Septentrion, coll. « Cahiers des Amériques », 2003, p. 7.

[26] Richard Desjardins et Robert Monderie, *Trou Story*, Montréal, Office national du film du Canada, 2011, 79 min.

l'emplacement actuel de la municipalité valdorienne[27], qui ne sera mise en production qu'en 1935, la même année que la Canadian Malartic, dans la ville éponyme.

La parenté territoriale de l'Abitibi et du Nord de l'Ontario est d'autant plus forte que ces deux régions partagent un espace, celui de la « Faille de Cadillac »; le paradigme minier a donc une importante valeur symbolique au sein de nombreuses œuvres de ces littératures, mais la prégnance des mines dans ces imaginaires est aussi attribuable à l'origine strictement minière de plusieurs villes. Aussi, « [l]es Ontariens sont souvent les premiers à suivre à la trace les levés de terrain du ministère des Mines du Québec et à quadriller les cantons abitibiens, attirés par les similitudes géologiques qu'offre cette région avec leur province d'origine[28] »; les prospecteurs de l'Ontario ont ainsi occupé un rôle de premier plan dans la découverte de gisements en terre abitibienne, ce qui montre bien la porosité de la frontière entre ces deux régions[29].

Certaines villes minières nord-ontariennes, qui ont connu un développement plutôt anarchique, ont même eu une influence sur l'urbanisme du Village minier de Bourlamaque (Val-d'Or), dont l'organisation urbaine a été prise en charge par les autorités de la mine, qui voulaient en faire une « ville étroitement contrôlée[30] », ce qu'on appelle aussi une ville de compagnie, alors que les habitations appartiennent aux minières et que le moindre tracé de la municipalité est prévu, calculé. Le Nord-Est ontarien et le Nord-Ouest québécois auraient d'ailleurs pu être davantage que des régions apparentées; en 1962, « [u]n groupe de citoyens mécontents du sort réservé par les gouvernements supérieurs aux régions nordiques du Québec et de l'Ontario, préconise la

---

[27] Denys Chabot, *L'Abitibi minière*, Val-d'Or, Société d'histoire et de généalogie de Val-d'Or, 2002, p. 47.

[28] *Id.*, *Le village minier de Bourlamaque*, Québec, Direction des relations publiques du ministère de la Culture, des Communications et de la Condition féminine, coll. « Patrimoines », 2009, p. 7.

[29] L'organisme à but non lucratif Épopée de l'Or a pour mandat de faire connaître l'histoire des prospecteurs de l'Abitibi-Témiscamingue et du Nord-Est ontarien.

[30] *Id.*, *Le village minier de Bourlamaque*, *op. cit.*, p. 8.

sécession et la création d'une 11ᵉ province[31] ». Il y a donc déjà existé une volonté de réunir ces deux territoires en un seul, notamment dans l'objectif d'atteindre une certaine souveraineté au niveau des industries forestière et minière.

De cette parenté géographique et historique découle également une similitude au niveau de l'histoire de l'institution littéraire des communautés de l'Abitibi et du Nord de l'Ontario, tandis que

> [d]ans le nord, il faudra le développement du réseau ferroviaire avant que les colons s'y dirigent, à la fin du XIXᵉ siècle et au début du XXᵉ siècle, pour y travailler la terre, ou dans les mines et l'industrie du bois. Toutefois, pour qu'une littérature se développe, il faut une population instruite qui dispose de temps pour se livrer à des activités culturelles[32].

Les conditions d'existence des premiers temps des colonies ainsi que la prédominance ouvrière de la population contribuent donc à ce que toute forme d'institution culturelle se construise tardivement, ce qui constitue aussi l'une des caractéristiques des littératures exiguës. Michel Dubé souligne cette réalité dans la préface d'*East-Malartic, 1947*: « À travers leurs œuvres, les Bellehumeur, Chabot, Delisle, Desjardins, Duguay, Jacob, Lemire, Michaud, Saucier et Yergeau nous restituent notre propre passé[33] ». Les écrits abitibiens et nord-ontariens partagent aussi le statut de littératures minoritaires, qui regroupent des

> œuvres littéraires produites au sein des minorités ethniques à l'intérieur des États unitaires. On pourrait recenser d'autres types de minorités, réelles ou idéologiques, dont notre société est très consciente: homosexuelle, régionale (la littérature de l'Outaouais au Québec), économique [...] ou autre[34].

Bien que la minorisation du corpus franco-ontarien soit surtout d'ordre linguistique, elle est également régionale en ce qui

---

[31] Id., *L'Abitibi minière, op. cit.*, p. 261.
[32] Lucie Hotte et Johanne Melançon, « Introduction », *Introduction à la littérature franco-ontarienne*, Sudbury, Éditions Prise de parole, coll. « Agora », 2010, p. 32.
[33] Michel Dubé, « Préface », dans Gilles Massicotte, *East-Malartic, 1947*, Rouyn-Noranda, Les Éditions du Quartz, coll. « Textes et contexte », 2012, p. 12.
[34] François Paré, *Les littératures de l'exiguïté*, Ottawa, Le Nordir, 1994 [1992], p. 13.

concerne les œuvres nord-ontariennes: les productions de l'Abitibi et du Nord de l'Ontario sont toutes deux en marge des institutions littéraires nationales, québécoise et ontarienne, auxquelles elles se rattachent.

Malgré ce statut de littérature de l'exiguïté, l'institution littéraire franco-ontarienne est forte de cinq maisons d'édition: les Éditions du GREF (1987) à Toronto, les Éditions Prise de parole (1973) à Sudbury ainsi que les Éditions du Vermillon (1982), les Éditions David (1993) et les Éditions L'Interligne (1981), toutes situées à Ottawa. Néanmoins, Prise de parole vise à faire valoir la création littéraire en milieu minoritaire[35] tandis que David et L'Interligne[36] privilégient les écrivains et les écrivaines qui résident sur le territoire de l'Ontario français, ce qui témoigne de la relative précarité de cette littérature et de la volonté, encore nécessaire, de la favoriser. Jusqu'à tout récemment, l'institution franco-ontarienne était également assurée d'un certain écho critique par l'entremise du magazine culturel *Liaison* (1978), publié par les Éditions L'Interligne de 1981 à 2018. L'enseignement n'est pas non plus en reste, alors que plusieurs universités offrent des cours de littérature franco-ontarienne, dont l'Université d'Ottawa, l'Université Laurentienne, l'Université de Toronto et l'Université Laval.

Plus modeste, l'institution littéraire abitibienne «[laisse] voir de manière plus saisissante [ses] lignes institutionnelles[37]»: elle ne dispose que d'une seule maison d'édition, les Éditions du Quartz[38]. Malgré qu'elle soit «petite», la littérature de l'Abitibi comporte des instances semblables à celles des productions majoritaires, qu'il s'agisse d'un regroupement d'écrivains comme celui du Cercle des écrivains de l'Abitibi-Témiscamingue[39], dont

---

[35] http://prisedeparole.ca/a-propos/ [Éditions Prise de parole].
[36] http://editionsdavid.com/a-propos-de-nous/mandat/ [Éditions David] et http://interligne.ca/ [Éditions L'Interligne].
[37] François Paré, *Les littératures de l'exiguïté, op. cit.*, p. 23.
[38] Il existe également une maison d'édition à Ville-Marie, au Témiscamingue, les Éditions Les Z'ailées, qui se consacre à la littérature pour la jeunesse.
[39] Un répertoire bibliographique des écrivaines et des écrivains de l'Abitibi, qui comprend une centaine de noms, est disponible à la consultation sur place à Bibliothèque et Archives nationales du Québec.

les membres se réunissent afin de stimuler la création littéraire en région, d'un prix littéraire comme celui organisé chaque année par le Comité du Prix littéraire de l'Abitibi-Témiscamingue, ou encore d'un Salon du livre[40]. En outre, plusieurs éléments tendent à prouver que cette institution se trouve à un moment charnière de sa jeune histoire: la création du journal culturel *L'Indice bohémien*, qui fait la promotion du milieu culturel de la région depuis 2009 et qui a développé en 2014 une revue numérique de création littéraire, *Bleu panache*[41]; la mise sur pied en 2011 des Éditions du Quartz à Rouyn-Noranda, dont l'une des collections, «Textes et contexte», est consacrée à la réédition d'ouvrages marquants du corpus; la reconnaissance internationale du roman *Il pleuvait des oiseaux*[42] de l'auteure abitibienne Jocelyne Saucier, qui a reçu quatre prix, dont le prestigieux Prix des cinq continents de la Francophonie en 2011; sans oublier la publication aux Éditions Trois-Pistoles d'une anthologie intitulée *Contes, légendes et récits de l'Abitibi-Témiscamingue* (2012).

La création de cette anthologie, «[chargée] des pouvoirs symboliques du rassemblement[43]», témoigne de la récente volonté de rassembler les récits pour en faire un ensemble cohérent: il s'agit également du «premier ensemble de textes littéraires d'origines diverses à traiter de l'exploration et de l'exploitation minière au Québec[44]». Le regroupement de ces écrits contribue à l'émergence de certaines «caractéristiques de la littérature abitibienne, l'esprit frondeur, la dureté des conditions de vie des pionniers et l'isolement des commencements[45]». Les «petites» littératures, comme celle de l'Abitibi, tentent d'accéder à une existence plus tangible en «accumulant les répertoires et les anthologies (inventaires producteurs)[46]»; cette tendance à la multiplication des

---

[40] Le Salon du livre de l'Abitibi-Témiscamingue est itinérant, il se déplace entre les villes de Val-d'Or, Rouyn-Noranda, Amos, La Sarre et Ville-Marie.
[41] La revue a toutefois suspendu ses activités en 2016, et ce, pour une durée indéterminée.
[42] Jocelyne Saucier, *Il pleuvait des oiseaux*, Montréal, XYZ Éditeur, coll. «Romanichels», 2011, 184 p.
[43] François Paré, *Les littératures de l'exiguïté, op. cit.*, p. 86.
[44] Denis Cloutier, *loc. cit.*, p. XVI.
[45] Marie-Claude Leclercq, «Préface», *Rouyn-Noranda littéraire*, Rouyn-Noranda, Éditions du Quartz, 2012, p. 8.
[46] François Paré, *Les littératures de l'exiguïté, op. cit.*, p. 85.

recueils est observable aux Éditions du Quartz, notamment avec la publication de quatre ouvrages collectifs en autant d'années, qui regroupent les textes d'écrivains et d'écrivaines de trois villes de la région[47]. Ce genre de projet démontre également l'intention qu'a la maison d'édition d'« assurer la mémorialisation des œuvres et des écrivains », bien que celle-ci émane surtout « de l'enseignement des œuvres et du discours critique qui en résult[e][48] » : le principal défi qu'aura à relever l'institution littéraire abitibienne se trouve ainsi au niveau d'une étude plus systématique des textes régionaux, du primaire à l'universitaire. La trajectoire des littératures franco-ontarienne et abitibienne est similaire, car les « littératures "exiguës" [suivent] un chemin semblable[49] ».

Le grand impact de l'espace minier sur l'écriture d'œuvres abitibiennes et franco-ontariennes me porte à croire que l'on peut aborder la mine comme un chronotope parce que, comme le mentionne Mikhaïl Bakhtine, « chaque thème peut avoir son chronotope propre[50] ». J'affirme que la mine constitue un chronotope, car celle-ci « exprime l'indissolubilité de l'espace et du temps[51] », est dotée d'une importante valeur structurante et agit comme une « superstructure narrative[52] ». Dans le premier chapitre, je me propose ainsi d'étudier deux chronotopes européens qui fondent le chronotope minier ; la « mine industrielle », inspirée par *Germinal*[53] d'Émile Zola, qui évoque l'exploitation du mineur et la monstruosité des mines, et la

---

[47] *Val-d'Or littéraire*, Rouyn-Noranda, Éditions du Quartz, 2012, 160 p. ; *Rouyn-Noranda littéraire*, Rouyn-Noranda, Éditions du Quartz, 2013, 160 p. ; *Amos littéraire. Un parfum de centenaire*, Rouyn-Noranda, Éditions du Quartz, 2014, 174 p. ; *C'est arrivé à Val-d'Or*, Rouyn-Noranda, Éditions du Quartz, 2015, 150 p.
[48] François Paré, *Les littératures de l'exiguïté, op. cit.*, p. 60.
[49] Lucie Hotte, « La littérature franco-ontarienne à la recherche d'une nouvelle voie : enjeux du particularisme et de l'universalisme », dans Lucie Hotte, Stefan Psenak et Louis Bélanger (dir.), *La littérature franco-ontarienne : voies nouvelles, nouvelles voix*, Ottawa, Le Nordir, coll. « Roger-Bernard », 2002, p. 36.
[50] Mikhaïl Bakhtine, *Esthétique et théorie du roman*, Paris, Gallimard, 1978, p. 392.
[51] *Ibid.*, p. 237.
[52] Tara Collington, *Lectures chronotopiques. Espace, temps et genres romanesques*, Montréal, XYZ Éditeur, coll. « Théorie et Littérature », 2006, p. 94.
[53] Émile Zola, *Germinal*, Paris, Gallimard, coll. « Folio », 1978 [1885], 755 p. Henri Mitterand a déjà souligné certaines valeurs chronotopiques de *Germinal*, mais sans mentionner l'existence d'un quelconque chronotope minier.

« mine mythique », davantage marquée par la quête du sens du monde et le pouvoir onirique. Cette typologie a été proposée par Kurt Ringger et Christof Weiand[54]. À partir de ces deux grands modèles de mines « littéraires », j'analyserai l'exploitation de ces thèmes quasi universaux dans les cas particuliers des œuvres de l'Abitibi et du Nord de l'Ontario. Je cherche à déterminer si ces chronotopes permettent de relier les littératures abitibienne et franco-ontarienne aux « grandes » littératures « minières[55] », ou encore de jouer avec ces codes. Outre ces grandes structures de l'imaginaire des mines, je souhaite également me pencher sur des éléments particuliers aux milieux géographiques étudiés qui pourraient aussi structurer les récits.

Dans le second chapitre, je m'attarderai particulièrement aux chronotopes nord-américains qui forment aussi le chronotope de la mine, à commencer par l'imaginaire de la *frontier*[56], « un espace ouvert à être découvert et non pas un territoire enfermé dans les limites[57] » qui peut apparaître comme une « promesse non tenue, un vaste espace confinant ironiquement à la myopie[58] » et correspond ainsi à l'idée de la découverte et de la conquête du territoire qu'impliquent l'exploration et l'exploitation minière. L'autre chronotope est celui du Nord qui, « [c]onçu comme un discours

---

[54] Kurt Ringger et Christof Weiand, « Aspects littéraires de la mine », *Revue de littérature comparée*, n° 4, octobre-décembre 1984, p. 417-441.

[55] Je regroupe principalement sous cette appellation les littératures de la France, de l'Angleterre et de l'Allemagne des XIXe et XXe siècles, puisqu'il s'agit des corpus utilisés par Ringger et Weiand dans l'élaboration de leur typologie. Or, il existe d'autres littératures où la mine est prégnante ; notamment l'italienne, qui regorge de « poèmes et [de] récits de mineurs » (*Ibid.*, p. 419), la bolivienne et la norvégienne (Kjartan Fløgstad, *Pyramiden*, Paris, Actes Sud, 2009, p. 53). Je ne traiterai pas davantage de ces imaginaires miniers dans cet ouvrage, puisque son objet n'est pas de recenser l'ensemble des corpus qui mettent en scène le paradigme minier.

[56] J'emploie la graphie anglaise pour bien distinguer le concept de celui de frontière. Tandis que la *frontier* suggère l'ouverture et un espace non-fini, la frontière évoque l'idée de limites. Même si les auteurs et les auteures que je cite utilisent la graphie française, ils traitent néanmoins du concept selon son acception étatsunienne.

[57] Patrick Imbert, « Les romans du voyage et la légitimation des déplacements géosymboliques », dans Jean Morency, Jeanette den Toonder et Jaap Lintvelt (dir.), *Romans de la route et voyages identitaires*, Québec, Éditions Nota bene, coll. « Terre américaine », 2006, p. 326.

[58] Pierre Nepveu, *op. cit.*, p. 205.

et non comme un simple référent géographique[59] », « ouvre des problématiques sur les liens entre le référent et la représentation, entre le discours et l'imaginaire[60] ». Les œuvres à l'étude sont traversées par quatre des axes nordiques établis par Daniel Chartier, soit ceux de la colonisation, de l'aventurier, du coureur des bois et de l'explorateur, de l'hivernité ainsi que du Nord esthétique[61]. Je partirai de la même prémisse que Christian Morissonneau, qui affirme que « le Nord est la Frontière québécoise[62] » ; je traiterai donc le Nord et la *frontier* conjointement, bien que je souhaite montrer que ces deux notions ne coïncident pas parfaitement dans les corpus étudiés.

Le troisième et dernier chapitre traitera du rôle et du statut des différents personnages types qui appartiennent au chronotope minier. Pour mener à bien mon analyse, j'aurai recours à l'ouvrage de Philippe Hamon intitulé *Le personnel du roman*[63]. Dans ce livre, le chercheur se penche sur le personnage zolien qui, selon lui, est « délégué à la "classe" qu'il a pour charge de représenter[64] », ce qui fait en sorte que « le personnage, ici, est "fonction", voire "fonctionnaire", plutôt que fiction, est personnel plutôt que personne[65] ». Je crois qu'il en va de même dans les œuvres de mes corpus, parce que le chronotope minier cantonne les personnages dans une fonction bien spécifique et semble rendre impossible toute complexité psychologique. Ce chronotope est aussi hautement sexualisé et génère une hiérarchie entre les protagonistes, qui doivent leur statut au rapport plus ou moins étroit qu'ils ont avec la mine ; il s'agit d'un espace d'oppression

---

[59] Daniel Chartier, « Présentation », dans Joë Bouchard, Daniel Chartier et Amélie Nadeau (dir.), *Problématiques de l'imaginaire du Nord en littérature, cinéma et arts visuels*, Université du Québec à Montréal, Figura, Centre de recherche sur le texte et l'imaginaire, coll. « Figura », 2004, p. 7.
[60] *Ibid.*, p. 7.
[61] *Ibid.*, p. 14, 15, 18 et 19.
[62] Christian Morissonneau, *La terre promise : le mythe du Nord québécois*, Montréal, Éditions Hurtubise/HMH, coll. « Cahiers du Québec », 1978, p. 105.
[63] Philippe Hamon, *Le personnel du roman : le système des personnages dans les Rougon-Macquart d'Émile Zola*, Genève, Librairie Droz, coll. « Histoire des idées et critique littéraire », 1983, 325 p.
[64] *Ibid.*, p. 34.
[65] *Ibid.*, p. 22.

qui déshumanise, même s'il est souvent idéalisé dans les œuvres. Je tenterai de déterminer si certains personnages, toutes catégories confondues, dévient des normes instaurées par le chronotope minier et s'il y a une différence au niveau de leur construction d'une œuvre et d'un corpus à l'autre. Je crois d'emblée que les personnages sont davantage des habitants et des habitantes que des citoyens et des citoyennes, puisque les villes minières sont par essence éphémères, ce qui complexifie le « vivre ensemble » et rend l'avènement de toute solidarité difficile. Mon hypothèse est que le chronotope de la mine, en tant que superstructure narrative, limite les possibles de la fiction en générant des représentations similaires d'une œuvre à l'autre et d'un corpus à l'autre.

Mis à part quelques comptes rendus critiques et de rares articles, les œuvres littéraires abitibiennes n'ont à ce jour fait l'objet d'aucune analyse d'envergure, qu'il s'agisse de chapitres de livres, d'essais ou encore de mémoires et de thèses. Non seulement ces ouvrages sont pratiquement ignorés des critiques, des chercheurs et des chercheures, ils ne sont pas non plus abordés en tant que corpus. Avec la rédaction de cet ouvrage, j'espère donc faire connaître certaines œuvres de l'Abitibi, parfois inconnues à l'extérieur de la région, et ainsi inciter les chercheures et les chercheurs intéressés par les littératures minoritaires à se pencher sur ce corpus. Quant à elle, la littérature franco-ontarienne jouit d'une plus grande reconnaissance institutionnelle, que ce soit au niveau de l'enseignement, de la recherche ou de la critique. De cette façon, ce corpus a fait et continue de faire l'objet de nombreux comptes rendus, articles, chapitres de livres et essais. Bien que la question spatiale ait été abordée à quelques reprises dans l'étude des œuvres de l'Ontario français, l'imaginaire des mines n'a jamais fait l'objet d'une analyse en dépit de l'importance de la représentation de l'espace minier dans la littérature nord-ontarienne. Seul François Paré, dans un chapitre intitulé « Nouvel-Ontario/Abitibi: représentations sexuelles et espaces du Nord[66] », a fait le rapprochement

---

[66] François Paré, « Nouvel-Ontario/Abitibi: représentations sexuelles et espaces du Nord », dans Jaap Lintvelt et Janet M. Paterson (dir.), *Sexuation, espace, écriture: la littérature québécoise en transformation*, Québec, Éditions Nota bene, 2002, p. 255-274.

entre les corpus nord-ontarien et abitibien, en raison de la parenté géographique, historique et thématique qui lie ces deux cultures. Je cherche ainsi à franchir certaines frontières de l'exiguïté en consacrant ce livre à la parenté des imaginaires de l'Abitibi et du Nord de l'Ontario.

Toutefois, l'imaginaire minier a fait l'objet d'études dans d'autres corpus; particulièrement ceux de l'Allemagne, de la France et de l'Angleterre des XIXe et XXe siècles, dont plusieurs œuvres appartiennent au courant romantique, notamment *Henri d'Ofterdingen* de Novalis[67], qui se déroule dans un univers médiéval mythique. Mais d'autres s'inscrivent plutôt dans la lignée de *Germinal*, dont *Sans famille* d'Hector Malot[68], qui relate l'histoire de Rémi, un enfant trouvé, et sa recherche des membres de sa famille de l'Auvergne à l'Angleterre. En outre, l'espace minier suédois du XIXe siècle, lié au genre mélodramatique, au vaudeville et au théâtre lyrique, a également été étudié[69]. Plus récemment, Eddy Banaré a publié un ouvrage intitulé *Les récits du nickel en Nouvelle-Calédonie (1853-1960)*[70], qui traite des différents discours, ceux des fonctionnaires, journalistes, nouvellistes, romanciers et poètes, qui ont contribué à construire l'imaginaire minier néo-calédonien. Puisque l'étude des littératures dites minières a principalement été effectuée dans le contexte de pays européens des XIXe et XXe siècles, je souhaite déplacer le regard de la critique vers une analyse de l'univers des mines plus contemporaine, soit avec un corpus daté de 1981 à 2005, mais aussi de l'autre côté de l'Atlantique, en Amérique du Nord. Je cherche donc à montrer en quoi les œuvres étudiées s'inscrivent dans les littératures « minières » mondiales tout en y apportant leurs particularités, qu'il s'agisse

---

[67] Novalis, *Henri d'Ofterdingen*, Paris, Gallimard, coll. « L'imaginaire », 1975 [1802], 249 p.
[68] Hector Malot, *Sans famille*, Paris, Hachette, coll. « Grandes œuvres », 1978 [1880], 504 p.
[69] Maria Walecka-Garbalinska, « La mine suédoise comme espace mélodramatique », dans Simone Bernard-Griffiths et Jean Sgard (dir.), *Mélodrames et romans noirs*, Toulouse, Presses universitaires du Mirail, 2000, p. 277-298.
[70] Eddy Banaré, *Les récits du nickel en Nouvelle-Calédonie (1853-1960)*, Paris, Éditions Honoré Champion, coll. « Francophonies », 2012, 432 p.

de leur appartenance aux imaginaires du Nord et de la *frontier* ou encore des personnages types qu'elles mettent en place.

Avec cette étude, je contribue non seulement à enrichir l'analyse des grandes structures de l'imaginaire des mines en y inscrivant des textes abitibiens et franco-ontariens, mais aussi à ouvrir de nouvelles pistes pour l'étude des discours du Nord et de la *frontier* dans un contexte minier. Le concept de la *frontier*, souvent évoqué mais rarement explicité dans les études francophones, a principalement été employé pour l'analyse de romans contemporains d'apprentissage des Amériques et de romans de la route (Patrick Imbert[71]). Toutefois, dans *Intérieurs du Nouveau Monde*, Nepveu suggère que le Rouyn-Noranda de Louise Desjardins et le Sudbury de Patrice Desbiens, par leur force poétique, appartiendraient à une « famille de […] petites villes d'"extrême frontière"[72] ». Bien qu'il ne fasse pas explicitement référence à l'idée de la *frontier*, on comprend qu'il apparente rapidement l'imaginaire d'une écrivaine abitibienne et d'un poète franco-ontarien à l'espace mythique américain : je poursuivrai ainsi ma réflexion à partir de cet énoncé de Nepveu. Bien que l'imaginaire nordique ait aussi été étudié dans les récits de voyage, il a été plus précisément exploité dans les différentes formes culturelles issues de territoires nordiques comme le Québec, la Scandinavie, la Finlande, le monde inuit, le Canada et le Groenland (Daniel Chartier). Dans un article intitulé « Maurice Constantin-Weyer et Bernard Clavel. Une image rémanente du Grand Nord canadien dans la littérature française[73] », Gérard Fabre fait le rapprochement entre la conquête du Nord et la ruée vers l'or : il est intéressant de noter que la trilogie de Clavel, écrivain français, a pour contexte les premiers

---

[71] Patrick Imbert, « Les romans du voyage et la légitimation des déplacements géosymboliques », dans Jean Morency, Jeanette den Toonder et Jaap Lintvelt (dir.), *Romans de la route et voyages identitaires*, Québec, Éditions Nota bene, coll. « Terre américaine », 2006, p. 325-351.

[72] Pierre Nepveu, *op. cit.*, p. 270.

[73] Gérard Fabre, « Maurice Constantin-Weyer et Bernard Clavel. Une image rémanente du Grand Nord canadien dans la littérature française », dans Daniel Chartier (dir.), *Le(s) Nord(s) imaginaire(s)*, Montréal, Imaginaire/Nord, Laboratoire international d'étude multidisciplinaire comparée des représentations du Nord, coll. « Droit au pôle », 2008, p. 37-54.

temps des colonies d'Abitibi. Je viserai donc à développer cette idée d'une parenté entre l'univers des mines et l'imaginaire nordique, qui se traduit par l'existence d'une *frontier* du Nord.

La rédaction de cet ouvrage se basera sur les outils théoriques de la géographie littéraire, qui « s'appuie sur un savoir géographique, qui peut être plus ou moins scientifique, [...] mais qui est surtout constitué par un ensemble de discours ou d'inscriptions[74] ». Cette approche ne « peut pas se borner à identifier les référents géographiques d'un texte, elle doit étudier la façon dont il leur donne sens et forme[75] ». Ainsi, comme l'indique Gaston Bachelard, « [l]'espace saisi par l'imagination ne peut rester l'espace indifférent livré à la mesure et à la réflexion du géomètre. Il est vécu. Et il est vécu, non pas dans sa positivité, mais avec toutes les particularités de l'imagination[76] ». La géographie littéraire me permettra également d'analyser les liens qu'entretiennent les personnages entre eux dans un milieu minier, puisque « l'espace local est ce qui fonde l'être-ensemble de toute communauté[77] », mais aussi « la façon [passée dans le langage, imaginée] dont l'homme exprime l'occupation de l'espace par son corps et les relations que le corps entretient avec l'espace[78] ». Cette approche sera aussi utile pour l'analyse de la symbolique des structures de l'imaginaire minier, notamment le monde de « l'En-bas, le troisième niveau cosmique, le subterrestre, lieu géométrique de toutes angoisses[79] ». Enfin, les outils de la géographie littéraire sont tout indiqués pour l'étude de l'influence de l'espace minier sur l'écriture proprement dite,

---

[74] Michel Collot, *Pour une géographie littéraire*, Paris, Éditions José Corti, coll. « Les essais », 2014, p. 212.
[75] *Ibid.*, p. 222.
[76] Gaston Bachelard, *La poétique de l'espace*, Paris, Presses universitaires de France, 1957, p. 17.
[77] Michel Maffesoli, « L'espace de la socialité », *Espaces et imaginaire*, Grenoble, Presses universitaires de Grenoble, 1979, p. 17.
[78] Daniel-Henri Pageaux, « De la géocritique à la géosymbolique. Regards sur un champ interdisciplinaire: littérature générale et comparée et géographie », dans Bertrand Westphal (dir.), *La géocritique mode d'emploi*, Limoges, Presses universitaires de Limoges, 2000, p. 132.
[79] Jean-Paul Bozonnet, « La montagne initiatique », dans Michel Maffesoli (dir.), *Espaces et imaginaire*, Grenoble, Presses universitaires de Grenoble, 1979, p. 80.

qu'il s'agisse de son rôle de premier plan dans l'intrigue et de ses répercussions sur la narration et le temps employé, du nombre restreint d'espaces décrits ou encore du recours à un lexique et à des métaphores liées aux mines.

Je m'inspirerai également de la notion de chronotope telle qu'elle a été conceptualisée par Mikhaïl Bakhtine dans son essai « Formes du temps et du chronotope dans le roman », mais aussi comme elle a été précisée par Tara Collington dans *Lectures chronotopiques. Espace, temps et genres romanesques*. Comme le souligne la chercheure, le chronotope « ne se limite pas au monde textuel, mais cherche à expliciter l'interaction entre le monde représenté (le texte) et le monde représentant (la réalité)[80] ». Toujours selon Collington, « [i]l s'agit [...] d'employer le chronotope pour étudier le fonctionnement du texte à plusieurs niveaux: les thèmes, la structure, le genre et la réception, ainsi que leur interaction[81] ». Chez Bakhtine, le chronotope,

> principale matérialisation du temps dans l'espace, apparaît comme le centre de la concrétisation figurative, comme l'incarnation du roman tout entier. Tous les éléments abstraits du roman – généralisations philosophiques et sociales, idées, analyses des causes et des effets, et ainsi de suite, gravitent autour du chronotope et, par son intermédiaire, prennent chair et sang et participent au caractère imagé de l'art littéraire[82].

Je crois que c'est principalement ce caractère englobant de la mine au sein des textes qui lui donne une valeur chronotopique. À partir de ces considérations sur la valeur structurante du chronotope, je pourrai réaliser l'analyse de mes trois chapitres, que ce soit dans l'étude des chronotopes de la mine industrielle, de la mine mythique, de la *frontier* et du Nord dans les deux premiers chapitres, ou dans celle des personnages types qui sont déterminés par le chronotope minier. En outre, je m'intéresserai à un autre aspect du chronotope, aux « indices du temps [qui] se découvrent dans l'espace, [alors que] celui-ci est perçu et mesuré

---

[80] Tara Collington, *op. cit.*, p. 17.
[81] *Ibid.*, p. 31.
[82] Mikhaïl Bakhtine, *op. cit.*, p. 391.

d'après le temps[83] ». Je crois que l'espace minier, qui est paradoxalement quasi invisible dans les œuvres de mes corpus, se laisse surtout voir par ses traces, par ses vestiges qui témoignent d'un passé prospère révolu. Si la mine est représentée, elle se manifeste par ses ruines et la désolation de ses lieux. La notion de chronotope me sera aussi utile pour étudier la question temporelle, intrinsèquement liée à la désertion spatiale : « [L]e temps égale le mouvement. Il faut pourtant déterminer de quelle sorte de mouvement il s'agit : linéaire, comme dans les clichés du temps décrit comme un fleuve, ou cyclique, le temps exprimé par l'éternel retour des saisons[84] ». En somme, la notion de chronotope m'est nécessaire à plusieurs égards, mais surtout parce qu'elle permet de rendre visible l'espace minier, que l'on peut appréhender à partir de sa force structurante, et d'envisager les récits de la mine comme un genre littéraire en raison de leur grande cohérence.

Le corpus principal est composé de quatre œuvres abitibiennes[85] ; le roman *Les géants familiers*[86] de Daniel Saint-Germain, qui relate l'histoire de Quincy Ayotte, un adolescent nouvellement arrivé dans la petite ville minière de Sullivan en 1958, qui sera initié au métier de mineur tout en poursuivant une vocation d'écrivain ; le roman *Les héritiers de la mine*[87] de Jocelyne Saucier, qui met en scène la petite ville minière fantôme fictive de Norco pendant les années 1960, où vivent les 23 membres de la famille Cardinal, personnages plus grands que nature dont l'identité est fortement imprégnée de l'univers des

---

[83] *Ibid.*, p. 237.
[84] Tara Collington, *op. cit.*, p. 38.
[85] J'entends par « œuvre abitibienne » toute œuvre écrite par une écrivaine ou un écrivain qui est originaire de la région, qui y a habité ou encore qui y réside toujours et qui met en scène l'Abitibi référentielle ou fictive.
[86] Daniel Saint-Germain, *Les géants familiers*, Hull, Éditions Asticou, 1989, 206 p. Désormais, les références à cet ouvrage seront indiquées par le sigle *GF*, suivi du folio, et placées entre parenthèses dans le texte.
[87] Jocelyne Saucier, *Les héritiers de la mine*, Montréal, XYZ Éditeur, coll. « Romanichels », 2000, 192 p. Désormais, les références à cet ouvrage seront indiquées par le sigle *H*, suivi du folio, et placées entre parenthèses dans le texte.

mines; le recueil *Et l'or tomba dans le quartz du Nord*[88] de Jeanne-Mance Delisle, plus particulièrement les nouvelles « El camino tan triste » et « Le rêve d'un géant » qui racontent le parcours quasi mythique de deux prospecteurs, respectivement à l'époque contemporaine et au tournant du XXe siècle; ainsi que le récit *Sept jours dans la vie de Stanley Siscoe*[89] de Daniel Saint-Germain, qui décrit les sept dernières journées de la vie du prospecteur Stanley Siscoe, première figure mythique de la région, mort dans des circonstances nébuleuses le 25 mars 1935 sur les glaces du lac Matchi-Manitou.

Mon corpus est également constitué de sept œuvres franco-ontariennes[90]; le roman *La vengeance de l'orignal*[91] de Doric Germain, qui met en scène James Collins, Philip Daggett et Roger Lavoie à l'époque contemporaine qui, après avoir fait la découverte de pépites d'or dans un chalet abandonné, se lanceront périlleusement à la recherche d'un filon, ce qui désacralise en quelque sorte la figure du prospecteur; le recueil de poésie *Gens d'ici*[92] de Jean Marc Dalpé, qui décrit de façon

---

[88] Jeanne-Mance Delisle, *Et l'or tomba dans le quartz du Nord*, Montréal, Éditions de la Pleine Lune, coll. « Plume », 2002, 122 p. Désormais, les références à « El camino tan triste » seront indiquées par le sigle *OR1*, suivi du folio, et placées entre parenthèses dans le texte; celles à « Le rêve d'un géant » seront données par le sigle *OR2*.

[89] Stanley Siscoe, Stanislaw Szyszko de son vrai nom, entreprend en 1914 des travaux d'exploitation sur l'île Askigwash, qui portera plus tard son nom. En 1915, Szyszko et quelques compatriotes d'origine polonaise font la découverte de l'une des veines qui donneront naissance à la mine Siscoe, dont la fondation aura lieu en 1918. Mais ce sont surtout les circonstances obscures qui entourent son décès qui ont véritablement fait de lui une légende, ce dont il est question dans le récit. Daniel Saint-Germain, *Sept jours dans la vie de Stanley Siscoe*, Gatineau, Éditions Vents d'Ouest, coll. « Azimuts », 2005, 141 p. Désormais, les références à cet ouvrage seront indiquées par le sigle *SS*, suivi du folio, et placées entre parenthèses dans le texte.

[90] J'entends par « œuvres franco-ontariennes » toute œuvre écrite par une écrivaine ou un écrivain qui est originaire de l'Ontario français, qui y a habité ou encore qui y réside toujours et qui décrit l'espace franco-ontarien, qu'il soit référentiel ou non.

[91] Doric Germain, *La vengeance de l'orignal*, Sudbury, Éditions Prise de parole, 1980, 90 p. Désormais, les références à cet ouvrage seront indiquées par le sigle *V*, suivi du folio, et placées entre parenthèses dans le texte. Nous souhaitons souligner que cet ouvrage partage une parenté certaine avec la nouvelle « L'orignal de la colline blanche » de Jeanne-Mance Delisle, où il est également question d'une vengeance de la nature sur l'arrogance de l'humain. Dans *Nouvelles d'Abitibi*, Montréal, Bibliothèque québécoise, 1991, p. 153-160.

[92] Jean Marc Dalpé, *Gens d'ici*, Sudbury, Éditions Prise de parole, 1981, 94 p. Désormais, les références à cet ouvrage seront indiquées par le sigle *GI*, suivi du folio, et placées entre parenthèses dans le texte.

symbolique l'omniprésence et l'éternité des mines du Nord de l'Ontario et donne à lire une certaine réappropriation de l'histoire des mineurs en retournant à l'époque de la colonisation du Nord; le roman *Temps pascal*[93] de Daniel Poliquin, qui relate l'histoire d'amitié entre Léonard Gouin, Médéric Dutrisac et Jacinthe Bourdon au moment d'une grève des mineurs à Sudbury, fort possiblement celle de 1978-1979, contexte qui permet d'explorer la face militante des mineurs; la pièce *1932, la ville du nickel. Une histoire d'amour sur fond de mine*[94] de Jean Marc Dalpé et Brigitte Haentjens, où est abordée l'emprise de la mine sur les ouvriers-mineurs et sur les « non-initiés » (les femmes), alors que le spectre de la catastrophe et de la mort plane constamment sur eux; le roman historique *La quête d'Alexandre*[95] d'Hélène Brodeur, qui met en scène l'apprentissage de la prospection du jeune Alexandre dans les forêts nord-ontariennes au cours des années 1920; le roman *Le Nickel Strange*[96] de Gaston Tremblay, qui établit un parallèle entre les études au collège classique et le travail pour les mines de l'INCO dans le Sudbury des années 1960; ainsi que la pièce inédite *La maison Cage*[97] de Michel Ouellette, qui présente l'univers minier contemporain et post-exploitation comme un monde patriarcal au temps circulaire où l'enfermement familial fait écho à celui de la fosse. J'ai également recours à un corpus secondaire, composé d'œuvres abitibiennes, franco-ontariennes et étrangères, qui donnent une

---

[93] Daniel Poliquin, *Temps pascal*, Sudbury, Éditions Prise de parole, 2003 [1982], coll. « Bibliothèque canadienne-française », 163 p. Désormais, les références à cet ouvrage seront indiquées par le sigle *TP*, suivi du folio, et placées entre parenthèses dans le texte.

[94] Brigitte Haentjens et Jean Marc Dalpé, *1932, la ville du nickel. Une histoire d'amour sur fond de mine*, Sudbury, Éditions Prise de parole, 1984, 62 p. Désormais, les références à cet ouvrage seront indiquées par le sigle *NI*, suivi du folio, et placées entre parenthèses dans le texte.

[95] Hélène Brodeur, *La quête d'Alexandre: chroniques du Nouvel-Ontario*, t. 1, Sudbury, Éditions Prise de parole, 1985, 283 p. Désormais, les références à cet ouvrage seront indiquées par le sigle *QA*, suivi du folio, et placées entre parenthèses dans le texte.

[96] Gaston Tremblay, *Le Nickel Strange*, Montréal, Trait d'union, 2000, 184 p. Désormais, les références à cet ouvrage seront indiquées par le sigle *NS*, suivi du folio, et placées entre parenthèses dans le texte.

[97] Michel Ouellette, *La maison Cage*, Université d'Ottawa, Centre de recherche en civilisation canadienne-française, Fonds Michel-Ouellette, P338, 42 f. Désormais, les références à cet ouvrage seront indiquées par le sigle *MC*, suivi du folio, et placées entre parenthèses dans le texte.

profondeur supplémentaire à mon analyse. Je n'ai pas intégré certains de ces textes au corpus principal en raison de leur origine, et les autres parce que leur pertinence se limite à l'illustration d'éléments bien précis de mon étude.

J'ai sélectionné des textes qui appartiennent aux littératures de l'Abitibi et du Nord de l'Ontario pour former mon corpus parce qu'elles partagent d'importantes parentés, mais aussi afin d'en faire ressortir les différences au niveau de l'imaginaire des mines représenté. Pour faire partie de mon corpus principal, les textes devaient être des œuvres de fiction où la mine est particulièrement prégnante. Je crois également que l'étude de plusieurs œuvres, qui appartiennent à des genres divers – roman, théâtre, poésie et nouvelle –, est nécessaire à un véritable point de vue comparatiste. Comme je me concentrerai particulièrement sur l'analyse du seul chronotope minier, je pense qu'il est souhaitable de confronter un nombre suffisamment important de ses représentations pour rendre justice à sa richesse symbolique. Bien que chaque texte ne sera pas étudié avec la même importance dans chaque chapitre, ils permettent de constater que la mine investit l'imaginaire d'une façon similaire d'un genre à l'autre, car le chronotope de la mine conserve les mêmes paramètres. En somme, ce livre permettra d'enrichir les connaissances sur un imaginaire qui a rarement retenu l'attention dans les études littéraires, celui des mines, et je souhaite aussi contribuer à poser l'univers minier comme étant profondément chronotopique.

CHAPITRE I –
LES CHRONOTOPES HÉRITÉS DE L'IMAGINAIRE MINIER EUROPÉEN

> *We are stardust*
> *Billion year old carbon*
> *We are golden*
> *Caught in the devil's bargain*
> *And we've got to get ourselves*
> *Back to the garden*
> Joni Mitchell[1]

En norvégien, « [l]a mine est un trou dans la terre. Étymologiquement, *grav*, la tombe, et *gruve*, la mine, sont liées. Le désespoir, le deuil et le manque sont profonds[2]. » D'entrée de jeu, le monde des mines n'évoque pas seulement des concepts issus de la géologie et de l'économie ; loin de se limiter aux strictes réalités physique et matérialiste, il donne également accès à des schèmes qui se rapprochent de véritables archétypes. L'« univers souterrain où gisent les métaux, le minerai, les pierres précieuses et la houille relève [effectivement] d'activités ancestrales et qui s'inscrivent dans les opérations civilisatrices primordiales[3] ». Déjà inscrite à même la langue, notamment dans l'une des variétés de

---

[1] jonimitchell.com [Site officiel de Joni Mitchell].
[2] Kjartan Fløgstad, *Pyramiden. Portrait d'une utopie abandonnée*, Paris, Actes Sud, coll. « Aventure », 2009 [2007], p. 49.
[3] Kurt Ringger et Christof Weiand, « Aspects littéraires de la mine », *Revue de littérature comparée*, n° 4, octobre-décembre 1984, p. 417.

castillan d'Amérique du Sud, où « *mina* signifie mine, mais c'est aussi un mot d'argot qui désigne une jeune fille pubère[4] », la symbolique rhizomique, donc multiple, du paradigme minier lui confère une importante valeur analytique. Selon Fløgstad, qui livre une analyse paradigmatique de l'utopie minière de Pyramiden (Svalbard) dans l'œuvre éponyme, « la mine est une métaphore profonde, aux nombreuses ouvertures, érotiques, sociales, politiques. Associées, elles confèrent à la mine et au souterrain une grande puissance symbolique[5]. » Dans le cas particulier des corpus littéraires de l'Allemagne, de la France et de l'Angleterre des XIXe et XXe siècles, les œuvres dites minières convoquent deux imaginaires distincts qui sont autant de chronotopes, sans toutefois être diamétralement opposés : la mine industrielle et la mine mythique, typologie développée par Ringger et Weiand.

L'imaginaire des mines industrielles, « mine[s] de charbon creusée[s] dans le mou[6] », peut facilement être abordé par l'entremise de *Germinal* d'Émile Zola, qui en est sans conteste le roman emblématique. C'est une « mine-ogre[7] » qui est mise en scène dans l'œuvre canonique, alors qu'elle est apparentée à une « bête goulue, accroupie là pour manger le monde[8] ». Outre la véritable menace que représente la fosse, les personnages sont confrontés à une force encore plus insidieuse, celle du capital, des riches propriétaires miniers, qui se rapprochent d'un « dieu repu et accroupi, auquel ils donnaient tous leur chair, et qu'ils n'avaient jamais vu[9] ». Le chronotope de la mine industrielle, comme nous le verrons, est donc fortement déterminé par le travail, dont l'horaire et le lieu régissent l'existence des personnages. La catastrophe et la désolation des lieux figurent également parmi ses plus importants paramètres. Cet imaginaire est ainsi fortement marqué par une fatalité envahissante qui se traduit également par la transmission héréditaire de la misère apportée par le travail minier, alors que la famille mise en scène

---

[4] Kjartan Fløgstad, *op. cit.*, p. 60.
[5] *Ibid.*, p. 74.
[6] Kurt Ringger et Christof Weiand, *loc. cit.*, p. 440.
[7] *Ibid.*, p. 440.
[8] Émile Zola, *Germinal*, Paris, Gallimard, coll. « Folio », 1978 [1885], p. 62.
[9] *Ibid.*, p. 70-71.

dans *Germinal* « travaillait pour la Compagnie des mines de Montsou, depuis la création; et cela datait de loin, il y avait déjà cent six ans[10] ». Malgré le grand pessimisme qui se dégage de cet univers, il demeure que les mineurs et les mineuses ne sont pas complètement assujettis au pouvoir mortifère du chronotope minier, comme en témoigne le personnage d'Étienne, l'ouvrier révolutionnaire, qui sentait le « vent de révolte, qui venait du Voreux [et qui] voulait redescendre dans la mine pour souffrir et se battre [et] songeait violemment à ces gens dont parlait Bonnemort, à ce dieu repu et accroupi, auquel dix mille affamés donnaient leur chair, sans le connaître[11] ». En somme, la mine industrielle appartient à un monde sombre où la maladie et la mort ne sont jamais bien loin, mais l'exploitation inhumaine des travailleurs et des travailleuses a néanmoins pour contrepoids leur solidarité et la prise de conscience de leur force militante.

Bien que la mine de charbon décrite dans *Germinal* se rapporte plus spécifiquement à la catégorie industrielle, la mine mythique est aussi convoquée dans l'œuvre zolienne; la mine est une « [t]erre à roman grâce à sa double valeur: réaliste et mythique[12] ». La mythologie se manifeste notamment avec la présence d'un conte légendaire raconté par les mineuses et les mineurs du pays, où « le feu du ciel tombant sur cette Sodome des entrailles de la terre, [...] les herscheuses se souillaient d'abominations; si bien qu'elles n'avaient pas même eu le temps de remonter, et qu'aujourd'hui encore, elles flambaient au fond de cet enfer[13] ». Le mythe se présente également chez Zola par la descente dans la mine comme retour au giron maternel, comme « symbole vaginal profond et effrayant du roman[14] ».

Dans la lecture que Ringger et Weiand font de *Das Bergwerk zu Falun*, pièce de théâtre écrite en 1899 par l'Autrichien Hugo von Hofmannsthal, ils soulignent que la descente dans la fosse peut aussi être perçue comme un « retour à la mère, et comme retour

---

[10] *Ibid.*, p. 68.
[11] *Ibid.*, p. 141.
[12] Kurt Ringger et Christof Weiand, *loc. cit.*, p. 438.
[13] Émile Zola, *op. cit.*, p. 428.
[14] Kjartan Fløgstad, *op. cit.*, p. 49.

dans la "patrie" [...] ainsi que comme retour à sa propre individualité profonde[15] ». Dans l'imaginaire de la mine mythique, qui « est toujours mine métallifère ou/et mine de minéraux[16] », la descente dans les profondeurs de la terre n'est pas décrite comme une action dangereuse, « où le puits aval[e] des hommes par bouchées de vingt et de trente, et d'un coup de gosier si facile, qu'il sembl[e] ne pas les sentir passer[17] », mais bien comme une puissante expérience spirituelle qui rapproche du soi et du divin. Toutefois, ces propos doivent être nuancés; puisque « [d]ans la littérature, notre univers intérieur, comme le souterrain, est un lieu ambigu[18] », le danger n'est donc pas complètement évacué lorsqu'il est question du chronotope de la mine mythique. Ainsi, Ringger et Weiand notent que dans «Der Runenberg», publié par l'Allemand Ludwig Tieck en 1904, la recherche de l'or mène à la « [f]olie au lieu de [la] connaissance, [à la] mort à la place de l'éternelle jeunesse[19] ».

S'il est un ouvrage qui soit le plus fréquemment associé aux mythes des mines, il s'agit sans doute d'*Henri d'Ofterdingen* de Novalis, alors qu'il « s'inscrit dans une conception de l'histoire et dans une imagerie où la profondeur, loin d'être menaçante, est un abri, voire un refuge, un lieu de jouissance et de connaissance[20] ». Le rapport de la mineuse et du mineur à la fosse est donc très différent dans le contexte d'un texte littéraire qui s'inscrit dans un axe mythologique; au lieu d'être un lieu en quelque sorte subi et imposé comme c'est le cas dans la catégorie de l'industrie, la mine devient un endroit où l'impératif du travail disparaît et où l'individu peut entièrement se consacrer à sa quête de spiritualité. Néanmoins, la distinction la plus évidente qui existe entre les mines industrielle et mythique réside dans la créativité issue des activités minières: le travail dans la fosse aboutit souvent «à la poésie, à la création artistique[21] ». Le chronotope de la mine mythique est davantage créateur que celui de la mine industrielle,

---

[15] Kurt Ringger et Christof Weiand, *loc. cit.*, p. 424.
[16] *Ibid.*, p. 439.
[17] Émile Zola, *op. cit.*, p. 86-87.
[18] Kjartan Fløgstad, *op. cit.*, p. 26.
[19] Kurt Ringger et Christof Weiand, *loc. cit.*, p. 426.
[20] *Ibid.*, p. 421.
[21] *Ibid.*, p. 420.

puisqu'il permet la juxtaposition de plusieurs univers, qu'il s'agisse du monde des romans d'aventure ou encore de la vie terrestre reproduite sous terre. En outre, cette chronotopie est pourvue d'une temporalité beaucoup moins contraignante que celle de la mine industrielle; « au temps linéaire régissant l'espace physique se substitue le temps circulaire de l'espace rêvé; le temps révolu dans le réel correspond à la durée retrouvée dans l'imaginaire[22] ». Bien que la mine mythique demeure profondément ambiguë et potentiellement dangereuse, elle permet toutefois une certaine agentivité chez les mineuses et les mineurs, qui sont plutôt aliénés dans l'univers minier industriel malgré leurs efforts de résistance.

Ces thèmes quasi universaux sont-ils aussi présents dans un contexte nord-américain, canadien, celui des littératures du Nord de l'Ontario et de l'Abitibi? Je cherche à déterminer en quoi les caractéristiques des pendants industriel et mythique du chronotope minier sont mobilisées de façon à faire le pont avec l'imaginaire des « grandes » littératures des mines, mais aussi à illustrer la manière dont ces différents codes sont revisités dans les corpus à l'étude, notamment en incorporant des éléments particuliers aux milieux géographiques nord-ontarien et abitibien, éléments qui, une fois regroupés, peuvent être interprétés comme des chronotopes mineurs propres aux deux régions, car chaque chronotope « peut [en] inclure une quantité illimitée[23] ». Plusieurs lignes d'analyse se dégagent à la lecture des œuvres étudiées: de prime abord, je peux observer que la mine industrielle est davantage représentée que la mine mythique dans les écrits franco-ontariens. Je crois que ceci s'explique en partie par le grand réalisme présent dans la plupart des récits, mais également par l'importante dysphorie qui est déployée dans ces textes.

LA DYSPHORIE DU CHRONOTOPE DE LA MINE INDUSTRIELLE

Je remarque d'emblée que la majorité des textes étudiés dans cette section sont nord-ontariens, ce qui est révélateur de la prégnance de cette forme générique dans le corpus, en comparaison avec

---

[22] *Ibid.*, p. 440.
[23] Mikhaïl Bakhtine, *Esthétique et théorie du roman*, Paris, Gallimard, 1978, p. 392.

celui de l'Abitibi. Dans le corpus franco-ontarien comme dans le corpus français, anglais et allemand de Ringger et Weiand, « l'approche littéraire de la mine industrielle traduit l'engagement d'écrivains ancrés dans le social de leur époque[24] ». Dans mon analyse du chronotope de la mine industrielle, je me déplacerai entre ses pendants dysphorique – qui regroupe les thèmes de la maladie, de l'accident, du danger, de la mort et de l'exploitation –, et euphorique, toujours difficile, mais néanmoins rendu possible par la solidarité et le militantisme des mineurs et des mineuses. J'accorderai également une attention particulière à la parenté qui existe entre les mines abitibiennes et nord-ontariennes telles qu'elles sont imaginées et celle de *Germinal*, mais aussi aux innovations thématiques que l'on retrouve dans ces corpus.

LE TRAVAIL MINIER COMME MENACE À LA SANTÉ

Tandis que les œuvres qui servent à l'analyse de la mine industrielle sont de facture plutôt réaliste, elles traitent de plusieurs réalités associées au travail minier, notamment la maladie, un aspect incontournable de la forme générique de l'industrie, qui se présente de façon plutôt insidieuse, alors qu'elle envahit progressivement l'organisme des ouvrières et des ouvriers. Ces vers de *Gens d'ici* témoignent bien de cette menace envahissante de la maladie :

> Vos gestes un peu plus fragiles qu'autrefois
> nous rappellent
> [...]
> [...] les années passées à respirer des tonnes de poussière
> dans un moulin de pâte et papier
> ou au fond d'une mine (*GI*, 17)

Les poussières du minerai, respirées pendant des années, contribuent effectivement à la détérioration de la santé et de la qualité de vie ; Dalpé fait aussi le parallèle entre les conditions d'existence des mineurs et des mineuses et celles des employées et des employés des usines de pâte et papier, ce qui crée une solidarité

---

[24] Kurt Ringger et Christof Weiand, *loc. cit.*, p. 441.

dans la misère chez différents prolétaires. La nocivité de la poussière se fait aussi persistante dans *1932, la ville du nickel. Une histoire d'amour sur fond de mine*, où le personnage de Jean-Marie déclare « [c]'est chaud, c'est sale, on tousse... comme d'habitude » (*NI*, 35) : l'exposition aux résidus de minerai fait donc partie du lot quotidien des travailleuses et des travailleurs. Il en va de même dans le roman *Les géants familiers*, où le mineur écoule « lentement sa vie [dans la fosse] et [...] petit à petit, s'amenuis[e] son souffle sous l'attaque répétée de l'air rempli de mortelles poussières » (*GF*, 151); les œuvres qui servent à l'étude de la mine industrielle donnent à lire un lexique similaire, qui contribue à imager la force destructrice de la poussière, véritable emblème du chronotope de la mine industrielle, qui vient à bout de ses victimes au terme d'une existence de dur labeur. Il importe de souligner que l'emploi récurrent des particules de minerai présentes dans l'air n'est pas exclusif à mes corpus, le roman minier québécois probablement le plus connu[25] en porte la marque jusque dans son titre, *Poussière sur la ville*[26] :

> Toutes les maisons ont l'aspect minable de bâtiments de mine, les couleurs délavées par la poussière d'amiante qui n'épargne rien, même pas la maigre végétation. Sous la pluie, cette poussière forme un enduit visqueux. Tassée entre les monticules de poussière, déjections des mines, la ville s'étend tout en longueur[27].

La poussière rend bien l'aspect envahissant du chronotope minier ; outre son rôle de premier plan dans la thématique de la maladie, elle a également un impact au niveau formel, alors qu'elle contribue à l'effet d'enfermement observé dans plusieurs des récits à l'étude.

L'inhalation prolongée de cette poussière est la cause potentielle de nombreuses maladies, dont la silicose, qui entraînera le décès d'Auguste, l'un des protagonistes de la pièce *La maison Cage*

---

[25] Je tiens à souligner l'importance d'une autre œuvre minière de la littérature québécoise, *Le feu dans l'amiante* de Jean-Jules Richard (Montréal, Chez l'auteur, 1956, 287 p.), qui relate la grève de l'amiante de 1949-1950.
[26] André Langevin, *Poussière sur la ville*, Montréal, Cercle du livre de France, 1953, 209 p.
[27] *Ibid.*, p. 26.

de Ouellette. Il s'exprime en ces termes: «Noirs, les poumons. Noirs comme le fond de la terre. La silicose m'a tué. J'avais encore quelques bonnes années dans le corps. Mais trop de saleté dans les poumons.» (*MC*, 7) Dans *Temps pascal*, c'est plutôt le cancer qui fait des ravages au sein de la population ouvrière:

> On dit que 75% des mineurs de la Macey's sont morts du cancer du poumon. Il paraît qu'à Toronto, à l'hôpital McGee, il y a une aile seulement pour les anciens de la Macey's. Ils souffrent tous du même mal. Un empoisonnement des tissus pulmonaires (*TP*, 21).

Une maladie pulmonaire guette également le personnage de Vladimir dans *Le Nickel Strange*, qui a «le teint blanc, rougi par la capillarité, le regard perdu dans l'agrégat du béton, [et] fume passionnément, comme un condamné à mort qui prend le temps de bien inhaler les derniers souffles de sa vie» (*NS*, 17). Ces extraits ne laissent aucun doute quant à l'omniprésence de la maladie dans l'univers minier et à son horizon, qui est souvent celui de la mort; le roman de Poliquin traduit bien le côté envahissant de cette thématique, alors que les victimes se multiplient, qu'il s'agisse du mineur qui est allé «faire soigner ses nerfs et son arthrite [et qui] allait tout droit à la dépression» (*TP*, 33) ou encore des «hommes qui doivent travailler dans trois pieds d'eau» (*TP*, 42).

Le traitement de la maladie dans les textes qui m'intéressent ne se distingue guère de celui élaboré par Émile Zola, qui met lui aussi l'accent sur la lente dégénérescence du corps, accompagnée d'une mortalité imminente, comme le montrent ces paroles du vieux Bonnemort: «C'est, voyez-vous, l'eau qui m'est entrée sous la peau, à force d'être arrosé dans les tailles. Il y a des jours où je ne peux pas remuer une patte sans crier[28].» Cette thématique est donc abordée par les auteures et auteurs d'une façon universalisante, en conformité avec le chronotope de la mine industrielle, c'est-à-dire sous le sceau du dépérissement et de la fatalité. Comme dans *Germinal*, où il est question de la cheminée de la mine comme «corne menaçante[29]» qui rejette

---

[28] Émile Zola, *op. cit.*, p. 67.
[29] *Ibid.*, p. 62.

des fumées néfastes à la santé, le roman de Poliquin inscrit l'espace typiquement sudburois dans la catégorie industrielle, en décrivant «l'immense tour de Sudbury, qui a plus de douze cents pieds de haut, dont les fumées polluent Sudbury et tout le Nord de l'Ontario. C'est à cause de la tour que les nuages sont salis. C'est ça qui fait les fameuses pluies acides, le cancer de l'Amérique industrielle» (*TP*, 106). De cette façon, l'écrivain investit le symbole quasi universel de la cheminée de mine, métonymie de la pollution et de la régression de toute forme de vie, d'une particularité nord-ontarienne, comme le fait également le poète Patrice Desbiens, quand il écrit que

> la fumée de la grande cheminée de Sudbury
> fouette le ciel et le ciel est gris comme
> une chemise de travail maculée de sueur qui
> colle au dos[30]

LA MINE INDUSTRIELLE ET SON PAYSAGE

Certaines œuvres abitibiennes renvoient au symbole régional du règne de la mine, la cheminée de la fonderie Horne de Noranda, notamment dans ces vers de Louise Desjardins:

> Nous contemplons les cheminées
> Bien droites inégales dans le ciel
> Éternelles et solides
> Venant comme des voleuses
> À l'heure où on s'y attend le moins
> Déverser leur nuage soufré
> Sur nos cheveux sur notre peau[31].

Le roman *La love* de Desjardins est aussi traversé par la présence fantomatique, mais toujours envahissante, de la fonderie: «Certains jours, le gaz de la mine envahit le ciel de Noranda et nous fait tousser. Une odeur âcre nous arrive dans le nez et nous

---

[30] Patrice Desbiens, *Sudbury, L'espace qui reste*, suivi de *Sudbury*, suivi de *Dans l'après-midi cardiaque*, Sudbury, Éditions Prise de parole, coll. «Bibliothèque canadienne-française», 2013, p. 136.
[31] Louise Desjardins, *La 2ᵉ avenue*, Montréal, L'Hexagone, coll. «Poésie», 1995, p. 96.

donne envie de vomir[32]. » Le symbole de la cheminée industrielle, connoté péjorativement, fait partie de l'imaginaire de certains auteurs et auteures de Sudbury et de Rouyn-Noranda, qui inscrivent leur ville dans une certaine tradition de la mine industrielle. Comme l'indiquent Ringger et Weiand, « à la progression de l'industrie correspond la régression de la nature, dégradée à l'état de monde assombri et sale. Il en résulte une diminution de la substance vitale[33]. » Cet aspect du chronotope de la mine industrielle est illustré dans le récit abitibien *Sept jours dans la vie de Stanley Siscoe*:

> Sur un promontoire, dominant d'un côté le coron et de l'autre une vaste plage de schlamm formée par les résidus du moulin de la mine et tachée çà et là de chétifs arbrisseaux, se dressaient, tels de fiers gardiens, deux chevalements éclatants de blancheur accompagnés d'un majestueux château d'eau (*SS*, 9).

Le rapport de cause à effet de l'industrie minière sur l'environnement est ici flagrant; à la domination des bâtiments de la mine correspond un paysage composé de ruines et une végétation presque inexistante. Lorsqu'il est représenté, le paysage se fait l'un des emblèmes du chronotope de la mine industrielle, parce que sa désolation est l'inscription du passage des minières – donc de leur temporalité – à même le territoire. On trouve un passage similaire à celui précédemment cité dans *Les géants familiers*, autre texte de Saint-Germain: « Au-delà des bâtiments de la mine, une vaste étendue de schlamm, parsemée çà et là d'arbustes rabougris, étalait sa nappe grisâtre jusqu'aux eaux troubles d'un lac délimité par un rideau d'épinettes noires » (*GF*, 9). On voit bien la prégnance de ce paramètre du chronotope de la mine industrielle au sein de l'imaginaire d'un même auteur. Ces extraits partagent une parenté certaine avec *Germinal*: « À droite et à gauche du chemin, se déroulaient les mêmes terrains vagues clos de palissades moussues, les mêmes corps de fabriques, salis de fumée, hérissés de cheminées hautes. Puis, en pleins champs, les terres plates

---

[32] *Id.*, *La love*, Montréal, Leméac, coll. « Roman/Leméac », 1993, p. 9.
[33] Kurt Ringger et Christof Weiand, *loc. cit.*, p. 431.

s'étalèrent, immenses, pareilles à un océan de mottes brunes, sans la mâture d'un arbre[34]. » *Le Nickel Strange* de Tremblay donne à lire une dramatisation encore plus grande de la désolation de l'espace minier, où « [t]out est drapé de noir, tout est mort, pétrifié. Les troncs calcinés des arbres, seuls témoins de la grande forêt laurentienne d'autrefois, montent la garde aux portes de l'enfer » (*NS*, 56). Le ton employé par Desbiens dans *Sudbury* tient aussi du catastrophique, parce que « [l]e centre-ville a l'air d'une catastrophe nucléaire[35] ». La pièce *La maison Cage* met en scène la désolation de l'espace minier, tout aussi dramatique, mais de façon symbolique, lorsque Roberto déclare que la ville minière désaffectée qu'il habite est « le néant. C'est plein de trous. On s'enlise dans ces trous. On étouffe. On meurt » (*MC*, 28). Fait intéressant, dans la pièce *Klondyke* de Jacques Languirand, les noirs sont remplacés par le mot « néant[36] ». Le traitement alarmiste des ruines du paysage minier dans les œuvres franco-ontariennes est évocateur du ton plus revendicateur employé dans ce corpus.

Je remarque également dans *La 2ᵉ avenue* la personnification des deux cheminées de la fonderie Horne, parce qu'elles viennent « comme des voleuses [... d]éverser leur nuage soufré[37] », ce qui rejoint l'une des caractéristiques de la catégorie de l'industrie, celle de la mine comme organisme vivant, que l'on trouve également dans *Les géants familiers*, où l'on évoque à de nombreuses reprises

> la respiration de la mine, un bruit de fond, régulier, étrange de prime abord mais berceur par la suite, voire envoûtant, comme le son d'un sempiternel tam-tam dont toutes les notes monotones seraient rattachées les unes aux autres pour former cette trame sonore et donner à l'endroit une aura de mystère (*GF*, 10).

L'écriture de Saint-Germain décrit certes une mine vivante, mais elle n'est pas seulement mortifère comme le sont les cheminées que j'ai abordées précédemment, elle est profondément ambiguë, tout à la fois menace et attraction bénéfique pour les personnages.

---

[34] Émile Zola, *op. cit.*, p. 166-167.
[35] Patrice Desbiens, *Sudbury*, *op. cit.*, p. 164.
[36] Jacques Languirand, *Klondyke*, Montréal, Cercle du livre de France, 1971, *passim*.
[37] Louise Desjardins, *La 2ᵉ avenue*, *op. cit.*, p. 96.

La respiration agit comme leitmotiv dans le roman, comme semble le confirmer ce passage: «Le souffle de la mine suintait dans l'air figé, noyant la forêt tout entière de sa présence inlassable» (*GF*, 64). Les différents bâtiments de la mine sont aussi dotés d'une existence, car il est question, toujours dans le même texte, de «la vie des géants familiers, là tout près, la vie des géants créés par l'homme, la vie du chevalement gris et du réservoir d'eau» (*GF*, 65). Toute cette vie associée aux infrastructures de la mine crée un important contraste avec l'aspect désertique et ravagé de la nature environnante: l'industrie semble littéralement se nourrir du saccage de l'environnement. Non seulement l'espace minier est pourvu d'une existence dans le roman, il constitue aussi un «paysage dont [Quincy] ne pouvait s'échapper» (*GF*, 86): la mine, envahissante, impose ainsi ses limites spatiales et temporelles. Si la nature – comme les personnages – est assujettie au temps de l'industrie, cette dernière ne semble porter les marques d'aucune temporalité, car «si tout changeait, les géants familiers, eux, demeuraient imperturbables dans leurs habits rigides, défiant le temps de toute leur majestueuse grandeur» (*GF*, 115-116). Un type semblable de personnification de l'espace minier peut être observé dans le roman *Poussière sur la ville*, où Macklin agit à titre de personnage: «La ville me laisse me reposer. La ville me soigne. [...] La ville se méfie[38].» Comme dans *Les géants familiers*, la ville minière personnifiée amène également un effet d'enfermement sur les protagonistes: «La ville a bien travaillé. Elle resserre son étau sur nous, si bien que nous sommes comme deux fauves en cages dans l'appartement que nous ne quittons pas[39].» Même si la fosse comme organisme vivant peut suggérer une importante dysphorie, elle est aussi porteuse d'un grand envoûtement comme on l'a vu dans le roman *Les géants familiers*; il n'est pas innocent que ce genre d'euphorie se trouve dans un texte abitibien, puisque les mines imaginées dans ce corpus se rapportent davantage à la mine mythique, où le discours revendicateur de l'univers minier industriel, qui rapproche le Trou d'un véritable monstre qui menace la

---

[38] André Langevin, *op. cit.*, p. 141.
[39] *Ibid.*, p. 176.

vie des êtres humains, est presque complètement évacué. Pour sa part, Zola donne une description moins nuancée de la mine personnifiée, tandis que «le Voreux, au fond de son trou, avec son tassement de bête méchante, s'écrasait davantage, respirait d'une haleine plus grosse et plus longue, l'air gêné par sa digestion pénible de chair humaine[40]». Selon la catégorie de la mine industrielle, «[l]a mine n'y apparaît pas comme un système de galeries souterraines construit par l'homme au service de l'homme, mais comme un organisme vivant qui se dresse contre l'intrus[41]». En somme, la personnification de la mine est certainement l'une des manifestations les plus évidentes du chronotope de la mine industrielle puisqu'elle permet d'appréhender, à partir de sa force envahissante, sa valeur structurante.

Des accidents et des catastrophes minières

L'imaginaire de la mine industrielle, comme je l'ai explicité plus tôt, est marqué par les maladies causées par le travail minier. Néanmoins, la mortalité dans les mines est aussi attribuable aux accidents, qui sont légion. Très tôt dans *1932, la ville du nickel...*, la vie de l'un des mineurs est fauchée, comme le mentionne son collègue Albert: «[Jean-Marie] s'en vient. Il est au bureau des shift boss. Tu sais, il a failli y passer, lui aussi... Il voulait sauver Youssaf. Il a reçu une roche sur la colonne... trop tard» (*NI*, 15). Il est significatif que cet accident se produise pratiquement au tout début de la pièce, puisque cela place en quelque sorte l'œuvre sous le signe de la fatalité. Ouellette en fait autant dans *La maison Cage* en donnant, dès les premières pages, le récit du décès d'un travailleur: «Dans cette nuit-là, ce jour-là, il y a eu un coup de grisou. Panique dans les galeries. Tout le monde à la cage. [...] Il y avait là un camarade. [...] Pas de souffle, pas de chance. [...] Il ne méritait pas d'y rester... C'était encore un enfant...» (*MC*, 8) Ce traitement précoce de l'accident dans le texte permet d'associer l'univers minier à un monde qui est non seulement hautement mortifère, mais aussi marqué par un espoir

---

[40] Émile Zola, *op. cit.*, p. 71.
[41] Kurt Ringger et Christof Weiand, *loc. cit.*, p. 438.

tué à la racine, alors que toute forme de vie semble freinée, voire empêchée, comme en témoigne la mort d'un très jeune mineur.

Bien que des accidents ne surviennent pas dans les premières lignes du roman *Les géants familiers*, leur importance n'est pas pour autant négligeable, puisque deux personnages en seront victimes, M. O'Reilly, un chef de quart meurt «lors d'un tragique affaissement d'une partie du chantier de forage» (*GF*, 29) ainsi que le père du personnage principal, Quincy, tué par «les pierres déversées par la benne sur rails» (*GF*, 137). «Un mineur par semaine se fait tuer dans la mine» (*TP*, 97) de la Mine's Corporation de Sudbury – qui paraît être une fictionnalisation de l'INCO – dans *Temps pascal*, ce qui ne laisse aucun doute quant aux nombreuses possibilités de morts accidentelles. La pièce *1932, la ville du nickel...* donne en outre à lire le motif du mineur qui ne revient jamais de la fosse:

> La mort s'est promenée.
> A'rôdait, a'rôdait
> deux gars ont tombé.
>
> Leurs femmes attendaient,
> sur la galerie.
> Leurs femmes attendaient.
> Elles attendent encore (*NI*, 5).

À l'égard de la prégnance des accidents, les textes franco-ontariens et abitibiens s'inscrivent une fois de plus dans la lignée de *Germinal*, alors que l'on peut lire dès le début de l'œuvre le récit d'une mort accidentelle: «Nicolas Maheu dit le rouge, âgé de quarante ans à peine, était resté dans le Voreux, que l'on fonçait en ce temps-là: un éboulement, un aplatissement complet, le sang bu et les os avalés par les roches[42].» Les accidents à la mine, qui laissent bien peu de chances aux mineuses et aux mineurs de s'en sortir vivants, par leur récurrence, font ainsi partie intégrante du chronotope minier.

---

[42] Émile Zola, *op. cit.*, p. 68-69.

En outre, un roman historique abitibien intitulé *East-Malartic, 1947*[43] a pour sujet la pire tragédie minière du XXe siècle au Québec, où douze hommes ont trouvé la mort dans un incendie survenu le 24 avril 1947 à la mine East-Malartic, dans la ville éponyme. La catastrophe, qui est en quelque sorte le corollaire de l'accident, est convoquée de façon à rendre encore plus saisissante l'impuissance des mineurs, qui ont pour seul choix de « se replier dans une galerie en espérant que l'on vienne les secourir dans peu de temps. Mais le nuage chargé de gaz mortels les rejoint rapidement[44]. » L'importance de la tragédie est rendue par son rôle central dans l'œuvre de Massicotte; la notation du jour et de l'heure à chaque début de chapitre suggère l'existence d'un chronotope de la catastrophe minière, parce que toute l'intrigue est tournée vers l'emprisonnement des mineurs dans la fosse, où l'écoulement du temps équivaut alors à l'approche de la mort. Certains passages donnent aussi à lire un feu meurtrier personnifié : « Mais le monstre est sournois. Alors que l'on croyait le géant dormant, il reprend soudainement l'offensive dans une rage folle, comme s'il avait trouvé un second souffle. Il gronde, hurle comme un déchaîné en crachant son feu mortel[45]. » Le récit de l'incendie est livré dans des passages plutôt poétiques qui sont démonstratifs de la force d'évocation d'un imaginaire catastrophique dans les littératures minières. La représentation du réel rejoint parfois celle de la fiction; le récit de l'incendie de la mine malarticoise ainsi que l'inondation de ses galeries pour éviter une perte totale du puits ressemble à s'y méprendre à cet extrait de *Germinal* :

> Négrel plaisantait la légende, expliquait comment le feu prenait le plus souvent au fond d'une mine, par la fermentation des poussières du charbon; quand on ne pouvait s'en rendre maître, il brûlait sans fin; et il citait une fosse de Belgique qu'on avait inondée, en détournant et en jetant dans le puits une rivière[46].

---

[43] Gilles Massicotte, *East-Malartic, 1947*, Rouyn-Noranda, Éditions du Quartz, coll. « Textes et contexte », 2012 [2002], 257 p.
[44] *Ibid.*, p. 45.
[45] *Ibid.*, p. 97.
[46] Émile Zola, *op. cit.*, p. 429.

La parenté imaginaire entre *East-Malartic, 1947* et *Germinal* vient appuyer l'existence d'un chronotope de la mine industrielle, car l'une de ses thématiques, la catastrophe, semble être l'un des incontournables de l'écriture du récit minier.

L'omniprésence du thème de l'accident montre bien en quoi le danger est un élément avec lequel les personnages des mineuses et des mineurs doivent constamment composer, et ce même dans la nouvelle « El camino tan triste » de Delisle, où la mine industrielle est très brièvement évoquée, parce qu'il y est plutôt question du monde de la prospection minière, qui appartient à un temps antérieur à celui de l'exploitation: « Un tunnel de quarante-cinq mètres de profondeur a été creusé et chaque fois que les hommes y descendent, ils s'évanouissent » (*OR1*, 36). Sans que le travail minier soit directement abordé, la descente dans la fosse à elle seule est problématique, voire impossible. Dans les vers de *Gens d'ici*, le travail à la fosse est décrit comme contre-nature:

> [O]n est habitué à travailler la terre
> on le fait depuis des générations
>
> mais dessus pas en-dessous (*GI*, 73)

Un personnage d'*East-Malartic, 1947* va encore plus loin en qualifiant le travail à la mine d'inhumain, tandis qu'il s'exclame: « Pas humain, le travail de mineur! Encore le mois dernier, il y a eu des morts aux mines *Goldfields* pis *Canadian Malartic*[47]. » La question du danger est d'emblée développée dans *1932, la ville du nickel…*, tandis que la chanson des mineurs, qui sert d'ouverture à la pièce de théâtre, annonce la dangerosité intrinsèquement liée au métier de mineur:

> Mister shift boss man
> dis-moé donc, dis-moé donc.
> Mister shift boss man
> dis-moé donc quand je finis.
> Si l'back tient bon mon homme.

---

[47] Gilles Massicotte, *op. cit.*, p. 19.

Si l'back tient bon.
Tu verras ton amie
le soleil aussi (*NI*, 5).

Cet extrait est révélateur de la précarité de la vie dans un contexte minier, alors que le retour à la surface et ensuite au foyer est toujours conditionnel, jamais assuré.

Le spectre du danger associé au travail minier conditionne les travailleuses et les travailleurs à vivre dans l'appréhension de la catastrophe, comme dans le roman *Le Nickel Strange* de Tremblay, où les mineurs

> ont compris que tous ces calculs sont vains, que l'impact de l'écrasement [de la cage] sur le fond, même recouvert d'eau, les tuerait tous! Ils ont conclu que la trappe n'a aucune utilité si ce n'est de les rassurer et, le cas échéant, de permettre à l'équipe de sauvetage de récupérer les dépouilles (*NS*, 10).

Une grande fatalité se dégage de ce passage, alors que les ouvriers prennent conscience que certaines mesures de sécurité dans la fosse sont illusoires, qu'elles ne servent que de parures pour répondre aux normes du travail. Les dés sont pipés, la dangerosité de la mine a le dessus sur les tentatives humaines d'avoir une emprise sur elle. On trouve un passage qui évoque la problématique de la sécurité d'une façon similaire dans le roman d'Émile Zola: « Regardez, au-dessus de la cage, il y a un parachute, des crampons de fer qui s'enfoncent dans les guides, en cas de rupture. Ça fonctionne, oh! pas toujours[48]... » De cette façon, Tremblay et Zola mettent tous deux de l'avant l'insuffisance des moyens mis en place pour assurer la sécurité des prolétaires, alors que leur fonctionnement est loin d'être assuré. Aussi, le conditionnement à la catastrophe est illustré dans *La quête d'Alexandre*, alors que les « sons [d'alarme de la mine] produisirent l'effet d'une douche glacée sur les mineurs conditionnés à réagir aux désastres à la mine et les figèrent dans leurs attitudes guerrières » (*QA*, 113). La peur de l'accident est ainsi inscrite dans la peau et

---

[48] Émile Zola, *op. cit.*, p. 93.

la mémoire des ouvriers. Il en va de même dans *Le Nickel Strange*, où les ouvriers sont « dévorés par leur angoisse et leur anxiété » (*NS*, 12) et dont les « nerfs tendus [...] se relâchent en même temps que le câble d'acier qui les tient suspendus au-dessus du puits numéro neuf de la mine Frood-Stobie » (*NS*, 9). Ce conditionnement est également décrit dans *La love* de Desjardins, mais du côté des citoyennes et des citoyens, qui ne sont pas à l'abri de cette peur de tous les instants:

> La sirène de la mine part. On est comme dans un film de guerre quand les gens courent dans les abris. Mais nous autres, à Noranda, quand la sirène de la mine part, on s'arrête un instant et on pense que toutes les femmes de mineurs sont inquiètes. Qui est resté au fond, écrasé par la roche[49]?

Les personnages, ainsi conditionnés par l'attente de la catastrophe, témoignent de la force structurante du chronotope de la mine industrielle.

Dans de telles conditions de travail, où la vie est constamment menacée, il n'est pas étonnant que le trajet dans la cage menant au fond de la fosse soit comparé à une « descente aux enfers » (*NS*, 11) par Tremblay. Saint-Germain donne également une description de la mine comme enfer, alors que Quincy se croit

> dans le portique de l'enfer. Des corps nus aux chairs fortes et musclées ou flasques et blanches et ternes et même grises comme la pièce, des corps nus, des corps d'hommes, laids, repoussants, hybrides d'humains et de bêtes mythiques, des corps recouverts de fourrure, de toison, de poils, des corps déambulaient et baignaient dans une forte odeur de sueur, d'aisselle, d'aine et de pieds (*GF*, 146).

Bien qu'il s'agisse d'une vision infernale du travail minier, ce passage témoigne en outre de la magie et du fantastique du monde souterrain, caractéristiques qui convoquent la mine mythique qui, comme on le verra plus loin dans ce chapitre, est particulièrement prégnante dans *Les géants familiers*. Émile Zola donne lui aussi une description infernale de la mine dans son roman: « C'était une besogne obscure, des échines de singe qui

---

[49] Louise Desjardins, *La love, op. cit.*, p. 164.

se tendaient, une vision infernale de membres roussis, s'épuisant au milieu de coups sourds et de gémissements[50]. »

Ce traitement littéraire du monde du Dessous comme enfer convoque également l'imaginaire du labyrinthe, fortement connoté par la mort, alors que son mythe stipule le sacrifice de quatorze adolescents au Minotaure, qui tuait aussi symboliquement « la lumière et la vie[51] ». Ainsi, l'image du labyrinthe est à l'œuvre dans le roman de Saint-Germain, notamment lorsque le narrateur compare la mine à un « vaste dédale de galeries entrecroisées dans lequel tout mineur aurait pu aisément se perdre, n'eût été le fil d'Ariane du réseau ferroviaire » (*GF*, 154). La fosse est effectivement un lieu qui partage une importante parenté avec l'univers labyrinthique, puisque ses nombreux passages souterrains contribuent à ce que les mineurs se perdent, mais aussi à ce qu'ils perdent la vie : « [S]e croyant dans la galerie qui mène au puits n° 3, il se heurte à un mur. "Un cul-de-sac ! Sainte Mère de Dieu, aidez-moi !" [...] Aveuglé par la fumée, il longe fébrilement, à tâtons, la paroi rocheuse de ce dédale[52]. » L'un des personnages d'*East-Malartic, 1947* établit d'ailleurs un parallèle entre l'incendie et le mythe du labyrinthe, tandis qu'il

> ne peut s'empêcher de faire des liens entre la catastrophe minière et le rite de Minos : le sous-sol de la *East-Malartic*, un véritable Labyrinthe ; le feu, un monstre moderne dévoreur de chair humaine ; les douze victimes, des Athéniens sacrifiés[53]...

La figure du labyrinthe est l'un des éléments qui montrent bien en quoi les chronotopes de la mine industrielle et de la mine mythique ne sont pas complètement étanches ; les auteurs abitibiens qui l'emploient dans leurs textes inscrivent ceux-ci dans une mythologie de la mine, signifiant tout à la fois que cet imaginaire, forme d'enfer qui destine presque irrémédiablement à la mort, est aussi typique de la fatalité de l'industrie.

---

[50] Émile Zola, *op. cit.*, p. 433.
[51] Robert-Jacques Thibaud, *Dictionnaire de mythologie et de symbolique grecque*, Paris, Éditions Dervy, coll. « Dervy Poche », 2007, p. 374.
[52] Gilles Massicotte, *op. cit.*, p. 42.
[53] *Ibid.*, p. 177.

En dépit du danger mortel constant auquel sont confrontés les mineurs dans *Le Nickel Strange*, ils parviennent d'une certaine façon à ruser contre les accidents potentiels, tandis que les vétérans enseignent « à chaque nouvelle recrue comment entretenir et vérifier l'intégrité de son système d'éclairage. Sans celui-ci, un homme devient complètement aveugle dans un lieu parsemé d'embûches, dans un lieu qui demande que tous les travailleurs soient particulièrement alertes » (*NS*, 81). La solidarité entre les travailleurs apparaît ainsi comme la seule forme de résistance possible face à la « mine-menace[54] ». Les ouvriers et les ouvrières de *Germinal* ont aussi pour point d'honneur d'être solidaires de leurs camarades, car « [i]ls oubliaient la grève, ils ne s'inquiétaient point de la paie; on pouvait ne leur donner rien, ils ne demandaient qu'à risquer leur peau, du moment où il y avait des camarades en danger de mort[55] ». Comme l'indique Fløgstad, « intégrer la société minière, c'[est] être incorporé dans une fière confrérie[56] ».

UNE SOLIDARITÉ QUI NE VA PAS DE SOI : LA QUESTION DE LA GRÈVE

La question de la solidarité recoupe également celle de l'exploitation des mineuses et des mineurs, qui, dans plusieurs œuvres à l'étude, vont s'unir pour combattre l'oppression des compagnies minières. Dans la scène d'ouverture de *Temps pascal*, l'écrivain évoque la grève des ouvriers de la Mine's Corporation, tandis que « [l]es mineurs avaient édifié le barrage pour forcer la main aux politiciens locaux et à la Mine's Corporation. La police ne tarderait pas à les disperser, ce ne serait pas long » (*TP*, 19). Ce militantisme n'est pas assuré de porter fruits, puisque les pouvoirs politique, industriel et policier semblent aller de pair, ce qui informe rapidement de l'inégalité des rapports de force. De ce déséquilibre au niveau du poids politique exercé par les actrices et les acteurs dans un tel contexte semble nécessairement découler une escalade des moyens de pression, menant parfois à une

---

[54] Kurt Ringger et Christof Weiand, *loc. cit.*, p. 428.
[55] Émile Zola, *op. cit.*, p. 643.
[56] Kjartan Fløgstad, *op. cit.*, p. 33.

violence extrême, comme « [p]endant la grève, en 1958, [où] on avait vu les mineurs tirer sur les hélicoptères qui essayaient de contourner les lignes de piquetage pour déposer les briseurs de grève derrière » (*TP*, 39). Les personnages de *Germinal* ont aussi recours à des moyens extrêmes, plus particulièrement Souvarine qui, après avoir contribué à l'effondrement du Voreux, « s'éloigna sans un regard en arrière, dans la nuit devenue noire. [...] C'était là-bas qu'il allait, à l'inconnu. Il allait, de son air tranquille, à l'extermination, partout où il y aurait de la dynamite, pour faire sauter les villes et les hommes[57]. » Le rapport inégalitaire entre les propriétaires miniers et leurs employées et employés ainsi que les conséquences dramatiques qui en sont issues apparaissent ainsi intrinsèquement liés au chronotope de la mine industrielle.

Toutefois, les grévistes ont également pour potentiels opposantes et opposants leurs propres collègues ainsi que les simples citoyens et citoyennes. D'emblée, les personnages de *1932, la ville du nickel...* sont partagés quant à la question syndicale, comme en témoignent ces paroles d'un mineur: « Union? Parle-moi pas de l'union. Donne-moi un manche de hache pour que je lui pète la gueule » (*NI*, 6). Le simple fait d'évoquer l'organisation des travailleurs en un syndicat soulève les passions du personnage de Jean-Marie, ce qui en dit long sur l'accueil qu'il réserverait à un éventuel débrayage. L'oncle de Clara craint aussi que le syndicalisme mène à une grève qui nuirait à la productivité de la mine: « Le monde a besoin de nickel. Puis qu'est-ce qu'on a ici? Du nickel! Tu vois c'est simple. C'est obligé de reprendre. [...] C'est vrai qu'il y a des histoires qui vont peut-être fourrer la patente, un peu. [...] Des histoires d'union! » (*NI*, 24). Ainsi, qu'il s'agisse de mineuses et de mineurs ou de citoyens et de citoyennes, l'adhésion à une union syndicale et à une grève ne vont pas nécessairement de soi dans les textes à l'étude, ce qui est emblématique de la dysphorie véhiculée par le chronotope de la mine industrielle, où les intérêts des minières priment sur tout. Dans le roman *Le Nickel Strange*, les femmes

---

[57] Émile Zola, *op. cit.*, p. 640.

des ouvriers de la mine sont décrites comme des adversaires du mouvement de grève, notamment dans ce dialogue:

> – J'ai vu ta femme dans la rue, dans la manifestation des femmes contre la grève. Ça t'a pas dérangé?
> – Oui et non. Un gars n'aime pas ça, voir sa femme dans la rue dans une manifestation contre sa grève, mais, dans mon cas, j'ai été bien averti. Elle était indépendante comme ça avant que je la marie (*NS*, 26).

Au lieu d'être décrites comme des alliées de la cause, les femmes sont plutôt apparentées à une sorte de deuxième patron pour leur mari, alors qu'elles règnent au foyer et font passer les besoins des enfants, qui doivent être nourris et habillés, avant tout autre chose. Dans *Temps pascal*, la grève est en outre montrée comme un moyen de s'émanciper de la famille: « Pour la première fois de votre vie, vous êtes plus des hommes simples qui se tuent au travail en pensant constamment à un lendemain meilleur, qui se tuent lentement, pour d'autres, la famille, l'hypothèque, la Mines' ou je sais quoi d'autre. » (*TP*, 104) La sphère familiale semble de cette façon contribuer à la dépossession des ouvriers. Cependant, le personnage de Clara dans *1932, la ville du nickel...*, loin de s'opposer à la grève, participe aux activités clandestines de l'union syndicale (*NI*, 27) et plusieurs femmes dans *Temps pascal* s'engagent comme bénévoles dans les comités de solidarité féminine (*TP*, 44): le rôle occupé par les femmes au niveau militant diffère singulièrement d'une œuvre à l'autre.

Parmi les adversaires les plus virulents des débrayages, on trouve les anciens mineurs, comme

> le conseiller Morel [... qui] déclara que la grève déshonorait la ville. [...] Encore une autre grève pour des mineurs qui gagnent près de trente mille dollars par année, tous avantages confondus! [...] Fallait pas oublier que dans son temps à lui, les mineurs étaient moins bien traités (*TP*, 42).

De cette façon, la solidarité intergénérationnelle est problématique, parce que les retraités de la mine considèrent les revendications de leurs successeurs comme illégitimes: leur accorder ce qu'ils veulent reviendrait à un traitement de faveur. On retrouve aussi la tendance inverse dans *Temps pascal*, où les « progrévistes [sont] probablement d'anciens mineurs » (*TP*, 20); le fait d'avoir travaillé à la fosse peut donc aussi susciter de l'empathie, ces hommes étant familiers avec les difficiles conditions de travail. Malgré les nombreux opposants et opposantes à la grève, qui voient les ouvriers comme des « porteurs-de-boîte-à-lunch », des « maudits grévistes » et des « maudits socialistes syndicalistes » (*TP*, 20, 21), il demeure que les mineurs de Sudbury attirent la sympathie de ceux de Chibougamau et de Rouyn (*TP*, 99), tandis que ces villes forment, en quelque sorte, une ceinture de métal de solidarité. L'aspect problématique de l'appui à la grève dans les mines est aussi à l'œuvre dans le roman d'Émile Zola; après des semaines d'arrêt de travail et divers moyens de pression, les ouvrières et ouvriers et leurs familles sont de plus en plus affamés, ce qui pousse certains d'entre eux à aller travailler dans une autre fosse, comme c'est le cas de Chaval, considéré comme un traître par les grévistes[58]. On retrouve des enjeux similaires dans *Le Nickel Strange* : « Tu sais que ce sont les jeunes qui sont partis, ceux qui n'avaient pas de séniorité, pas d'heures supplémentaires, pas de travail à boni, pas d'argent en banque. Ils n'étaient pas prêts, ils ont eu peur pour leur famille » (*NS*, 24-25). Les jeunes mineurs ne soutiennent pas le mouvement de grève et partent travailler pour l'INCO, ne bénéficiant pas des mêmes avantages que leurs aînés.

En outre, la grève peut se solder par une défaite sans équivoque de la classe ouvrière, comme dans la pièce *La maison Cage* : « L'histoire commence en pleine grève. La compagnie a décidé de fermer définitivement les mines considérées non rentables. La grève dégénère en émeute. La colère des mineurs est telle que la ville est paralysée pendant des semaines » (*MC*, 37). Cet extrait illustre la suprématie du capital, qui a ultimement le dernier mot; les travailleuses et les travailleurs sont effectivement représentés comme des sacrifiés, dont la tâche est d'entretenir un système basé sur l'exploitation des ressources naturelles. La grève se conclut aussi par un échec dans *Le Nickel Strange*, où « la

---

[58] *Ibid.*, p. 411.

compagnie préparait la fermeture. Depuis un an, elle [...] payait du temps double pour accumuler et entreposer, quelque part dans le Sud, le gros stock de nickel qui lui permettrait de mieux vivre la grève» (*NS*, 24). Dans *Germinal*, la défaite semblait même prévue à l'avance, comme le mentionne Étienne: «Sans doute la grève est fichue. [...] Mais c'était prévu, ça. Nous l'avons acceptée à contrecœur, cette grève, nous ne comptions pas en finir avec la Compagnie[59].»

Lorsque des gains sont obtenus, ils sont souvent minimes, mais le débrayage comporte néanmoins un important avantage pour les mineurs: «Pour [Jacinthe], il y a eu victoire, les mineurs et les autres travailleurs connaissent maintenant leur force. Ils iront plus loin la prochaine fois» (*TP*, 140). Les grévistes, qui doivent pour l'instant se contenter des miettes que la minière consent à leur donner, sont désormais plus forts de la prise de conscience du pouvoir de leur union. Le narrateur du roman de Zola en vient sensiblement à la même conclusion: «Ils comprenaient que la révolution renaîtrait sans cesse, demain peut-être, avec la grève générale, l'entente de tous les travailleurs ayant des caisses de secours, pouvant tenir pendant des mois, en mangeant du pain[60].»

Malgré tout,

> [l]e fond du problème, lui, reste toujours pareil: le système a besoin de matières premières, il lui faut de l'or, du gaz, du pétrole, du cuivre, de l'énergie nucléaire s'il veut tourner à plein. Et pour cela, il lui faut des hommes qui soient prêts à travailler dans le Trou. Des hommes qui sont prêts à se faire mourir pour de l'argent, comme les mercenaires qui pensent toujours qu'ils s'en sortiront pour un jour vivre tranquilles, libres et riches (*TP*, 113).

Ces propos du narrateur omniscient de *Temps pascal* illustrent le fatalisme inhérent au travail minier; la nécessité de gagner leur croûte et celle de leur famille pousse les mineurs à accepter l'inacceptable en entretenant l'espoir d'une vie utopique à l'extérieur de la mine. Dans *Germinal*, le personnage de Maheu évoque lui aussi la fatale reproduction du métier de mineur:

---

[59] *Ibid.*, p. 546.
[60] *Ibid.*, p. 698.

« Tout ça n'empêchera pas qu'on descende, et tant qu'on descendra, il y aura du monde qui en crèvera[61]... » Cette aliénation des ouvrières et des ouvriers, qui a pour visée de reproduire le système économique, est aussi à l'œuvre dans les vers de Dalpé :

> Que ce soit à la C.I.P.
> > à la Spruce Falls
> > à la G.M.
> > à Ivaco
> > ou à l'Inco
>
> il y a des milliers d'heures
> où chaque battement de nos cœurs
> sert à remplir des poches
> qui ne sont pas les nôtres (*GI*, 85)

Comme nous l'avons vu précédemment, le poète crée un rapprochement entre les conditions d'existence des travailleuses et des travailleurs de différentes industries, ce qui suggère une solidarité qui dépasse le strict contexte minier. Les mineurs de *Poussière sur la ville* sont également dépeints comme des sacrifiés, car ces « hommes creusent leur tombeau à deux dollars l'heure[62] ». On trouve une image similaire dans la nouvelle « Le vaillant mineur » de Mathieu Poulin, où l'action se déroule à Val-d'Or et met en scène un adolescent dont le « père se tue à piocher dans son trou[63] ».

Même si les syndicats et les grèves ne sont pas représentés dans le roman *Les géants familiers*, le narrateur indique néanmoins que le mineur

> prostitu[e] sa vie pour le métal jaune, obligé pour vivre de descendre de plus en plus profondément près de la mort, travaillant pour un produit à la valeur artificielle inventée par l'homme pour créer un nouvel asservissement au nom de quelque culte à un incompréhensible Veau d'or (*GF*, 151).

---

[61] *Ibid.*, p. 138.
[62] André Langevin, *op. cit.*, p. 120.
[63] Mathieu Poulin, « Le vaillant mineur », *Maison des jeunes*, Montréal, Éditions de Ta Mère, 2013, p. 69.

Ce passage souligne le paradoxe du travail dans les mines, qui assure d'une part la survie de ses employées et employés par le salaire qu'il leur procure, mais qui d'autre part les expose à un danger mortel. Aussi, les mineuses et les mineurs sont d'autant plus aliénés qu'ils sont assujettis à un métal, l'or, dont la préciosité est non seulement arbitraire, mais également hautement fluctuante. Malgré le fait que le ton de l'ouvrage de Saint-Germain ne soit pas principalement revendicateur, il semble difficile de passer sous silence la dépossession des ouvriers de la mine, dépossession qui appartient au contenu idéologique du chronotope de la mine industrielle. L'influence du capital est telle que le discours des compagnies minières semble intériorisé par les travailleurs dans *Le Nickel Strange*: « [L]e vieux dilemme des mineurs les déchirait: devaient-ils exiger que le règlement soit respecté à la lettre ou était-il préférable d'adopter une politique plus souple en faveur de la productivité? » (*NS*, 132) L'aliénation des personnages les pousse à considérer l'option de lésiner sur les normes de sécurité, déjà fragilisées dans un contexte minier, au profit d'une production qui ne leur rapporte que des poussières: cette attraction insidieuse du capital n'est pas sans rappeler celle de *Germinal*, toujours présente en toile de fond du récit. Dans *Pyramiden*, Kjartan Fløgstad étend néanmoins la notion de sacrifice en milieu minier à la société, parce que « si ce n'est la leur, les mineurs creusent la tombe de la société qu'ils construisent[64] ». L'industrie minière implique ainsi en premier lieu le sacrifice des travailleurs, mais aussi celui des habitantes et des habitants des lieux, qui subissent différemment l'impact de l'exploitation – et de sa fin – sur leur environnement.

D'un sacrifice à l'autre

Le sacrifice des mineuses et des mineurs se présente également sous la forme de l'abandon des études, comme si la mine et l'éducation étaient deux univers inconciliables; l'un des protagonistes de *Temps pascal*, Léonard, a dû interrompre ses études universitaires et est « entré à la mine à la mort de son père, cultivateur près de Timmins. À l'époque, il y avait encore

---

[64] Kjartan Fløgstad, *op. cit.*, p. 78.

quatre enfants à la maison, il fallait un gagne-pain et [il] s'était sacrifié comme sa mère disait. L'histoire de milliers de gens. Mais ce temps-là était fini » (*TP*, 34). Dans le contexte d'une ville minière comme Sudbury, où les emplois bien rémunérés et qui n'exigent pas de formation sont rares, le métier de mineur semble s'imposer; mais il s'agit néanmoins d'une profession exigeante en termes d'énergie et de temps, ce qui ne laisse aucune place à l'acquisition de savoirs académiques.

L'accès au monde de la Culture est d'une certaine façon freiné, ce qui produit inévitablement un cercle vicieux: le manque de scolarité peut condamner au travail minier pour la vie. L'une des œuvres les plus emblématiques du Nord ontarien, *Moé, j'viens du Nord, 'stie*[65], donne à lire ce phénomène:

> [PÈRE:] Ben « joual vert » si tu faillis là, t'iras trainer les rues ou ben tu trouveras une job. T'iras travailler à mine.
> ROGER: Quoi? Moé travailler à mine. Ha... tu m'payerais cher pour y aller travailler dans c'te maudit trou[66].

Il en va ainsi dans *Le Nickel Strange*, où l'échec scolaire est synonyme d'un futur bloqué et destiné à une existence de mineur: « [S]'il ne réussissait pas son année, il ne pourrait pas s'inscrire à l'université, il allait donc devoir travailler aux mines pour gagner sa vie comme tous les autres jeunes hommes qui abandonnaient leurs études » (*NS*, 175). Le jeune Quincy Ayotte, personnage principal des *Géants familiers*, connaît sensiblement le même sort que Léonard Gouin, alors qu'à la suite du décès de son père dans la mine de Sullivan, « la décision d'abandonner ses études fut prise » (*GF*, 139) et, « [a]yant déjà en tête la perspective de travailler à la mine, Quincy décida de demeurer à Sullivan et de connaître la vie de mineur » (*GF*, 143). Les petites villes minières des années 1950-1960 de l'Abitibi et du Nord de l'Ontario sont donc propices à ce genre de situation, où la mort du père signifie souvent le sacrifice de la scolarité du fils aîné, qui devient le nouveau pourvoyeur de la famille. Dans *Germinal*, la question de

---

[65] André Paiement, *Moé, j'viens du Nord, 'stie*, suivi de *Le septième jour* et *À mes fils bien-aimés*, Sudbury, Éditions Prise de parole, coll. « Théâtre 1 », 1978, 131 p.
[66] *Ibid.*, p. 20.

la transmission du travail minier de père en fils ne se pose pas; toute la famille travaille à la mine, incluant les filles, à l'exception de la mère et des très jeunes enfants: le personnage de Bonnemort avait huit ans lorsqu'il est descendu dans la fosse pour la première fois[67]. Dans la pièce *La maison Cage*, on peut lire une volonté de briser le cycle de l'hérédité minière: «Quand j'ai eu l'âge de travailler à la mine, mon père m'a dit: "Si jamais tu y vas, je te coupe les bras à ras des deux épaules"» (*MC*, 6). Mais le fait de poursuivre une lignée de mineurs peut aussi être désiré, comme c'est le cas de Whissell dans le roman de Tremblay, dont «le rêve [...] était de se faire mineur comme son père et son grand-père avant lui» (*NS*, 146). La temporalité du chronotope de la mine industrielle est cyclique et problématise la question de l'hérédité.

En outre, le temps de cette catégorie minière semble ignorer la temporalité qui prévaut à la surface:

Shift de jour à Cobalt, shift de nuit à Kirkland Lake
[...]
Shift de jour à Elliot Lake, shift de nuit à Timmins (*GI*, 71-72)

L'horaire de nuit succède à celui du jour, et ainsi de suite. La répétition de la succession des *shifts* établit un rapport d'équivalence entre les différents moments de la journée, et cette équivalence semble également valoir pour l'espace, car les lieux cités paraissent tous régis par la même logique temporelle, comme l'indiquent ces autres vers de Dalpé:

Shift de jour
Shift de nuit
à Sudbury ou ailleurs (*GI*, 73)

Le temps, tel qu'on le connaît à la surface de la terre, semble même éclipsé par celui du monde souterrain: «Dans cet antre oublié des dieux, le temps n'existait pas. [...] Ici, on ne comptait pas le temps en heures et en minutes mais en nombre de trous forés dans la paroi» (*GF*, 154). Comme le montre Bachelard,

---

[67] Émile Zola, *op. cit.*, p. 67.

> [c]e temps de la dureté des pierres, ce *lithochronos* ne peut se définir que comme le temps actif d'un travail, un temps qui se dialectise dans l'effort du travailleur et dans la résistance de la pierre, il apparaît comme une sorte de rythme naturel, de rythme bien conditionné[68].

En outre, ce temps est aussi caractérisé par une «noirceur éternelle» (*GF*, 151), qui se traduit par «un monde sans jour/un monde de nuit et de sueur» (*GI*, 58) dans *Gens d'ici*. En somme, si on voulait réduire le chronotope de la mine industrielle à sa plus simple expression, nous pourrions le résumer ainsi: «Au fond du trou, il y a la nuit, la sueur, la dynamite, la mort. C'est tout» (*NI*, 37). Cette chronotopie, par ses paramètres, contribue grandement à l'aliénation des personnages.

Le pouvoir du capital

Outre la nécessité de gagner un salaire pour survivre, qui maintient les mineuses et les mineurs dans une forme d'esclavage, les compagnies minières disposent aussi de plusieurs stratégies afin de s'assurer la loyauté de leurs employées et employés. Dans *Temps pascal*, la Mine's Corporation «paie de bonnes pensions aux veuves des anciens de la Macey's, elle paie aussi les études des enfants, sans rechigner. La compagnie achète le silence des familles» (*TP*, 21). Avec de tels avantages, les ouvrières et les ouvriers sont moins prompts à vouloir militer pour améliorer leurs conditions de travail, car ils sont confortés dans l'illusion d'être déjà convenablement traités par leur employeur; on observe un phénomène semblable dans *Germinal*, alors que la Compagnie contrôle ses troupes à l'aide de pensions pour les mineurs et leurs femmes[69]. Une autre tactique employée par les minières consiste à exercer des pressions sur les médias, comme dans cet extrait du roman de Poliquin:

> La télévision ne bougeait plus à cause des pressions politiques de la Mine's auprès des chaînes canadiennes et américaines. Parce que les

---

[68] Gaston Bachelard, *La terre et les rêveries de la volonté*, Paris, Éditions José Corti, 1948, p. 28.
[69] Émile Zola, *op. cit.*, p. 118.

autorités politiques provinciales avaient peur d'ameuter le reste de la population ouvrière du Sud de l'Ontario en montrant les images de Sudbury aux mains des travailleurs (*TP*, 99).

Le pouvoir des compagnies minières est ainsi amplifié de façon importante, puisqu'elles partagent certains intérêts non seulement avec de grandes chaînes d'information, mais aussi avec le gouvernement provincial, qui craint un effet d'entraînement et de solidarité ailleurs en Ontario. Bref, dans le contexte d'une grève, les acteurs les plus puissants se rallient aux minières, ce qui sape en quelque sorte le rapport de force instauré par les grévistes. Cette étroite collaboration entre les propriétaires des mines et les médias n'est évidemment pas à l'œuvre dans *Germinal*, parce que la télévision, futur instrument de propagande, n'existe pas encore. Cependant, dans le roman zolien, la Compagnie trouve un autre moyen de faire passer son message : « Et un bruit plus grave circulait, elle se vantait d'avoir décidé un grand nombre d'ouvriers à redescendre : le lendemain, la Victoire et Feutry-Cantel devaient être au complet ; même il y aurait, à Madeleine et à Mirou, un tiers des hommes[70]. » De cette façon, la simple rumeur semble suffire à ameuter les mineurs et les mineuses et à leur faire craindre l'inutilité du sacrifice qu'est la grève. En outre, les médias écrits ont un impact dans l'écriture du roman de la mine, mais ils servent plutôt à la cause ouvrière, alors que le personnage d'Étienne Lanthier est abonné à « *Le Combat*, feuille anarchiste publiée à Genève » et au « *Vengeur*, une feuille socialiste de Belgique[71] », première publication à entrer au coron. La presse écrite alimente donc un autre genre de propagande, cette fois-ci destinée à susciter la ferveur révolutionnaire d'Étienne qui la communique ensuite aux autres grévistes.

Ainsi, la représentation des propagandistes miniers en littérature apparaît comme un phénomène plutôt récent, alors que les moyens technologiques du XIXe siècle ne permettaient pas un contrôle des masses aussi efficace qu'à l'époque contemporaine, comme en témoigne ce passage du roman de Poliquin, qui relate

---

[70] *Ibid.*, p. 379.
[71] *Ibid.*, p. 234 et 333.

une visite de la mine par les femmes et les enfants des mineurs: « Un film suivait. Le même qu'on montre aux débutants de la mine, qui parle de la vie dure mais remplie de satisfaction des mineurs. Film héroïque et si beau à la gloire de la Mine's et de ses loyaux employés » (*TP*, 45). De cette façon, la Mine's Corporation mise sur la force d'évocation de l'image du mineur héroïsé, prestige qui justifierait la dureté de son travail et contribuerait au maintien de l'obéissance des troupes: paradoxalement, la mythification du mineur ne sert qu'à mieux l'asservir. La stratégie des minières pour garder une poigne de fer sur leurs employées et employés qui est la plus caractéristique à la fin du XXe et au XXIe siècles est sans doute la menace du déménagement vers le Sud de la compagnie, notamment dans *Temps pascal* quand

> [o]n dit que la Mine's Corporation veut fermer ses usines de Sudbury pour s'installer en Indonésie ou au Zaïre. Là-bas, le monde rechigne moins contre les « conditions de travail », la main-d'œuvre est meilleur marché, les patrons de la Mine's pourront de nouveau faire ce qu'ils veulent. On les acclamera comme des rois, les « locomotives du progrès » (*TP*, 97).

Le phénomène de la mondialisation ne connaissant pas encore l'ampleur qu'elle atteint au XXe siècle, ce type de tactique n'est pas décrit dans l'œuvre zolienne: l'exploitation des mineuses et des mineurs des pays en voie de développement, plus faciles à manipuler en raison de leurs conditions d'existence, n'est donc pas évoquée dans le roman phare de la mine industrielle. Cette stratégie laisse planer le spectre de la fermeture des usines, ce qui fait craindre aux travailleuses et aux travailleurs la perte de leur emploi, véritable menace à leur survie, mais aussi à la cohésion des militants et des militantes, forcément divisés à l'idée d'un sacrifice d'une telle importance. En somme, le chronotope de la mine industrielle est davantage convoqué dans les œuvres franco-ontariennes, où le ton est plus revendicateur que dans les écrits littéraires abitibiens; le corpus de l'Abitibi, moins ancré dans les revendications sociales, représente ainsi d'une façon plus importante la mythologie de la mine, qui a une forte connotation euphorique.

L'EUPHORIE ET SON ENVERS DANS LE CHRONOTOPE DE LA MINE MYTHIQUE

J'ai pour hypothèse de départ que la littérature abitibienne convoque davantage le chronotope de la mine mythique, que ce soit par la récurrence de la magie et du sacré ou encore par le rôle de premier plan du parcours initiatique de certains personnages. J'aborderai ainsi la mine comme mythe cosmogonique dans le corpus de l'Abitibi, alors qu'il comporte une indéniable dimension originelle dont émane la construction d'un nouveau monde, mais également l'envers de la mythologie tel qu'on le trouve surtout dans les textes du Nord de l'Ontario. Pour ce faire, je mettrai ces représentations en dialogue avec la typologie élaborée par Ringger et Weiand ainsi que le roman *Henri d'Ofterdingen* de Novalis; je chercherai à déterminer les points de convergence et de divergence. Mon analyse se déploiera en trois temps; à commencer par les références au sacré et au religieux, suivies du parcours initiatique des personnages et, enfin, la mythification de l'espace minier.

LA MINE: UN MONDE SACRÉ ET RELIGIEUX?

Le sacré et le religieux de la mine mythique sont des notions récurrentes dans les œuvres abitibiennes qui servent à mon analyse. D'emblée, les représentations de la mythologie minière dans *Et l'or tomba dans le quartz du Nord* sont atypiques, car elles ne concernent pas directement le monde de l'exploitation minière, de la descente dans la fosse comme le suggèrent Ringger et Weiand, mais plutôt celui de la prospection: le mythe passe ainsi par la symbolique de l'or. L'auteure donne le ton dans l'exergue à son recueil: « Dieu contempla sa créature et dit: "L'homme doit rêver, sinon l'humanité sera bien misérable. Donnons-lui le reflet de son rêve." Il zyeuta le soleil du coin de l'œil, le soleil agita sa chevelure… et l'or tomba dans le quartz du Nord » (*OR1*, 9). Delisle intègre de cette façon l'or dans le récit de la création, ce qui a un impact direct sur l'écriture des deux nouvelles à l'étude, imprégnée du sacré par le traitement de la symbolique de l'or; d'ailleurs, Chevalier et Gheerbrant signalent la « signification spirituelle, principielle et cosmologique du métal jaune[72] ». L'œuvre s'inscrit ainsi dans le sillage de la mine mythique, puisqu'elle implique la « compréhension des structures de l'existence et de l'histoire[73] ». Le chronotope de la mine mythique se caractérise donc par un temps avant le temps, comme nous le verrons tout au long de cette analyse.

Dans la nouvelle « Le rêve d'un géant », le protagoniste porte un nom chargé de significations religieuses; « Cham », qui signifie « voué à dieu » (*OR2*, 73), est aussi le prénom du fils de Noé, personnage de la Genèse dont s'est inspiré son père après avoir lu ce passage de l'Ancien Testament : « Et du sein de la solitude je ferai surgir un nouveau peuple en son nom » (*OR2*, 73). Le personnage semble ainsi prédestiné à la mission religieuse qui lui sera confiée. On remarque la récurrence de la figure de Noé, personnifiée par Cham, notamment avec « sa barbe trop tôt enneigée » (*OR2*, 118), mais également avec l'« utopie mystique » que le Nord lui offrait, où « il rebâtit son nid, l'entoura de fleurs, cultiva un nouveau potager, ramena des animaux autour de lui, érigea un clocher et, en bon pasteur, rapailla ses brebis » (*OR2*, 117). Le patronyme de Cham, Paradis, évoque bien entendu le paradis terrestre, mais aussi la Terre promise que représentent les nouvelles colonies. En outre, les références explicites à Dieu font partie prenante de l'univers minier alors que l'or est rapproché du divin : « À Rome, il s'était émerveillé devant les églises ornées d'or, de ce précieux métal, symbole de l'absolue perfection de Dieu » (*OR2*, 77). Dans cet extrait, il est question du personnage de Cham qui, par sa double posture de missionnaire et de prospecteur minier, renforce le lien entre le monde des mines et la religion. L'émerveillement devant ce minerai recoupe l'idée énoncée par Gaston Bachelard, selon laquelle l'or serait une « bell[e] matièr[e qui] amass[e] des rêveries qui se coordonnent si naturellement qu'on peut y déceler des lois de

---

[72] Jean Chevalier et Alain Gheerbrant, « Or », *Dictionnaire des symboles*, Paris, Robert Laffont/Jupiter, coll. « Bouquins », 1982 [1969], p. 706.
[73] Kurt Ringger et Christof Weiand, *loc. cit.*, p. 439.

rêve, des principes de la vie onirique[74] ». La nouvelle de Delisle donne aussi à lire une description de l'or comme moyen d'accéder au divin, notamment à travers les dires d'un autre protagoniste du récit; « Cet or est la lumière de Dieu. En le touchant, je parle à Dieu » (*OR2*, 90): le métal jaune se situe en effet « à la base du rituel chrétien[75] ». L'or est aussi élevé au rang d'objet d'adoration dans *Les géants familiers*, parce qu'il est comparé à un « incompréhensible Veau d'or » (*GF*, 151) auquel on voue un culte aveugle. Le Veau d'or, c'est aussi « le dieu des biens matériels substitué au dieu de l'esprit[76] », ce qui implique un délaissement de la vie spirituelle au profit de l'exploitation des richesses naturelles, ce qui est non sans rappeler la mine industrielle.

Toutefois, la quasi divinité de l'or, avec le pouvoir d'attraction que cela suppose, amène souvent les humains à se perdre dans leur quête du métal, alors que pour Cham « [l]'or était devenu l'absolu qu'il devait atteindre pour bâtir l'œuvre de Dieu et mourir dans Sa grâce. Il voulait l'or. Plus que jamais » (*OR2*, 118). Le minerai joue un rôle de premier plan dans la mission de colonisation entreprise dans la nouvelle « Le rêve d'un géant » et participe du mythe cosmogonique des premiers temps des colonies abitibiennes. Mais il faut se méfier de l'or, même s'il procure l'« intuition de Dieu[77] », certaines limites ne doivent pas être franchies par ceux qui le recherchent, comme le mentionne Nagaëmo Bessum, un personnage autochtone du récit:

> Mon grand-père a dit qu'un Esprit était gardien de l'or et que son grand-père l'avait offensé en voulant en faire le trafic. Son père avait, lui aussi, voulu partir, quitter l'île. Il était venu prendre l'or. Et les siens l'ont retrouvé transpercé de flèches, lui aussi, sur le rivage de la grande baie (*OR2*, 90).

Ce passage montre en quoi le sacré est relié à la symbolique de l'or, tandis que la transgression décrite amène des conséquences

---

[74] Gaston Bachelard, *La terre et les rêveries du repos*, Paris, Éditions José Corti, 1948, p. 323-324.
[75] Jean Chevalier et Alain Gheerbrant, « Jaune », *op. cit.*, p. 535.
[76] *Id.*, « Veau d'or », *op. cit.*, p. 995.
[77] Kurt Ringger et Christof Weiand, *loc. cit.*, p. 439.

funestes; le métal précieux comporte une importante valeur spirituelle qui se transforme en malédiction s'il est partagé avec autrui. L'extrait reflète ce qu'Alain Rey, dans son article « Mines et mineurs » appelle « une conception animiste du monde minéral. On laissait reposer les mines, croyant que les minerais, et notamment les minerais métalliques, se reproduisaient dans les entrailles de la terre[78] ». Cependant, dans les littératures minières européennes, les esprits sont plutôt des « êtres surnaturels, gardiens de ces trésors, essentiellement des nains bienfaisants ou malfaisants[79] ». Il en va ainsi dans le roman *Henri d'Ofterdingen*, tandis que le narrateur omniscient se questionne s'il est

> possible que là, sous nos pieds, se remuât monstrueusement la vie d'un autre monde? Que des naissances sans nom se fissent dans les entrailles de la terre et s'y multipliassent, mûrissant et croissant au feu intérieur du ventre ténébreux pour devenir des créatures géantes de corps et puissantes d'esprit[80]?

Il est aussi question, dans cette œuvre issue du romantisme allemand, des cavernes et de leurs « légendes effrayantes [...] où il était question de dragons et de monstres qui s'y terraient[81] » : les créatures qui peuplent les souterrains de la mine mythique peuvent être des adjuvants, mais aussi des opposants au mineur dans sa quête spirituelle, ce qui illustre bien la profonde ambiguïté du paradigme minier. Ces êtres fantastiques qui gardent les trésors enfouis sous terre n'appartiennent pas à l'imaginaire des mines de l'Abitibi et du Nord de l'Ontario, puisque « [l]es lutins et [l]es nains [...] peuplent [plutôt] la croyance populaire[82] » des pays montagneux comme l'Allemagne, la Bolivie et la Norvège. Le chronotope de la mine mythique varie donc en fonction de la région minière qu'il représente.

---

[78] Alain Rey (dir.), « Mines et mineurs », *Dictionnaire culturel de la langue française*, tome III, Paris, Dictionnaires Le Robert, 2005, p. 637.
[79] *Ibid.*
[80] Novalis, *Henri d'Ofterdingen*, Paris, Gallimard, coll. « L'imaginaire », 1975 [1802], p. 108.
[81] *Ibid.*, p. 104.
[82] Kjartan Fløgstad, *op. cit.*, p. 72.

La première nouvelle du recueil de Delisle, «El camino tan triste», donne aussi à lire la sacralité du minerai et sa profanation, tandis qu'

> [i]l y a de l'or tout autour de la ville et de l'or dans les tombes enfouies sous les arbres de la forêt. [...] La nuit venue, beaucoup de fantômes errent dans les bois et creusent la terre sous le feu des flammèches de méthane qui révèlent la présence des tombes ensevelies là depuis cinq cents ans (*OR1*, 36).

C'est un prospecteur nouvellement revenu en Abitibi qui relate cet épisode de son expérience dans les mines d'une petite ville équatorienne: il n'est donc pas question dans ce texte de représenter la mine comme mythe cosmogonique de la région. L'extrait cité permet néanmoins de rattacher l'univers minier abitibien à celui de l'Équateur et de l'Amérique précolombienne, car le récit du personnage principal se partage entre ces deux lieux. Le pillage de tombes n'est pas une pratique sans danger: «[L]es gens vont à la rencontre des passants pour les saluer, la machette à la main. Les hommes se surveillent, s'espionnent. C'est de l'or que l'on cherche, il y a de l'or dans les tombes. Et le danger est mortel.» (*OR1*, 36) La recherche du métal jaune mène ainsi à la paranoïa et à une certaine forme d'avarice[83], qui d'ordinaire n'appartiennent pas aux représentations de la mine mythique, où «le vrai mineur, tout en étant né pauvre n'est pas celui qui exploite ces trésors[84]». Les pensées du personnage éponyme d'*Henri d'Ofterdingen* vont dans le même sens: «Les trésors, oh! non, ce ne sont pas les trésors qui ont pu éveiller en moi un tel désir, une aussi indicible aspiration, [...] je me sens très loin de toute cupidité[85].» L'univers de la mine imaginé par Delisle évacue l'humilité et la pureté de cœur des personnages qui entrent en contact

---

[83] Bien qu'il ne soit ni mineur, ni prospecteur, Séraphin Poudrier, célèbre personnage de la littérature québécoise, est aussi emblématique de l'avarice que peut entraîner la recherche – mais plus particulièrement l'accumulation dans ce cas – de l'or. Voir Claude-Henri Grignon, *Un homme et son péché: Les belles histoires des Pays d'en haut*, Montréal, Stanké, coll. «Québec 10/10», 1998 [1933], 207 p.
[84] Kurt Ringger et Christof Weiand, *loc. cit.*, p. 419.
[85] Novalis, *op. cit.*, p. 19.

avec l'or, qui sont plutôt influencés par l'appât du gain, ce qui rappelle l'impératif du capital de la mine industrielle.

Le religieux est également explicitement évoqué à travers les références à la Bible, notamment dans *Les héritiers de la mine*, lorsqu'il est question du manuel du prospecteur du père Cardinal, qui «était sa bible, son missel, il l'emportait partout où il allait et le consultait parfois même à table quand un doute le prenait et qu'il avait besoin de conforter ses pensées» (*H*, 120). Ce rapprochement entre l'ouvrage de référence en prospection minière et le texte sacré amplifie la religiosité associée au monde des mines tout à la fois qu'il donne l'impression que la mine vient se substituer à la religion. Dans la nouvelle «Le rêve d'un géant», la Bible est aussi évoquée, mais cette fois-ci par le personnage de Cham, qui crée un lien entre le Nouveau Testament et la prospection:

> «Dieu se cherche un territoire pour y habiter!» Ce chapelet de croix, le long de ces eaux turbulentes, troublait sa réflexion, lui rappelant les paroles de saint Marc: «[...] Si quelqu'un veut suivre mon chemin, qu'il renonce à lui-même, qu'il prenne sa croix et me suive.» (*OR2*, 76)

La référence à la Bible participe dans ce cas-ci à la construction du parallélisme entre les figures du missionnaire et du prospecteur.

En outre, l'Ancien Testament est mobilisé d'une toute autre façon dans *1932, la ville du nickel…*:

> [A]urore dans ta nuit – poussière
>
> poussière,
> tu retourneras en
> poussière,
> tu retourneras en
> poussière
> tu retourneras en (*NI*, 19).

Il s'agit d'une reprise du texte de la Genèse: «À la sueur de ton visage tu mangeras du pain jusqu'à ce que tu retournes au sol car c'est de lui que tu as été pris. Oui, tu es poussière et à la poussière tu retourneras[86]. » Dans le contexte des paroles de la chanson intitulée « Sur ta peau », le recours à la Bible ne sert pas à inscrire le travail minier dans une mythologie, il vise au contraire à le ramener à sa dimension plus terre à terre, ancrée dans la quotidienneté, avec tout ce que cela implique en termes de difficile labeur et de fatalisme. Aussi, la poussière fait non seulement référence à la mort, mais aussi à la poussière de minerai, substance mortifère autant au plan symbolique que réaliste. La religiosité de la pièce de théâtre franco-ontarienne ne traduit pas l'euphorie généralement associée à la mine mythique, mais plutôt son pendant dysphorique.

Tremblay exploite une thématique religieuse, celle de la communion entre mineurs dans son roman *Le Nickel Strange*, comme l'indiquent ces paroles du personnage de Whissel, un patron : « Eh ben, les jeunes, c'est le temps de la sainte communion ! Mais je devine que vous n'aimerez pas trop les hosties que j'ai pour vous autres » (*NS*, 34). Les hosties en question sont « deux médailles de bronze ternies » (*NS*, 34) qui permettent « aux patrons de retrouver leurs travailleurs [ou leur dépouille] en cas de désastre[87] » (*NS*, 35). Tremblay mobilise la communion dans son œuvre non pas pour évoquer des forces supérieures, mais bien pour marquer le religieux de la mine du sceau de la fatalité, tandis que les hosties du sacrement ne font que rappeler le danger de mort qui guette les mineurs. Ainsi, le sacré, vidé de toute spiritualité et loin d'être euphorique, se greffe plutôt à l'univers mortifère de la mine industrielle. Dans le cas de la littérature franco-ontarienne, il semblerait que le chronotope de la mine industrielle exclut celui de la mine mythique.

Néanmoins, *Le Nickel Strange* permet aussi de lire la rencontre qu'a le mineur avec son for intérieur dans la fosse, comme c'est le cas du personnage de Dynamite Jack : « Des profondeurs du puits s'élevaient l'intimité de son âme, la chaleur de son regard et toute la passion de son corps » (*NS*, 177). Bien qu'il vive une

---

[86] *La Bible*, traduction œcuménique de la Bible, Toronto, Société biblique canadienne, 2004, Genèse 3 : 19.

[87] Dans *Germinal*, le système qui sert à déterminer les disparus et disparues lors d'un accident consiste en un décompte des lampes manquantes (p. 629).

puissante connexion avec son soi, c'est plutôt la mort que Jack atteindra ultimement, alors qu'il se suicide dans l'explosion de la mine : « [I]l fonça dans la galerie qui menait à la chambre d'explosion. [...] Son plaisir était à son paroxysme, et, au son du dernier coup, son corps se banda comme une arche, il se retourna sur lui-même pour offrir sa jouissance à la terre » (*NS*, 184). Ce passage fait écho à la toute première relation sexuelle de Jack, car sa jeune amante et lui se sont unis « dans la pénombre, sous les voûtes du sous-sol » (*NS*, 71). Il s'agit d'un exemple de l'impact du chronotope de la mine mythique sur l'écriture, car il superpose en quelque sorte son espace sur les lieux dans des extraits qui, directement du moins, n'ont pas rapport avec la mine. Il n'est pas étonnant que l'auteur crée un rapprochement entre la mine et la sexualité, puisque le « caractère souterrain [des métaux] les apparente aux désirs sexuels[88] ». Cependant, dans *Le Nickel Strange* la destruction de la mine à ciel ouvert par dynamitage amène le mineur à la jouissance sexuelle et à sa perte, ce qui est démonstratif de la profonde ambiguïté du chronotope minier, surtout dans le contexte de la mine mythique. Dans l'un des nombreux rêves relatés par le narrateur d'*Henri d'Ofterdingen*, la sexualité associée aux souterrains procure plutôt exclusivement une grande euphorie, notamment lorsque le personnage d'Henri se baigne dans une grotte et que « [d]e délicieuses jeunes filles, eût-on dit, s'étaient suavement défaites en ces ondes, qui reprenaient soudain leur forme en touchant le jeune homme[89] ». Ce passage ressemble à celui-ci, tiré des *Géants familiers* :

> Puis, le tam-tam du dieu de la mine se fit tout à coup entendre et la jeune déesse exécuta une valse frénétique en son honneur. Comme un heureux voyeur, le garçon put admirer le corps luisant sur lequel l'eau multicolore formait ses fines perles » (*GF*, 132).

Dans les deux cas, les jeunes hommes sont atteints de visions hautement érotiques.

---

[88] Jean Chevalier et Alain Gheerbrant, « Métal », *op. cit.*, p. 629.
[89] Novalis, *op. cit.*, p. 22.

Au niveau du corpus franco-ontarien, dans la pièce de théâtre de Dalpé et Haentjens, le personnage de Giuseppe exprime plutôt l'inutilité du sacré et de la religion sous terre: «[M]ais domani c'est la cage et la merda des shift boss... et les Sanctus Sanctus ils sont loin. Ils ne t'aident pas beaucoup à tenir la drill et à te garder sec dans l'eau jusqu'au culo, les Pater Noster du curé» (*NI*, 46). Le personnage de Maheu formule une critique similaire à l'endroit d'un prêtre dans *Germinal*: «Il n'y a pas besoin de tant de paroles [...] vous auriez mieux fait de commencer par nous apporter un pain[90].» La sacralité associée à la mine mythique est encore remise en question par un texte franco-ontarien, alors qu'au final, toutes les prières et les messes n'améliorent en rien les conditions d'existence des mineurs, comme c'est aussi le cas dans le roman de Zola. En revanche, l'univers d'*Henri d'Ofterdingen* laisse deviner un certain pouvoir transcendental de la prière: «Jamais je n'avais prié avec une telle ferveur, et jamais je n'avais non plus aussi vivement saisi et éprouvé la signification sublime de la messe[91].» Les mineurs prient pour être protégés dans leur métier périlleux et semblent véritablement entourés d'une sorte d'aura de protection divine.

Vers une cosmogonie minière abitibienne

Or, il en va tout autrement dans le corpus de l'Abitibi; au lieu de mobiliser le sacré pour mieux en montrer le côté dysphorique comme c'est le cas dans les textes franco-ontariens, il est plutôt question d'instaurer une cosmogonie qui tend vers l'euphorie. Le roman *Les héritiers de la mine* de Saucier dépeint avec prégnance la question de l'origine, liée au sacré et à l'idée d'un mythe cosmogonique abitibien. D'emblée dans le récit, le personnage de LeFion insiste sur la singularité de l'origine de sa famille:

> Notre famille est l'émerveillement de ma vie et mon plus grand succès de conversation. Nous n'avons rien en commun avec personne, nous nous sommes bâtis avec notre propre souffle, nous sommes essentiels à nous-mêmes, uniques et dissonants, les seuls de notre espèce (*H*, 11).

---

[90] Émile Zola, *op. cit.*, p. 537.
[91] Novalis, *op. cit.*, p. 90.

Le cadet de la famille Cardinal met l'accent sur l'unicité de son clan, qui tient presque de la légende avec la question de l'auto-engendrement. Ce passage dénote aussi une importante autosuffisance, ce qui renforce l'impression d'une véritable communauté mythique, en retrait du monde ordinaire et du commun des mortels; comme l'affirme Saucier, «*Les héritiers de la mine*, c'est un rejet des autres[92]». Dans ce cas-ci, le chronotope de la mine mythique suggère un temps du mythe, qui, tout comme celui de la chronotopie industrielle, ne suit pas la logique temporelle qui a cours à la surface.

Un peu plus loin dans sa narration, LeFion spécifie la teneur de l'origine familiale lorsqu'il mentionne «[l]a maison que [leur] père avait déménagée de Perron à Norcoville[93] après avoir découvert la mine. [...] Norco qui aurait dû s'appeler Cardinal, parce que le zinc de cette mine, c'était [leur] père qui l'avait découvert et qu'on lui avait volé» (*H*, 11-12). Nous apprenons ainsi l'appartenance du clan à l'univers minier, il s'agit même de l'une des composantes primordiales de leur identité collective. Cette idée recoupe ce que dit Gaston Bachelard à propos de Novalis, que les «rochers [sont] des images fondamentales[94]». Le personnage d'Henri d'Ofterdingen fait mention «des temps anciens, et comment les rochers, dans ce temps-là, les arbres et les bêtes s'étaient entretenus avec les hommes[95]». Toujours selon Bachelard,

> [a]ussitôt qu'on rêve à la vie millénaire du métal, la rêverie cosmique entre en action. S'impose alors une sorte d'espace-temps de la rêverie métallique qui fait joindre à l'idée de la mine lointainement profonde, l'idée d'un passé démesuré. Le métal [...] est une *substance*-siècle[96].

Un peu dans le même esprit, Michel Onfray soulève l'idée d'une «[m]émoire des temps généalogiques: la pierre prouve l'existence

---

[92] Jocelyne Saucier, «Jocelyne Saucier: le plaisir d'allumer des feux», entrevue accordée à Louise Desjardins, *Lettres québécoises*, n° 148, 2012, p. 6.
[93] Norcoville, créée par Saucier, est une fictionnalisation de Barville, petite localité qui était située près de Barraute, en Abitibi, où a habité l'écrivaine pendant l'adolescence. *Ibid.*
[94] Gaston Bachelard, *La terre et les rêveries de la volonté*, *op. cit.*, p. 169.
[95] Novalis, *op. cit.*, p. 20.
[96] Gaston Bachelard, *La terre et les rêveries de la volonté*, *op. cit.*, p. 217.

d'un temps avant le temps[97] ». En ce sens, la pierre appartient à ce que Mikhaïl Bakhtine nomme les « chronotopes fondamentaux, qui englobent tout[98] ». À ce chronotope fondamental peut être associé un « temps élémentaire et primitif », car « [l]à où se montre le minéral, l'éternité parle[99] ». Ainsi, « [l]es conditions géologiques, géomorphologiques et géographiques induisent métaphysiques, cosmologies, cosmogonies, philosophies et mystiques[100] ».

C'est la découverte du gisement métallifère qui donne en quelque sorte naissance à la mythologie minière des Cardinal, origine puissante sur le plan symbolique qui semble donner des droits sur la toponymie et sur le territoire, comme l'indique cet extrait narré par LeFion : « Je n'étais pas né quand on [a fermé la mine]. Consternation, accablement et lamentations dans les cahutes, mais pas chez nous. Nous avions notre grand jour. [...] Nous n'allions surtout pas pleurer : notre mine nous était revenue. » (*H*, 12) L'origine minière clanique est telle qu'elle alimente un désir de propriété ; même si la mine est passée aux mains de riches propriétaires miniers, les membres de la famille s'en considèrent comme les seuls et uniques propriétaires. De cette façon, les protagonistes de l'œuvre ne correspondent pas au mineur de la mine mythique tel qu'il est habituellement dépeint, c'est-à-dire complètement dépourvu de toute intention de posséder le minerai. En ce sens, la propriété de la mine rejoint plutôt les « rêves de pierre » de Gaston Bachelard, dans lesquels « [l]e rêveur s'empare [des forces intimes], et quand il en est maître il sent s'animer en lui une rêverie de la volonté de puissance[101] ».

Cette quasi adéquation entre le monde des mines et les Cardinal entraîne une mythification des personnages, bien qu'ils ne soient pas des mineurs et des mineuses à proprement parler, à

---

[97] Michel Onfray, *Esthétique du pôle Nord*, Paris, Librairie Générale Française, 2004, p. 26.
[98] Mikhaïl Bakhtine, *op. cit.*, p. 392.
[99] Michel Onfray, *op. cit.*, p. 18 et 17.
[100] *Ibid.*, p. 40.
[101] Gaston Bachelard, *La terre et les rêveries de la volonté*, *op. cit.*, p. 18.

commencer par ce récit de LeFion, qui relate une sorte d'épopée quotidienne:

> Je leur en mets plein l'estomac. Les deux douzaines d'œufs le matin, le cent livres de patates à la cave, les batailles avant l'école pour retrouver nos bottes, les batailles le soir pour nous faire une place devant la télé, les batailles tout le temps, pour rien, par plaisir, par habitude. Le folklore (*H*, 12).

Le narrateur raconte la vie au jour le jour des siens, qui est hors du commun; le mythe Cardinal est aussi marqué par l'extravagante quantité de nourriture ingurgitée par les personnages ainsi que leur éternel combat pour se tailler une place au sein de la famille. La mythologie familiale est aussi entretenue par le nombre d'enfants, 21, qui est, selon plusieurs textes ésotériques, la représentation chiffrée de Dieu, ce qui lui procure une valeur divine et sacrée. « Dans la Bible, 21 est le chiffre de la perfection par excellence [et] symbolise la sagesse divine[102]. » Dans l'ensemble du roman, mais plus précisément au temps présent du récit lors du congrès des prospecteurs de Val-d'Or, qui marque la première réunion familiale en 30 ans, on insiste d'ailleurs beaucoup sur l'importance de ce nombre, notamment lorsque LeFion dit:

> J'attendais la réponse, j'attendais le chiffre magique qui provoquerait ahurissement et étonnement. Nous allions les épater avec nos histoires, nous allions nous retrouver enfin tous ensemble, magnifiquement réunis dans l'éblouissement de nos souvenirs. J'ai entendu la réponse se répandre en écho dans la foule.
> — Vingt et un! Vingt et un enfants (*H*, 29)!

Le nombre 21 a une valeur magique pour le clan, il est l'une des principales sources d'étonnement de l'auditoire lorsque l'histoire familiale est racontée: il constitue ainsi un important élément du mythe. Vingt et un désigne aussi « l'accomplissement, la plénitude, le but atteint[103] », d'où l'insistance sur ce nombre

---

[102] Jean Chevalier et Alain Gheerbrant, « Vingt et un », *op. cit.*, p. 1018.
[103] *Ibid.*, p. 1019.

pour entretenir l'aura mythique de la famille, qui se veut pleine et indivisible, à l'image du chronotope fondamental de la pierre.

La mythification des personnages, qui émane de leur origine minière, les rapproche d'une « race [de] vainqueurs. De ceux qui ni ne fléchissent ni ne rompent, de ceux qui ne se laissent pas rogner l'instinct, qui ouvrent grand leurs ailes et courent devant l'épouvante » (*H*, 13). Toutefois, certains protagonistes sont davantage traversés par le mythe familial que d'autres, par exemple Émilien, qui a été surnommé « Stan, Stanley, Siscoe, tout ça à cause d'une vieille histoire au sujet du magot de Stanley Siscoe » (*H*, 23). La référence à Siscoe n'est pas innocente, puisque le prospecteur est la première figure mythique que l'Abitibi ait connue, elle vient donc confirmer l'appartenance du personnage à une cosmogonie minière. À l'inverse, LeFion ne parvient pas à s'inscrire dans la mythologie du clan :

> Je ne pleurais pas vraiment. Je protestais. D'être si petit, si frêle et tellement sans défense. D'être si peu Cardinal. Les autres faisaient des courses à trente sous zéro, pieds nus dans la neige, et moi, on m'enfonçait une tuque jusqu'aux oreilles dès qu'apparaissaient les premières fraîcheurs de l'automne, à cause des otites que j'avais à répétition (*H*, 13).

De cette façon, le concept de mythe implique une certaine normativité et une performativité, « par les références à un modèle exemplaire, références aux valeurs, aux normes que le groupe doit suivre ou, plus concrètement, le mythe expliquant à la fois comment et pourquoi les choses se sont passées et comment elles doivent se passer[104] ».

Néanmoins, même si LeFion ne correspond pas aux valeurs guerrières vénérées par son clan, il contribue à l'entretien du mythe familial parce que, selon LaPucelle, l'aînée et deuxième mère de la famille, « [i]l a été d'une fidélité exemplaire à nos valeurs sans jamais avoir la force de les porter. Il a affiché nos couleurs. Il a été en quelque sorte notre mascotte » (*H*, 53). De cette façon, il n'est pas nécessaire que LeFion agisse en fonction

---

[104] Christian Morissonneau, *La terre promise : le mythe du Nord québécois*, Montréal, Éditions Hurtubise/HMH, coll. « Cahiers du Québec », 1978, p. 8.

des valeurs claniques, l'essentiel est qu'il en soit le porte-parole : c'est donc la question de la représentation – et de la répétition – de la mythologie familiale qui prime. Si le personnage de LeFion est en quelque sorte l'antithèse des valeurs prônées par sa famille, c'est son frère Geronimo qui est un

> Cardinal à son plus pur [... parce qu'il] partait très tôt le matin, son barda de prospecteur dans un sac de toile jaune en bandoulière, saluant d'un signe de la main la tablée du déjeuner, un signe destiné surtout aux plus grands pour bien marquer la distance qui les séparait maintenant qu'il courait les bois avec [le] père (*H*, 16).

Geronimo, en plus d'avoir un surnom qui fait référence au guerrier apache qui a combattu pour les droits des Amérindiens, est le personnage le plus emblématique de « l'essence pure et dure du diamant qui était en chacun [d'eux] » (*H*, 75) alors qu'il participe aux activités de prospection de son père. Cela confirme que les bases du mythe Cardinal se situent au niveau de l'exploration et de l'exploitation minières. La mythologie familiale correspond en effet au monde minéral, que ce soit par sa solidité, sa durabilité ou encore sa fixité, dans le temps et dans l'espace. Le mythe de la famille repose sur l'univers minier d'une façon encore plus frappante au moment de la fermeture de la mine, alors que Geronimo et son père l'exploitent clandestinement. Le personnage de Geronimo occupe donc la place du père, non seulement grâce à son autorité, mais aussi puisqu'il reprend illégalement possession de la mine que ce dernier a découverte. Comme son nom l'indique, la mine mythique est effectivement traversée par le mythe ; en fait foi le long récit du *maerchen*[105] du poète Klingsohr dans *Henri d'Ofterdingen*, qui est étoffé de nombreuses références à la mythologie grecque, qu'il s'agisse de la Nuit, d'Éros, du Tartare ou du Sphinx. Ainsi, les personnages et le lieu mythiques convoqués dans le roman de Novalis ont une source et une portée plutôt universelles, qui ne sont pas

---

[105] « Le *maerchen* n'est pas à proprement parler un conte, mais une invention poétique où l'imagination libérée tend à représenter plus directement, par des voies irrationnelles, une vérité profonde comme celles que cachent les légendes ». Définition donnée par Armel Guerne dans sa traduction d'*Henri d'Ofterdingen* (Novalis, *op. cit.*, p. 161).

strictement liées à l'espace allemand décrit, alors que le mythe dans *Les héritiers de la mine*, particulier aux Cardinal et au territoire de Norcoville, vise néanmoins à atteindre l'universel, à inscrire le clan et son royaume dans une cosmogonie abitibienne.

LE PARCOURS INITIATIQUE : QUÊTE DU SACRÉ OU PASSAGE OBLIGÉ ?

La question de l'origine sacrée des personnages que je viens de traiter sous-tend celle du parcours initiatique, que vivent certains protagonistes des œuvres abitibiennes et nord-ontariennes. Dans la catégorie de la mine mythique, « le chemin parcouru par le mineur accomplissant dans l'obscurité sa pénible besogne correspond en quelque sorte à l'itinéraire de l'homme en quête de ce que le *Tristan en prose*, roman du 13ᵉ siècle, appelle "le sens du monde"[106] ». Nous verrons que dans les corpus à l'étude, la teneur de l'initiation diffère sensiblement de celle-ci. Aussi, le rite initiatique, tel qu'il est décrit dans *Henri d'Ofterdingen*, dénote une certaine fatalité, puisque celui-ci est déterminé à l'avance et écrit dans une sorte de grand livre de la vie, alors qu'Henri met la main sur « un ouvrage écrit dans une langue étrangère [où il découvre] sa propre image, [qu'il] vit sous divers états et, vers la fin du volume, se trouva l'air plus grand, plus noble[107] ». Cette fatalité est donc heureuse, puisqu'elle assure la réussite de la quête du protagoniste. Cependant, le sentiment d'euphorie engendré par une telle quête n'est pas représenté dans *Le Nickel Strange*, tandis que l'initiation s'apparente davantage aux problématiques de la mine industrielle : « Le premier jour qu'un jeune homme descend sous terre est jour de fête au puits numéro neuf, car les autres travailleurs s'amusent à ses dépens, question de l'initier à la peur, à la terreur, à l'angoisse viscérale qui anime chaque mineur » (*NS*, 10). Aucune forme de spiritualité ne se dégage de ce passage, le rituel initiatique ne semble voué qu'à se moquer des recrues alors qu'elles sont confrontées pour la première fois à la mine dévoreuse de vies humaines ; le rite, qui ne permet pas aux

---

[106] Kurt Ringger et Christof Weiand, *loc. cit.*, p. 417.
[107] Novalis, *op. cit.*, p. 124-125.

CHAPITRE I – LES CHRONOTOPES HÉRITÉS DE L'IMAGINAIRE MINIER EUROPÉEN | 77

nouveaux mineurs de s'élever au-dessus des dangers, n'a donc pas de finalité libératrice. C'est « le trou, l'abîme, la profondeur ténébreuse, le passage obligatoire [...], la contrainte nécessaire[108] ».

Le personnage de Quincy Ayotte dans *Les géants familiers* est lui aussi initié par l'un de ses collègues, mais sans être ridiculisé :

> Ça, mon jeune, c'est nos étoiles, nos bonnes étoiles. Il faut faire confiance aux étoiles et croire en elles sinon on ne viendrait pas ici, de peur que le ciel nous tombe sur la tête. Ça, nous autres on appelle ça des « rod bolts », des grandes vis rentrées dans le roc et qui sont supposées protéger nos casques durs. Ce qui empêche pas la « stope » de « caver » quand elle en a envie. C'est ta première leçon, mon jeune : fais confiance aux choses et aux hommes, sans cela, un gars est mieux de rester chez eux caché au-dessous de son lit (*GF*, 152).

La référence aux étoiles rappelle une autre caractéristique de la mine mythique, qui « se présente comme l'envers du ciel. À cette dimension spatiale s'ajoute celle du temps. Le ciel étoilé permettant de déchiffrer l'avenir, le filon et les veines sont les archives du passé[109] ». Les étoiles, dans ce cas-ci les vis, représentent le travail passé des mineurs, sur lequel se base la foi des travailleurs du présent. L'initiation du protagoniste à l'univers minier est ici plus constructive que celle décrite dans le roman de Tremblay ; même si l'ouvrier met son apprenti en garde contre les inévitables dangers liés à son travail, il lui donne néanmoins les clés pour qu'il devienne « un vrai mineur [qui] appr[end] à manœuvrer la foreuse, à placer la dynamite, à poser les boulons de soutènement, à conduire le moteur, à se servir de la chargeuse » (*GF*, 160). Ainsi, dans l'ouvrage de Saint-Germain, le parcours initiatique du personnage principal ne vise pas la découverte du « sens du monde », mais d'une façon beaucoup plus pragmatique à devenir un bon travailleur.

Le parcours initiatique – du moins celui lié au domaine des mines – que connaît le personnage d'Alexandre dans le roman

---

[108] Michel Maffesoli (dir.), *Espaces et imaginaire*, Grenoble, Presses universitaires de Grenoble, 1979, p. 17.
[109] Kurt Ringger et Christof Weiand, *loc. cit.*, p. 420.

de Brodeur ne semble pas non plus appartenir au registre du sacré; le protagoniste apprend les rouages du métier de prospecteur un peu par hasard, comme l'indiquent ces paroles de Tom Clegson, son guide dans les forêts du Nouvel-Ontario, rencontré au fil de ses pérégrinations: « Tu viendras avec moi, Alex. Je crois qu'il y a de la roche intéressante par là et je voudrais y regarder de plus près. Autant commencer tout de suite à apprendre ton métier de prospecteur. » (*QA*, 67) Alexandre est engagé comme « aide-prospecteur » (*QA*, 63) pour des raisons pratiques, puisqu'il sera un « porteur de plus [pour rapporter] des échantillons » (*QA*, 63), mais il ne s'agit que d'une étape de sa quête principale qui, au lieu d'être motivée par la découverte du métal, est entièrement dédiée à la recherche de son frère, disparu plusieurs années plus tôt dans le grand feu de forêt de Porcupine. Même si l'apprentissage du personnage se fonde sur des considérations terre à terre, il lui procure néanmoins des connaissances alchimiques: « Si le tellurite dans le porphyre contient de l'or, quand on le fait chauffer il "sue" l'or. [...] La première fois que j'ai vu faire ça, c'était en Australie. [... N]ous étions jeunes et sans expérience, mais les vieux prospecteurs, eux, savaient » (*QA*, 77). Ce passage dévoile l'aspect plus spirituel des débuts d'Alexandre en exploration minière, puisque « l'alchimie symbolise l'évolution même de l'homme d'un état où prédomine la matière à un état spirituel[110] »: le parcours du protagoniste, qui contribue à faire de lui un adulte, est donc empreint d'une certaine sacralité.

Dans le roman *Les géants familiers*, le rite d'initiation traversé par Quincy sert aussi de passage à l'âge adulte, puisqu'

> [e]n dehors du vase clos de la famille, de l'école, de la communauté du village, la routine s'ouvrait sur une nouvelle dimension qui, lentement, allait le mener, après maints détours, vers la vie adulte. Déjà, la face cachée de ce qui l'attendait au bout de son adolescence avait commencé à lui faire signe (*GF*, 73).

---

[110] Jean Chevalier et Alain Gheerbrant, « Alchimie », *op. cit.*, p. 22.

Le travail dans les mines constitue en quelque sorte un moyen pour le protagoniste de décloisonner son univers afin de quitter le monde de l'adolescence: la mine est un seuil à traverser pour qu'il devienne un homme. D'ailleurs, la première étape de cette transformation s'effectue lors de la première relation sexuelle du personnage alors âgé de quatorze ans: «[i]l se considérait comme un homme, avant même d'être un véritable adolescent» (*GF*, 112). On trouve donc dans ce passage une sorte d'impossibilité de l'enfance associée à l'univers minier. Le passage à l'âge d'adulte est aussi l'un des enjeux d'*Henri d'Ofterdingen*, car Henri, «[d]u jeune homme qu'il était hier encore, transformé et mûri d'au moins plusieurs années en cette seule nuit [dans la grotte], il était, lui, devenu un homme[111]». Bien que le fait de devenir un homme soit crucial dans le roman de Novalis, il n'est cependant pas question d'évacuer l'euphorie de l'enfance; Henri «conserve, au contraire, la fraîcheur d'âme de l'enfance, à laquelle tout apparaît dans son esprit original et dans la chatoyante coloration du merveilleux originel[112]». C'est à l'âge de dix-huit ans que Quincy est contraint à l'abandon de ses études pour «connaître la vie de mineur» (*GF*, 143) afin de nourrir les siens à la suite du décès de son père, métier qui apparaît aussi inévitable pour «s'intégrer vraiment à la communauté» (*GF*, 144). La cosmogonie minière implique en effet la primauté du communautaire: «Quincy découvrit l'aspect intérieur du Pays des Géants, sa face cachée, son ventre, sa réalité brutale, la raison d'être des habitants de Sullivan» (*GF*, 151). L'initiation au métier de mineur est la seule manière de véritablement se tailler une place au sein du tissu social: la mine, par sa valeur mythique, est donc un vecteur d'identification au groupe, et permet ainsi l'inclusion ou l'exclusion.

Du côté du *Nickel Strange*, la question du rituel est aussi intrinsèquement liée au domaine des mines en ce qui concerne le personnage de Dynamite Jack. D'une unique expérience amoureuse,

---

[111] Novalis, *op. cit.*, p. 63.
[112] *Ibid.*, p. 96-97.

qu'il n'a jamais pu revivre, est née sa passion pour l'éclatement et c'est ce qui lui a fait découvrir la dynamite. C'est ainsi qu'il réussit à revivre, pour quelques secondes, l'intensité de ses premiers ébats et qu'il arrive parfois à se détacher de la douleur qui l'habite. De là son nom, son angoisse et son métier (*NS*, 72).

Ce parcours initiatique a ceci de particulier qu'il a pour point de départ la première relation sexuelle, qui est aussi en lien avec un certain passage à l'âge adulte. Cette puissante expérience amène le personnage à se familiariser avec le maniement de la dynamite, l'un des symboles les plus prégnants de la mine; dans l'ouvrage de Tremblay, la substance explosive est non seulement mobilisée pour répéter un simulacre de rite amoureux, mais elle marque aussi la fatalité du métier de mineur du protagoniste ainsi que celle de son surnom, Dynamite Jack. Loin de suggérer une profonde quête spirituelle typique de la mine mythique, la ritualisation semble vouée à la répétition d'un passé amoureux révolu qui enferme dans la mine.

Saucier décrit également dans son roman un rite d'initiation lié au dynamitage, comme l'indique LeFion:

> Je garde d'ailleurs un souvenir éprouvant du seul moment d'intimité que j'ai eu avec notre père. Intimité, il faut s'entendre. Nous étions une quinzaine. C'était mon anniversaire. J'avais sept ans, l'âge de raison, l'âge que choisissait notre père pour nous initier à la dynamite (*H*, 17).

Cet extrait illustre aussi un précoce passage à l'âge adulte, mais d'une façon encore plus marquante, alors que le protagoniste est encore un enfant, ce qui donne l'impression d'une innocence sacrifiée. L'auteure le confirme dans une entrevue: «Dans *Les héritiers de la mine*, les enfants prennent le contrôle de la famille. Ils s'élèvent par eux-mêmes, ils vivent par eux-mêmes. La mère est évanescente, le père n'est pas là, il est dans les bois[113].» Aussi, le choix de l'âge de sept ans pour réaliser cette initiation n'est pas laissé au hasard, car ce chiffre inaugure une transformation et «possède en lui-même un pouvoir, c'est un nombre

---

[113] Jocelyne Saucier, «Jocelyne Saucier: le plaisir d'allumer des feux», entrevue accordée à Louise Desjardins, p. 7.

magique[114] » : d'ailleurs, « [l]e nombre sept est [également] fréquemment employé dans la Bible[115] ». L'idée d'une transformation est intrinsèquement liée au rite initiatique, parce que « [l]'initié franchit le rideau de feu qui sépare le profane du sacré ; il passe d'un monde à un autre et subit de ce fait une transformation[116] ». Plus loin dans sa narration, LeFion donne davantage de détails sur le rituel en question :

> Je connaissais le rituel. Il se répétait à l'anniversaire de chacun d'entre nous. [...] Le maniement de la dynamite, je connaissais, nous connaissions tous. Sans avoir été initié et sans avoir vu de près. Notre père traçait de son bras un cercle imaginaire qui nous repoussait à une dizaine de pieds, laissant à l'intérieur du cercle lui et l'initié, de sorte que nous ne pouvions voir que leurs dos penchés sur les détails de l'opération (*H*, 18).

De cette façon, les enfants Cardinal doivent passer ce rite d'initiation qui a pour objectif de réaliser une explosion spectaculaire. Ils sont donc confrontés très tôt dans leur vie à la peur, au danger et à la mort ; c'est là que réside la force du rituel, dans l'art du maniement de la dynamite qui permet de s'élever au-dessus de ces craintes. Bien entendu, il n'est pas innocent que cette initiation soit liée à l'univers minier, elle confirme que seule la mine a le pouvoir de réunir les Cardinal et entretient la mythologie minière de la famille en marquant, en quelque sorte, les jeunes de leur appartenance à ce monde. De plus, « les rites répètent ce qui s'est passé *in illo tempore*, dans le temps mythique ; ils réactualisent l'événement primordial raconté dans les mythes[117] » ; dans le cas des *Héritiers de la mine*, cet « événement primordial », le dynamitage, pourrait bien être le Big Bang de l'univers minier.

En outre, l'accident à la mine, qui coûtera la vie à Angèle, l'une des jumelles Cardinal, évoque un arrêt, une idée de la fin : « Après, il y a eu cet accident à la mine, et nous n'avons plus fait de

---

[114] Jean Chevalier et Alain Gheerbrant, « Sept », *op. cit.*, p. 861.
[115] *Ibid.*
[116] *Id.*, « Initiation », *op. cit.*, p. 521.
[117] Mircea Eliade, *Mythes, rêves et mystères*, Paris, Gallimard, coll. « Folio/Essais », 1957, p. 228.

dynamitages à la sablière » (*H*, 20). Cette tragédie marque ainsi la fin du rituel initiatique du maniement de la dynamite, ce qui en dit long sur la blessure qu'elle laissera dans la mythologie familiale. Il est également très significatif que cet accident ait été provoqué par l'explosion de bâtons de dynamite posés par trois des frères du clan. La substance explosive, qui avait auparavant pour fonction de lier les Cardinal, est maintenant à l'origine de la dispersion des membres de la famille. C'est en effet très peu de temps après ce dernier dynamitage que le clan quitte définitivement Norco, chacun de son côté, à l'exception de LePère et de LaMère, qui vivront ensemble à Val-d'Or. L'impact du chronotope minier sur la famille Cardinal est tel que la description de la destruction de la mine semble faire écho à celle de l'unité clanique, alors que « la force conjuguée [des trois] explosions avait fait voler en éclats la structure interne de la mine et s'était attaquée aux fondements mêmes de la roche sur laquelle elle reposait » (*H*, 149-150). La disparition de la « structure interne » et des « fondements même de la roche » a également un effet sur les liens familiaux, qui sont ainsi attaqués dans leurs bases, leur origine minière.

La décision de faire exploser la mine a été prise par LePère et deux de ses fils afin de détruire les preuves de leur exploitation illégale, qui aurait nécessairement été découverte puisque la mine était sur le point d'être rachetée. La présence d'Angèle ce soir-là était inconnue de tous; comme le révèle sa sœur jumelle LaTommy à la fin du roman, « [e]lle s'est sacrifiée, elle s'est immolée sur l'autel familial. Pour nous sauver tous et pour se racheter, elle, d'une faute qu'elle n'avait pas commise. Pour sceller à tout jamais son appartenance à la famille Cardinal » (*H*, 197). Angèle, en se faisant exploser avec la mine, semble alors avoir procédé à sa véritable initiation au dynamitage, dans le but de devenir une Cardinal à part entière; elle a effectivement toujours été rejetée par ses frères et sœurs non seulement parce qu'elle ne possédait pas les traits de caractère de son clan, mais aussi parce qu'elle ne les endossait pas, contrairement à son frère LeFion. Angèle n'avait d'autre choix que de se sacrifier pour être l'une des leurs, car elle a été exclue du clan et ne pouvait aspirer à participer autrement à la ritualisation du mythe cosmogonique Cardinal qu'en s'amalgamant à jamais à la roche, véritable emblème de sa famille. Chevalier et Gheerbrant soulignent que « toute cosmogonie implique une certaine notion de sacrifice[118] ».

Sacralisation et désacralisation de l'espace minier

Malgré une certaine sacralisation des personnages et du travail dans les mines, la mythification de l'espace minier apparaît problématique. Pour Ringger et Weiand, « descendre dans la mine signifie bel et bien se retrouver soi-même dans ce qu'on a de plus profond et, par conséquent, d'indestructible[119] », mais Poliquin désacralise en quelque sorte la descente dans les profondeurs de la terre : « Après la visite des journalistes dans le Trou, les mineurs en organisèrent une seconde pour les femmes et les enfants des mineurs qui, toute leur vie, avaient entendu parler du Trou sans jamais en avoir vu le fond » (*TP*, 44). L'accès à la fosse n'est pas exclusivement réservé au cercle restreint des mineurs, qui ne sont pas non plus dans une quête spirituelle ; les non-initiés sont invités à descendre dans la mine pour constater les difficiles conditions de travail dans lesquelles les travailleurs évoluent. Au lieu d'une rencontre avec le divin comme on la retrouve dans le monde de la mine mythique, nous assistons plutôt à une descente dans le Trou entièrement motivée par un désir de dénonciation et une volonté de solidariser les non-mineurs : une fois de plus, le ton revendicateur que l'on trouve dans la littérature nord-ontarienne prend le pas sur la sacralité de la mine. La catégorie mythique semble effectivement exclure toute représentation du travail minier comme aliénation, ce dont témoigne cet extrait du roman de Novalis : « La mine [...] a connu un essor magnifique et a rapporté au duc de Bohême de fabuleux trésors ; toute la contrée y a gagné en population et en confort, devenant un pays florissant[120] ». À cet égard, la mine mythique s'oppose presque

---

[118] Jean Chevalier et Alain Gheerbrant, « Cosmogonie », *op. cit.*, p. 292.
[119] Kurt Ringger et Christof Weiand, *loc. cit.*, p. 423.
[120] Novalis, *op. cit.*, p. 94.

totalement à la mine industrielle, non seulement parce que le travailleur « tire toutes sortes d'avantages[121] » de sa besogne, mais aussi parce que l'exploitation minière profite à toutes et à tous.

Toutefois, les textes abitibiens donnent à lire une importante religiosité dans les descriptions des galeries souterraines, notamment dans le roman *Les géants familiers*, où « le chantier de travail, la "stope" [...] sculptée par les foreurs, perdue au plus profond de la terre, au plus creux du roc, au plus loin du soleil [... était] vraiment une cathédrale. Ému, Quincy n'osait pas passer de commentaires » (*GF*, 151-152). La salle rocheuse est ainsi comparée à un temple, qui inspire le silence et le respect. Cependant, l'écriture de Saint-Germain laisse aussi transparaître un certain désenchantement alors qu'il évoque ces « grandes salles, autres cathédrales creusées en l'honneur du dieu de l'or » (*GF*, 157); le lieu n'est pas seulement la source d'une grande spiritualité, il est également voué au capital, ce qui suggère l'aliénation des mineurs. Cette idée de la mine comme lieu de recueillement est davantage développée dans *Les héritiers de la mine* de Saucier, à travers la description évocatrice qu'en donne le personnage de Geronimo:

> C'est là que j'espérais recevoir la vérité d'Angèle, dans cette immense salle sculptée dans le roc. Le silence y était plus prenant qu'ailleurs, l'obscurité plus épaisse. Il y avait, au centre de cette cathédrale souterraine, un point précis où la voix, se répercutant sur les arrêtes rocheuses laissées entre les nombreux piliers qui soutenaient la voûte, nous revenait en un écho démultiplié, prenant ainsi une dimension surhumaine (*H*, 155).

La fosse est ainsi perçue comme un endroit propice au rapprochement, à une certaine communion entre les êtres. Le lieu, tel qu'il est décrit par le protagoniste, évoque aussi une grandeur qui nourrit l'humilité de ses visiteuses et visiteurs. Même si la cathédrale souterraine correspond à la catégorie mythique, les personnages qui s'y trouvent ne sont pas mineuse et mineur; Angèle est étudiante au niveau secondaire et Geronimo a tout appris de l'exploration et de l'exploitation minières de son père, il connaît le métier sans toutefois appartenir à la profession. Le

---

[121] *Ibid.*, p. 37.

personnage de Geronimo, loin d'être un mineur au cœur pur, est néanmoins attaché à une mythologie minière.

Dans *Le Nickel Strange*, il est question d'inscrire l'espace minier sudburois dans une certaine légende:

> L'histoire veut qu'une comète soit tombée sur le Bouclier laurentien, il y a de cela des millions d'années, creusant aussitôt un immense cratère pour ensuite, lors du reflux de l'explosion initiale, recouvrir la paroi concave d'une épaisse croûte de minerai précieux (*NS*, 18).

Outre cette explication des aspects préhistorique et accidentel de la richesse du sous-sol de Sudbury, la notion d'origine n'est pas davantage élaborée dans l'ouvrage de Tremblay: sa fonction est donc plus d'informer que de générer une écriture empreinte de légende. De cette façon, l'espace référentiel, trop prégnant, ne semble pas pouvoir être véritablement investi d'un caractère religieux; les représentations de l'espace minier nord-ontarien, même si elles convoquent le registre du sacré, indiquent plutôt que la mine remplace en quelque sorte la religion.

LA MINE MYTHIQUE COMME CHRONOTOPE PRODUCTEUR D'AUTRES MONDES

En outre, la mine mythique est « le refuge où [le mineur] jouit du pouvoir onirique inhérent aux métaux et aux pierres précieuses[122] » : l'espace minier de certains textes abitibiens est aussi représenté comme un autre monde, marqué par la magie et le rêve. Dans la nouvelle « El camino tan triste » de Delisle, la magie fait d'ailleurs partie de la quête initiatique, car « [l]'or est magique et, si la magie n'opère pas, le *gringo* ne trouvera rien » (*OR1*, 38). L'aspect magique de la mine mythique est conditionnel et n'est donc aucunement assuré; il est également possible que cette magie joue contre le prospecteur: « C'était comme si un alchimiste, cent fois plus malin que moi, prenait plaisir chaque nuit, pour m'éprouver, à accomplir la transmutation spontanée de l'or en métal vil et vice versa, me donnant et me retirant tour à tour l'espoir » (*OR1*, 63). Bien que la magie de

---

[122] Kurt Ringger et Christof Weiand, *loc. cit.*, p. 440.

l'or puisse carrément nuire au protagoniste, elle peut aussi susciter l'émerveillement, notamment dans des «cailloux persillés d'or, de l'or clair dans le quartz, des pépites, des flocons d'or: l'or ruisselait sur le cuir! Tout lui apparaissait d'une si soudaine et magique beauté qu'il resta pâle et sans voix pendant un long moment, s'employant à retrouver ses esprits» (*OR1*, 89). Ce passage illustre bien le pouvoir magique exercé par l'or sur l'esprit humain, tandis que les bouleversements qu'il entraîne se rapprochent d'une folie passagère.

Aussi, le traitement de la magie dans le roman *Les géants familiers* permet d'entrevoir un monde merveilleux, comme le confirment ces paroles de «la mère Madach», une immigrante hongroise établie à Sullivan, alors qu'elle s'adresse à Quincy: «Hé, p'tit, qu'est-ce que tu fais ici, perdu au milieu du Pays des Géants? Ne sais-tu pas que cet endroit est réservé aux génies, aux fées et aux muses et qu'une fois pris par leur envoûtement, nul ne peut s'en échapper que par la Porte Suprême?» (*GF*, 24) La mine de Saint-Germain convoque ainsi des créatures fantastiques, qui ont le pouvoir d'envoûter les habitants et habitantes de la petite ville minière: la magie dépeinte dans l'œuvre permet, d'une certaine manière, de transcender l'espace minier référentiel. D'ailleurs, «cette aura du merveilleux, entremêlée de rêves, d'impressions et sensations, s'était amalgamée avec le paysage sauvage entourant le village et avec l'envoûtement sourd de la mine scandant sa vie au-delà des pyramides majestueuses» (*GF*, 86). Cette magie, qui émane de la mine, se fait ainsi envahissante, alors qu'elle englobe la totalité de l'espace, ce qui renforce l'idée d'une prédominance du monde merveilleux sur le réel. Néanmoins, l'aura magique qui entoure Sullivan ne semble pas avoir d'impact sur les personnages de l'extérieur, comme celui-ci, de Val-d'Or: «Il n'y a rien d'extraordinaire là-dedans. C'est des vieilles bâtisses, une "tank" et des vieux tas de roches qui sont bonnes à rien.» (*GF*, 94) Le cousin de Quincy déboulonne la magie des lieux et donne une description de l'espace qui est collée au réel, alors que celui-ci est composé de bâtiments délabrés et de montagnes de roches inutiles, puisque vidées du précieux minerai. Une fois dans la fosse, Quincy expérimentera une semblable désillusion :

> Jamais il ne s'était imaginé pareil décor ou, plus précisément, jamais il n'aurait imaginé pareille absence de décor. Mais où était donc la poésie envoûtante du Pays des Géants, la poésie qu'il connaissait sur le bout de ses sens, celle qui lui avait procuré tant d'exaltation et de trémolos dans le cœur (*GF*, 149) ?

La mine, les rares fois qu'elle est représentée, ne semble pas permettre de transcender le réel. C'est davantage l'idée, l'image des profondeurs de la terre qui suscitent la rêverie plutôt que les souterrains eux-mêmes.

En revanche, l'espace minier du Nord de l'Ontario n'est pas décrit comme un monde onirique et magique qui puisse supplanter le réel :

> Il y a des jours
>   c'est vrai
> qu'à force d'être enterré au fond des mines
> ou en-dessous des bruits sourds de l'usine
> [...]
>   c'est vrai
> que le rêve se cache [...]
> [...]
> Il y a des jours
>   on a d'la misère à le r'trouver (*GI*, 13)

Ces vers de Dalpé décrivent au contraire une impossibilité du rêve dans le monde minier, les considérations plus réalistes du travail de mineur prenant toute la place. On retrouve cette même idée dans *1932, la ville du nickel...* dans les paroles de Jean-Marie :

> Et puis là on nous réveille en nous disant : Ici, on ne rêve pas. On ne rêve pas ici. On ne rêve pas. Ni de mer, ni d'union, ni... À quoi ça sert de rêver entre un "shift" et le prochain ? À quoi ça sert de rêver pour du monde toujours coincé entre un "shift" et celui de demain (*NI*, 52) ?

Les répétitions contenues dans ce passage mettent l'accent sur l'absence du rêve dans les mines, mais aussi sur son inutilité, puisque de toute façon, la vie des mineurs est réglée selon leur horaire de travail, dans les ténèbres des souterrains. Ainsi, le traitement de la magie et du rêve dans le corpus nord-ontarien se situe à l'opposé de celui que l'on trouve habituellement dans les représentations de la mine mythique. Le rêve, empêché par les contraintes du présent dans les textes franco-ontariens, prend ici une toute autre dimension et donne plutôt accès à un passé mythique; tel est le cas dans *Henri d'Ofterdingen*: « [D]ans mon rêve, je fus mis en présence des plus grandioses figures et des personnalités les plus hautes de l'humanité, et j'eus devant les yeux le défilé fantastique de l'infini des temps dans la diversité de ses perpétuelles métamorphoses[123] ». L'importance de la composante onirique dans l'œuvre de Novalis n'est pas négligeable, non seulement le récit des nombreux rêves prend le pas sur la progression de la narration, mais ceux-ci accompagnent le personnage dans sa quête initiatique puisqu'ils ont sur l'âme un effet d'« enclenchement à l'engrenage d'une immense roue et que son mouvement puissant l'entraîne[124] ». L'écart entre la mine de Novalis et celles du Nouvel-Ontario se creuse d'autant plus que dans l'œuvre novalisienne, « [e]n pénétrant avidement leurs profondeurs [... L]e monde se fait rêve, et rêver devient monde[125] ». Loin d'être freiné comme dans l'écriture de Dalpé et Haentjens, le rêve devient l'univers dans lequel évoluent les mineurs.

Cependant, certains textes abitibiens et nord-ontariens donnent à lire des représentations de la mine comme autre monde, sans nécessairement que celui-ci soit imprégné de magie et d'onirisme. Cela n'empêche pas que ce nouvel univers décrit soit néanmoins une source d'euphorie, comme c'est le cas dans le roman *Les géants familiers*, où le monde des romans d'aventure est convoqué. Mais nul besoin de pénétrer les profondeurs de la terre pour accéder à cet univers, il englobe la totalité du village de Sullivan: « En quinze minutes à peine, le jeune Quincy venait

---

[123] Novalis, *op. cit.*, p. 31.
[124] *Ibid.*, p. 26.
[125] *Ibid.*, p. 213.

de plonger au creux d'un véritable conte, au cœur de l'aventure, [...] ses héros favoris allaient prendre corps et façonner les assises de sa personnalité » (*GF*, 9). Dès son entrée dans la petite ville minière, le protagoniste est happé par ce monde autre, aux teintes romanesques, qui l'accompagnera dans son passage à l'âge adulte. Plus précisément, l'univers minier se présente comme un prolongement de la littérature d'aventure, alors que

> [c]e village de Sullivan, cette exploitation minière se révélaient, pour le jeune garçon, un vivant livre ouvert sur un univers sans fin. Il sentit confusément germer en lui les bourgeons d'une délivrance, d'une liberté et d'une ouverture sur un domaine dont il n'avait pris connaissance jusqu'ici que par la littérature et le rêve (*GF*, 11).

De cette façon, le monde des mines constitue une manière plus concrète d'expérimenter le littéraire et le rêve, une manière de les dépasser. Les lectures de Quincy, « quelques aventures de *Bob Morane*, un *Ivanhoé*, deux éditions de *Robinson Crusoé*, des Jules Verne » (*GF*, 17), font d'ailleurs écho au monde d'aventures qu'il découvre peu à peu. Bien qu'il soit indéniable que la rencontre entre le personnage et cet univers est génératrice d'une euphorie, la profonde ambiguïté du chronotope minier point également :

> [Il] semblait faire partie d'un monde parallèle, en marge de lui, d'un univers en dehors de sa propre personne comme s'il avait été spectateur effacé du déroulement d'une autre existence, comme quand il était plongé au centre de la trame d'une histoire qu'il était en train de lire (*GF*, 42).

Face au roman d'aventure qu'est l'univers minier, Quincy semble n'avoir qu'une emprise bien relative sur son existence, car il est assimilé à un lecteur passif qui ne serait pas impliqué outre mesure dans le récit en cours : la mine comme monde romanesque implique aussi une certaine dépossession de soi. La descente dans la fosse suscite aussi la création littéraire, parce que « Quincy essaya d'emmagasiner le plus de sensations, d'impressions et de détails possible afin d'être en mesure de les mieux transposer plus tard en mots dans son cahier » (*GF*, 148).

La valeur romanesque de la mine relève donc aussi de l'inspiration qu'elle procure au jeune mineur, qui est également un apprenti écrivain. Cependant, « Quincy se rendait compte que ses lointains projets d'écrivain devaient maintenant laisser place à des considérations beaucoup plus matérielles et pratiques » (*GF*, 138): le travail minier[126].

Toujours dans l'œuvre de Saint-Germain, l'univers minier est aussi dépeint comme un monde militaire, tandis qu'en « pénétrant dans le long "poulailler" qui menait à la salle des douches et au vestiaire, le jeune Quincy Ayotte entrait dans un autre monde. [...] Il s'imagina marchant dans les couloirs de quelque base militaire secrète » (*GF*, 144). Ce rapprochement entre la mine et la guerre est poursuivi plus loin dans le texte, où les mineurs sont comparés à des « soldats, mélanges de gladiateurs et de hoplites, centurions sous les ordres de quelque obscur dieu de l'ombre, [qui] étaient maintenant prêts à affronter les murs de roc d'un quelconque labyrinthe perdu au fond du ventre de la terre » (*GF*, 146). Les ouvriers, tout comme les soldats, se livrent donc à un combat pour lequel ils se sacrifient, les retombées – qu'il s'agisse des résultats recherchés par les pays en guerre ou encore du minerai qui profite aux propriétaires miniers, ce qui rappelle la mine industrielle – étant jugées plus importantes que leur vie. En outre, l'or peut aussi servir à financer l'armement, comme le mentionne Nagaëmo Beesum, personnage de la nouvelle « Le rêve d'un géant » de Delisle: « Un jour, [le grand-père de mon grand-père] a voulu [é]changer [l'or] contre des armes pour faire la guerre à ses ennemis. » (*OR2*, 90) La parenté entre les univers de la guerre et de la mine est d'autant plus forte que les conflits armés peuvent également être motivés par l'accaparement des ressources naturelles, comme le minerai.

La catégorie de l'industrie est aussi présente dans la thématique de la guerre telle qu'elle est exploitée dans *1932, la ville du nickel*..., Clara déclare: « Il est enterré, là-bas, de l'autre côté de la

---

[126] Toutefois, il existe des exemples d'écrivains-mineurs dans la réalité, notamment Gaston Tremblay du côté franco-ontarien ainsi que les Norvégiens Johan Falkberget et Kristofer Uppdal. Kjartan Fløgstad, *op. cit.*, p. 66.

mer à cause d'une balle faite avec le nickel que lui-même avait sorti du trou et que la compagnie vendait aux Allemands. [...] La compagnie comptait ses sous. Nous autres, on comptait nos morts » (*NI*, 40). Bien que la guerre ne soit pas associée à un monde autre dans la pièce, elle est néanmoins intrinsèquement liée à l'exploitation du nickel, métal emblématique des mines de Sudbury. L'idée de l'aliénation, de la dépossession, est encore ici très forte : le mineur-soldat, au lieu de jouir des fruits de son travail, est tué par la substance qu'il a lui-même extraite du sol. Gaston Bachelard affirme d'ailleurs que « [le travail des matières dures] reste le projet d'un chef qui commande à des exécutants. Il répète souvent la dialectique hégélienne du maître et de l'esclave, sans bénéficier de la synthèse qu'est la maîtrise du travail acquise dans le travail contre la matière[127] ».

L'idée de la mine comme autre monde est aussi à l'œuvre dans le recueil *Gens d'ici*, mais plutôt sous la forme d'une reconstitution du monde terrestre sous terre :

[À] quelques centaines de pieds sous terre
dans un monde sans jour
un monde de nuit et de sueur
avec par boutte la chaleur, par boutte le frette
toujours l'humidité, toujours le goût de poussière à bouche
pis toujours le cri de douleur de l'autre
qui s'est fait piner dans un coin, hier
par un charriot déraillé (*GI*, 58)

Il s'agit d'une reproduction dysphorique de la vie à la surface de la terre ; le jour fait place à une nuit perpétuelle, mais une nuit sans repos, parce qu'elle exige un dur labeur. Cet univers souterrain possède aussi son propre microclimat et sollicite les sens, qu'il s'agisse du « goût de poussière » ou du « cri de douleur » qu'on entend éternellement : c'est donc un monde autosuffisant et totalisant, généré par le chronotope minier. Dalpé revient sur cette représentation de la mine comme envers du monde terrestre lorsqu'il écrit :

---

[127] Gaston Bachelard, *La terre et les rêveries de la volonté*, op. cit., p. 28-29.

> [D]ans un monde
> le ciel, un toit de roches gris et noir
> l'horizon au bout du nez
> et le soleil, des lampes électriques (*GI*, 71)

Le poète insiste sur le fait qu'il est question d'un autre monde, où le bleu du ciel est remplacé par le gris et le noir, l'horizon est irrémédiablement diminué et la lumière solaire est réduite à une luminosité artificielle. Il en va de même dans la nouvelle «La chinoise» de Delisle, où le monde souterrain est comparé à une «ville engloutie, lugubre et grise, dans laquelle des milliers de réverbères essaient en vain de donner un semblant de vie[128]». Le chronotope minier génère un univers hautement dysphorique, diamétralement opposé à celui représenté dans *Henri d'Ofterdingen*, apparenté à une «grandiose féerie [qui baigne] dans un silence saint[129]».

À la lumière de mon analyse des catégories minières industrielle et mythique, il est indéniable que ces thèmes, bien qu'ils soient associés par Ringger et Weiand aux mines littéraires européennes, sont aussi présents dans les littératures abitibienne et nord-ontarienne. Les œuvres franco-ontariennes, dont la parenté est certaine avec *Germinal* d'Émile Zola, revisitent les codes instaurés par le roman phare et s'inscrivent ainsi dans la lignée des «grands» textes qui mettent en scène la mine industrielle. En revanche, les œuvres abitibiennes, d'où la revendication et le militantisme sont presque complètement évacués, ont peu à voir avec la catégorie industrielle, bien que les thématiques de l'aliénation et de la dangerosité des mines, sûrement trop emblématiques du chronotope minier pour être contournées, soient évoquées. Mais cela ne signifie en rien que le corpus de l'Abitibi soit exempt d'un pendant dysphorique: celui-ci se manifeste plutôt dans les représentations de la mine mythique. L'euphorie de l'univers minier abitibien ne parvient pas à atteindre le niveau de celle d'*Henri d'Ofterdingen* de Novalis, puisque les

---

[128] Jeanne-Mance Delisle, «La chinoise», *Nouvelles d'Abitibi*, Montréal, Bibliothèque québécoise, 1991, p. 51.
[129] Novalis, *op. cit.*, p. 21.

représentations sont souvent très réalistes, ce qui crée une ambiguïté particulièrement prégnante. C'est d'ailleurs dans l'exacerbation du caractère ambigu de la mine ainsi que dans l'écriture d'un mythe cosmogonique régional que le chronotope minier déployé dans la littérature abitibienne trouve son originalité. Pour sa part, le corpus du Nord de l'Ontario, dont les rares manifestations euphoriques sont souvent étouffées à la racine et se trouvent plutôt dans la force militante des mineuses et mineurs, n'investit la mine mythique que pour en montrer l'envers, la face dysphorique. Ce renversement de la catégorie mythique, qui montre bien que les ouvrages nord-ontariens sont porteurs de la mine industrielle et de son inhérente dysphorie, constitue en somme le principal apport de cette littérature aux grandes structures de l'imaginaire des mines.

L'étude des textes franco-ontariens et abitibiens a également permis de mieux cerner les différents recoupements qui s'opèrent entre les catégories, notamment en ce qui concerne le labyrinthe, qui appartient autant à l'une qu'à l'autre, dépendamment de la face exploitée. Bien que les corpus de l'Abitibi et du Nord de l'Ontario représentent davantage respectivement la mine mythique et la mine industrielle, leurs imaginaires miniers ne sont pas pour autant opposés; ils ont au contraire un important point en commun, la difficulté à transcender le réel, ce qui explique en partie leur tendance dysphorique. Mais l'analyse de ces catégories minières ne suffit pas à épuiser la richesse des mines littéraires à l'étude; dans un contexte nord-américain et canadien, il importe de se pencher sur les concepts de la *frontier* et du Nord, que je rapproche de deux chronotopes de l'imaginaire minier.

CHAPITRE II –
FORMES GÉNÉRIQUES MINIÈRES NORD-AMÉRICAINES:
LES CHRONOTOPES DE LA *FRONTIER* ET DU NORD

> *Quand on vit dans des régions éloignées, isolées, dans de grands espaces, on appartient au territoire autant que le territoire nous appartient. À partir de ce que l'on vit, on projette une image du monde, on est à la conquête du monde.*
> Jocelyne Saucier[1]

Comme nous l'avons vu au chapitre précédent, l'analyse de la typologie des mines industrielle et mythique, bien qu'elle soit européenne, permet néanmoins de relever plusieurs enjeux des mines littéraires abitibiennes et franco-ontariennes. Il m'apparaît cependant nécessaire d'ajouter à ces grandes structures minières des formes génériques qui puissent mettre en relief l'appartenance à l'Amérique du Nord et au Canada des mines représentées dans les corpus à l'étude, soit les chronotopes de la *frontier* et du Nord. D'emblée, la *frontier*, présentée pour la première fois par Frederick Jackson Turner en 1893 lors d'un congrès d'historiens à Chicago[2], marque une distinction fondamentale entre les

---

[1] Jocelyne Saucier, «Jocelyne Saucier: le plaisir d'allumer des feux», entrevue accordée à Louise Desjardins, *Lettres québécoises*, n° 148, 2012, p. 7.
[2] Luc Bureau, *Géographie de la nuit*, Montréal, L'Hexagone, coll. «La ligne du risque», 1997, p. 224.

civilisations européennes et américaines, « *explained by the unique environment of the New World. The most distinctive feature of that environment [...] was the ever-advancing frontier of settlement*³ ». La notion de *frontier* est ainsi intrinsèquement liée à l'imaginaire du Nouveau Monde et figure parmi ses plus puissants archétypes; plus qu'un simple front pionnier, la

> « frontière » est à la fois une aire mouvante, un processus de peuplement, un état d'esprit. La « frontière » est aussi une représentation sociale. Cette perception influence l'action. Elle donne du territoire neuf l'image d'une terre de jouvence, ferment d'un homme nouveau, par son pouvoir de régénération⁴.

Morissonneau affirme de cette façon que ce concept est multiforme, ce qui témoigne de la richesse de sa valeur analytique et de son pouvoir d'évocation dans les imaginaires des Amériques. Nepveu ajoute également à la définition de la *frontier* qu'elle est

> instable, éphémère par définition, espace incertain, hésitant, où manquent encore le plus souvent les infrastructures urbaines, où la loi et l'ordre n'ont pas encore solidement établi leur empire où le tissu social demeure lâche et incertain – espace par excellence de toutes les diasporas, de tous les déracinés qui [...] cherchent à recréer un monde habitable⁵.

Telle qu'elle est décrite par Nepveu, la *frontier* convoque l'idée de la création d'un monde neuf, mais précaire, qui serait bâti par des errantes et des errants.

En outre, dans son essai *La terre promise: le mythe du Nord québécois*, Morissonneau avance l'hypothèse selon laquelle « le Nord est la Frontière québécoise⁶ » alors qu'« [a]u Québec, notre Ouest c'est le Nord. Et le "*Go west, young man!*" se traduisait par "En avant vers le Nord, c'est là qu'est le salut!"⁷ »

---

³ Ray Allen Billington, « Foreword », dans Frederick Jackson Turner, *The Frontier in American History*, New York, Holt, Rinehart and Winston, 1962, p. VII.

⁴ Christian Morissonneau, *La terre promise: le mythe du Nord québécois*, Montréal, éditions Hurtubise/HMH, coll. « Cahiers du Québec », 1978, p. 33.

⁵ Pierre Nepveu, *Lectures des lieux*, Montréal, Éditions du Boréal, coll. « Papiers collés », 2004, p. 85.

⁶ Christian Morissonneau, *op. cit.*, p. 105.

⁷ *Ibid.*, p. 106.

L'auteur établit un autre parallèle entre la *frontier* et le Nord en conférant aux deux concepts une valeur mythique: «Le mythe du Nord est évidemment un mythe historique, il est celui de la Frontière, mythe actualisé dans un territoire objectif[8].» Pour Morissonneau, l'adéquation entre l'imaginaire nordique et celui de la *frontier* semble parfaite, tandis que le Nord serait tout simplement la version québécoise de la *frontier*, qui est plus généralement associée aux grands espaces de l'Ouest des États-Unis.

Pour sa part, bien qu'il leur donne une valeur similaire, Nepveu accorde néanmoins un traitement distinct aux notions du Nord et de la *frontier*, alors que «[l]es grands mythes de l'ouest et du nord représentent toujours un ailleurs pour les lieux habités et cadastrés du Québec [... et] de l'Ontario. [... Ils] ont été et continuent d'être, largement, des mythes de l'extériorité[9].» Même si les deux imaginaires sont apparentés parce qu'ils constituent tous deux un ailleurs emblématique au Québec et en Ontario, Nepveu ne définit pas le Nord comme un pendant québécois de la *frontier* étatsunienne. Zilá Bernd crée également un rapprochement entre les concepts du Nord et de la *frontier* sans toutefois insister sur leur parenté, tandis qu'ils figurent parmi ce qu'elle nomme les «lieux utopiques par excellence: le Far West, le Grand Nord, la Pampa, le Sertão, la *Frontier*, l'Eldorado[10]». Notons aussi que Bernd n'apparente pas d'emblée le Far West, celui de la fièvre de l'or californienne, et l'Eldorado, «contrée imaginaire aux richesses surabondantes[11]», à la *frontier*, deux lieux que je rattacherai cependant à la question de la *frontier* pour les besoins de cet ouvrage, puisqu'ils convoquent tous deux l'imaginaire des mines ainsi que l'ouverture et la conquête du territoire que cet univers sous-tend.

Ainsi, plusieurs chercheurs et chercheuses établissent une corrélation entre le Nord et la *frontier*, il me semble alors que le

---

[8] *Ibid.*, p. 9.
[9] Pierre Nepveu, *Intérieurs du Nouveau Monde*, Montréal, Éditions du Boréal, coll. «Papiers collés», 1998, p. 328-329.
[10] Zilá Bernd, *Américanité et mobilités transculturelles*, Québec, Presses de l'Université Laval, 2009, p. 149.
[11] http://www.universalis.fr/encyclopedie/eldorado/ [*Encyclopaedia Universalis*].

cœur de la question est de déterminer les zones de convergence entre ces deux imaginaires, mais également d'en souligner les divergences, ou plutôt de relever la couleur nordique que revêt la *frontier* dans un contexte canadien, québécois et ontarien. Je m'intéresserai au Nord selon le sens que lui donne Daniel Chartier, alors qu'il

> apparaît peu comme un référent géographique, mais plutôt comme une vaste et riche accumulation de discours, de symboles, de schémas narratifs, de figures et de couleurs, bref comme un système discursif multidisciplinaire et pluriculturel appliqué *par convention* à un territoire donné[12].

Même si je suis sensiblement en accord avec la pensée de Morissonneau quand il affirme que le Nord est la *frontier* québécoise, hypothèse que j'étends au contexte du Nord ontarien, je souhaite cependant mieux montrer la texture de ces deux grandes structures de l'imaginaire minier, qui ne sont pas selon moi en parfaite adéquation. En ce sens, ma position rejoint celle de Jean Morency, qui mentionne qu'

> autant Kerouac que Theroux et Proulx ont réactivé de façon décisive et originale la thématique de la frontière. Ils ont déplacé cette dernière soit au sud [...], soit au nord [...], pour la doter de nouvelles dimensions qui lui étaient intrinsèques mais qui restaient néanmoins cachées[13].

Je crois aussi que le concept de la *frontier* est multidimensionnel, mais que ces éléments sont activés – ou non – tout dépendamment du contexte dans lequel elle s'inscrit: c'est donc sur une *frontier* nordique que je me pencherai plus particulièrement. Les chronotopes du Nord et de la *frontier* se rejoignent sur plusieurs points, ce qui rend possible une analyse conjointe. Mais, comme

---

[12] Daniel Chartier, «L'hivernité et la nordicité comme éléments d'identification identitaires dans les œuvres des écrivains émigrés au Québec», dans Petr Kyloušek, Max Roy et Józef Kwaterko (dir.), *Imaginaire du roman québécois contemporain*, Montréal, Figura, Centre de recherche sur le texte et l'imaginaire, coll. «Figura», 2006, p. 124.

[13] Jean Morency, «Du centre vers les marges: l'expérience des frontières dans le roman américain et québécois», dans Jean-François Côté et Emmanuelle Tremblay (dir.), *Le nouveau récit des frontières dans les Amériques*, Québec, Presses de l'Université Laval, coll. «Américana», 2005, p. 153.

nous le verrons, leur espace-temps peut ne pas coïncider selon l'axe étudié.

Afin de mener à bien mon analyse, je la déploierai en quatre temps, qui correspondent notamment à quatre des axes nordiques développés par Daniel Chartier, dont les trois premiers me semblent aussi liés au chronotope de la *frontier*, à commencer par celui de la colonisation, qui

> détermine ce qu'on peut appeler le « Nord historique », c'est-à-dire des régions à l'intérieur du territoire national qui ont été définies, dans l'histoire, comme nordiques, mais qui ne le sont plus aujourd'hui: on pense au Lac Saint-Jean, aux Laurentides, à la Mauricie et, comme dans le roman de Marie Le Franc, *La Rivière solitaire*, à l'Abitibi et au Témiscamingue. Ces régions, toutes situées sur la rive nord du fleuve Saint-Laurent, trouvent leur nordicité moins dans leur situation géographique que dans leurs caractéristiques de forêts vierges à conquérir par l'abattage, la colonisation et l'établissement systématique de paroisses[14].

Cet axe me permettra surtout d'analyser l'aspect territorial de la *frontier* nordique; je m'appliquerai à démontrer que celle-ci est à la fois une forme de colonisation et d'anti-colonisation, puisqu'elle vise à « l'occupation du sol [et] à la conquête du territoire[15] » tout comme elle est génératrice d'individualisme et incite à ne pas s'établir en un lieu[16]. Je me pencherai sur la parenté entre les conquêtes du Nord et de l'Ouest, l'espace du Nord comme désert blanc et *no man's land*, et les villes minières en tant que lieux d'« extrême frontière[17] ». J'aurai également recours à l'axe de l'aventurier, du coureur des bois et de l'explorateur, pendant plus actif de l'axe de la colonisation, donc aussi son « [r]eflet opposé », qui convoque à la fois le territoire « de la colonisation, mais avant que cette dernière se manifeste, ainsi que le prophétique

---

[14] Daniel Chartier, « Au Nord et au large. Représentation du Nord et formes narratives », dans Joë Bouchard, Daniel Chartier et Amélie Nadeau (dir.), *Problématiques de l'imaginaire du Nord en littérature, cinéma et arts visuels*, Montréal, Imaginaire/Nord, Laboratoire international d'étude multidisciplinaire comparée des représentations du Nord, coll. « Droit au pôle » 2004, p. 14-15.
[15] Christian Morissonneau, *op. cit.*, p. 177-178.
[16] Frederick Jackson Turner, *op. cit.*, p. 30.
[17] Pierre Nepveu, *Intérieurs du Nouveau Monde, op. cit.*, p. 270.

"Nord-Ouest", soit le chemin des découvreurs[18] ». Cet axe sera utile à l'étude de la tension entre l'errance et la sédentarité, de la fièvre de l'or et des imaginaires du Klondike, région du Yukon « qui a été le théâtre de l'une des plus célèbres "ruées vers l'or" [dont les] gisements furent épuisés en une dizaine d'années[19] », et de l'Eldorado, de l'espace nordique comme refuge des inadaptés et des inadaptées et du monde de la nuit et de la clandestinité. L'axe de l'hivernité, qui se rapporte aux « épreuves du temps et du climat [qui] finissent par déranger la trame narrative à la faveur d'une épreuve tant physique qu'intérieure [... et] ouvre sur des territoires humains la possibilité du sacré et de l'initiatique[20] », servira également à mon analyse. Il fournira un important apport à l'étude des pendants euphorique et dysphorique des épreuves à la fois physiques et intérieures que vivent certains personnages, plus particulièrement les prospecteurs. Enfin, l'axe du « Nord esthétique », qui m'apparaît peu lié à la *frontier*, est un « axe de représentation non défini par ses caractéristiques géographiques, mais comme un univers de froid, de pureté, de glace, de mort, d'éternité, d'alternance de lumière, et de noirceur et de blancheur[21] » ; il est néanmoins tout indiqué pour traiter de l'épaisseur symbolique et de la force d'évocation de l'hiver et de la neige dans un contexte minier : il s'agit d'un chronotope purement nordique. Cependant, certains traits de l'imaginaire du Nord que j'ai dégagés à la suite de l'étude des œuvres du corpus nord-ontarien ne relèvent pas des axes mentionnés plus haut ; je les analyserai donc à partir d'un autre axe nordique élaboré par Véronique Sylvain dans sa thèse de maîtrise, à savoir celui du « Nord comme espace culturel et identitaire franco-ontarien[22] », puisqu'il regroupe notamment les idées de la solidarité nord-ontarienne et du Nord comme chez soi, idées

---

[18] Daniel Chartier, « Au Nord et au large. Représentation du Nord et formes narratives », *loc. cit.*, p. 15.
[19] http://www.larousse.fr/encyclopedie/riviere-lac/Klondike/127660 [*Larousse*].
[20] Daniel Chartier, « Au Nord et au large. Représentation du Nord et formes narratives », *loc. cit.*, p. 18.
[21] *Ibid.*, p. 19.
[22] Véronique Sylvain, « Au nord du Nord, au nord de soi, au nord de l'Autre... une analyse du thème du Nord dans *Décalage* de Patrice Desbiens et *L'espace éclaté* de Pierre Albert », thèse de maîtrise, Université d'Ottawa, 2012, p. 86.

qui, comme nous le verrons, ne vont pas de soi dans le chronotope de la *frontier*.

L'AXE NORDIQUE DE LA COLONISATION : ENTRE DÉSERT BLANC ET TERRE DE TOUS LES POSSIBLES

À partir d'exemples tirés des œuvres de mes corpus, je souhaite démontrer que l'axe nordique de la colonisation recoupe également le chronotope de la *frontier* en de nombreux endroits, non seulement dans le contexte de la mission colonisatrice des Nord abitibien et ontarien, mais aussi celui de l'établissement de l'industrie minière, qui est reliée à ces nouvelles colonies. Je me pencherai donc plus particulièrement sur une colonisation d'exploration et d'exploitation qui constitue, en quelque sorte, une forme de pré-colonisation, puisque les territoires de l'Abitibi et du Nord de l'Ontario ont essentiellement été colonisés pour leurs ressources naturelles.

LES *FRONTIERS* DE L'OUEST ET DU NORD

Il existe d'emblée une importante parenté entre les conquêtes de l'Ouest étatsunien et du Nord du Québec et de l'Ontario ; comme l'indique Jean-Charles Falardeau dans sa préface à l'ouvrage *La terre promise : le mythe du Nord québécois* de Morissonneau, « [l]a montée vers le nord fut une aventure animée par une insistance rhétorique et elle fut un peu l'équivalent de celle qu'avait entraînée, aux États-Unis, l'attrait de la "frontière" vers l'ouest[23] ». Cette idée est aussi évoquée dans l'écriture du récit *Sept jours dans la vie de Stanley Siscoe*, alors que l'exploitation minière menée par le personnage de Stanislaw Szyszko est apparentée à l'avancée dans les terres inexplorées de l'Ouest :

> Rien ne retient ni ne ralentit cette volonté qui te pousse à aller plus loin, toujours plus loin. *Go west young man*. [...] Les événements de ta vie sont là pour en témoigner, depuis ton arrivée au Canada jusqu'à ce moment précis. Tu as réussi par toi-même, tu es un self-made-man, comme disent les Américains (*SS*, 118).

---

[23] Jean-Charles Falardeau, « Préface. Le Nord et nous », dans Christian Morissonneau, *op. cit.*, p. 16.

Le parcours de Szyszko est ainsi apparenté à celui des découvreurs et des aventuriers de l'Ouest étatsunien, puisqu'il a lui aussi, d'une certaine façon, ouvert un territoire à partir de l'exploration et de l'exploitation minières en Abitibi, parcours marqué par un certain individualisme[24] et la réussite financière, traits de la *frontier*. D'ailleurs, l'idée de la conquête est aussi prégnante en ce qui concerne la colonisation du Nord que celle de l'Ouest, car « on parle beaucoup plus de conquête du Nord que de marche vers le Nord[25] ».

La conquête du Nord est, selon moi, intrinsèquement liée à l'industrie minière: la fièvre de l'or ne relève pas uniquement de la *frontier*. Les espaces nordiques semblent en effet propices à l'opération de mines, comme « Pyramiden au Svalbard, loin sous terre, et aussi loin des gens, aussi loin au nord que l'être humain puisse vivre[26] ». Ce lien entre le Nord et les mines est représenté dans le corpus nord-ontarien, dont les recueils de poésie des années 1970 « évoquaient [...] la soumission aux grandes compagnies minières[27] ». Certaines villes doivent leur existence à la mine, ce qui est révélateur de leur dépendance à l'industrie:

[V]illages d'ici
bâtis avec le bois, avec la pierre (*GI*, 39)

Selon Véronique Sylvain, la parenté entre l'industrie minière et les territoires nordiques est également mise de l'avant dans *Décalage* de Desbiens, où « une réalité du Nord ontarien [est peinte] par le travail dans les mines[28] ». Mais le poète franco-ontarien associe aussi les mines au Nord d'une façon plus symbolique dans *Sudbury*: « La fumée des cheminées est figée au ciel[29] ». Les cheminées, véritables emblèmes de la mine, rejettent une fumée qui

---

[24] Frederick Jackson Turner, *op. cit.*, p. 30.
[25] Christian Morissonneau, *op. cit.*, p. 73.
[26] Kjartan Fløgstad, *Pyramiden. Portrait d'une utopie abandonnée*, Paris, Actes Sud, coll. « Aventure », 2009 [2007], p. 49.
[27] François Paré, *Les littératures de l'exiguïté*, Ottawa, Le Nordir, 1994 [1992], p. 110.
[28] Véronique Sylvain, *op. cit.*, p. 45.
[29] Patrice Desbiens, *Sudbury*, Sudbury, Éditions Prise de parole, coll. « Bibliothèque canadienne française », 2013, p. 123.

est cristallisée – et donc figée dans le temps – par le froid, l'un des éléments les plus prégnants du chronotope nordique. Il en va sensiblement de même dans *La love* de Desjardins, tandis qu'elle écrit qu'«[i]l fait un froid gris fer. [...] Les cheminées de la mine envoient des gros dessins de fumée dans le ciel[30] »: le froid est ainsi lié au «gris fer» du minerai, mais aussi aux cheminées de la mine dans l'image créée par l'écrivaine. Néanmoins, la nouvelle «El camino tan triste», du recueil *Et l'or tomba dans le quartz du Nord* de Delisle, offre une autre perspective et donne plutôt à lire l'avidité du Nord pour l'or du Sud, comme en témoignent ces paroles d'Edwin: «On connaît l'appétit du *gringo* pour l'or depuis cinq cents ans!» (*OR1*, 37) L'industrie minière est donc liée au Nord, qu'il s'agisse de l'emplacement de ses installations ou encore de son siège social: elle est ainsi tout à la fois emblématique d'une *frontier* nordique et australe.

LA COLONISATION D'UN BOUT DU MONDE

Dans les œuvres à l'étude, la concentration des activités minières dans le Nord semble notamment attribuable à sa qualité de *no man's land*, notamment dans le prologue de *Sept jours dans la vie de Stanley Siscoe*: «[O]n voyait autrefois, au loin vers le nord, se dresser ce que mon imagination d'enfant avait longtemps pris pour des géants, des géants familiers» (*SS*, 9). L'éloignement de l'Abitibi par rapport aux grands centres est aussi relevé dans la nouvelle «Départ» de Marta Saenz de la Calzada, issue du collectif *Rouyn-Noranda littéraire*, qui décrit la région comme «la Sibérie québécoise où personne ne voulait aller[31] ». Cependant, la nordicité de l'Abitibi est amoindrie dans le récit de Saint-Germain, puisque l'instance narrative la décrit comme un «Nord facile, un Nord moins lointain que tous ceux qu'il a connus jusqu'ici. [...] Pour lui, le Nord québécois est moins au nord que tous les autres Nords canadiens qu'il a fréquentés» (*SS*, 24). Selon le pilote de l'avion qui doit conduire Stanislaw Szyszko à

---

[30] Louise Desjardins, *La love*, Montréal, Leméac, coll. «Roman/Leméac», 1993, p. 165.
[31] Marta Saenz de la Calzada, «Départ», *Rouyn-Noranda littéraire*, Rouyn-Noranda, Éditions du Quartz, 2013, p. 63.

Senneterre, le Nord de l'Ontario comporterait donc un plus important indice de nordicité. Il demeure que l'Abitibi est «une région que les Montréalais qualifiaient de bout du monde» (*SS*, 30); dans son recueil *Nouvelles d'Abitibi*, Delisle décrit la région comme «une colonie oubliée du temps, perdue au bout d'un monde plat à vous boucher la vue[32]», caractéristiques qui relient certainement l'imaginaire régional à celui de la *frontier*, puisque «[b]out du monde, fond des choses [...] suggèrent à la fois une limite et la révélation possible d'une vérité essentielle sur le Nouveau Monde[33]».

L'espace minier abitibien se présente aussi comme une «immensité blanche» (*SS*, 16), caractéristique qui est aussi en lien avec l'axe du Nord esthétique, plus symbolique; on retrouve une image similaire, mais plus élaborée, dans *La love*: «Les maisons sont figées, les fenêtres givrées. On dirait des rangées d'iglous. Sans contours dans la neige, elles s'alignent devant des trottoirs tout blancs. Comme si les nuages s'étaient solidifiés sous nos pieds[34]». Cet extrait rejoint le système discursif du Nord tel qu'il est décrit par Daniel Chartier, puisqu'il est lié à «l'éloignement dans un monde sans repère[35]». Il en va de même dans cet autre passage du roman: «J'essaie d'imaginer ce que serait la mer, la vraie, et non pas une mer de neige comme en Abitibi l'hiver quand on ne voit que du blanc, quand le ciel se confond avec la terre, quand on ne voit ni ciel ni terre[36].» Bien que la narratrice du roman de Desjardins semble accorder une valeur plus positive à la véritable mer qu'à la «mer de neige» abitibienne, celle-ci apparaît moins dépossédée par les grands espaces vides et blancs que le poète de *Sudbury*, comme l'indique Richard Léger,

> [d]ans cet espace vide où le regard du poète ne rencontre rien de significatif, il n'existe aucune possibilité de fuir le quotidien de la ville. Celle-ci

---

[32] Jeanne-Mance Delisle, «Ignace», *Nouvelles d'Abitibi*, Montréal, Bibliothèque québécoise, 1991, p. 77.
[33] Pierre Nepveu, *Intérieurs du Nouveau Monde, op. cit.*, p. 270.
[34] Louise Desjardins, *La love, op. cit.*, p. 55.
[35] Daniel Chartier, «L'hivernité et la nordicité comme éléments d'identification identitaires dans les œuvres des écrivains émigrés au Québec», *loc. cit.*, p. 124.
[36] Louise Desjardins, *La love, op. cit.*, p. 64.

est une vaste prison entourée d'un *no man's land* encore plus vaste et, de surcroît, abstrait. Le sentiment d'emprisonnement à l'intérieur d'un espace qui n'est pas nécessairement restreint est un facteur déterminant de l'aliénation des personnages[37].

Ainsi, le Nord se présente comme un « lieu de grande désolation[38] » et convoque l'idée du désert. Pour sa part, Morissonneau rattache le Nord au mythe du Désert, qu'il faut entendre « dans sa signification relative à [l'humain]; pas un espace où la vie est absente ou rare mais où [l'humain] ne s'arrête pas [...] ne se sédentarise pas, pour des raisons qui peuvent être aussi bien climatiques que pédologiques, ou culturelles[39] ». Cela rejoint le paradoxe inhérent à la colonisation d'exploration et d'exploitation; la sédentarité généralement associée à la colonie ne peut advenir dans le contexte de régions dont la raison d'être est l'exploitation des ressources naturelles, qui suggère un perpétuel déplacement, souvent de plus en plus loin vers le Nord, ce qui recoupe l'idée de la *frontier*. Rachel Bouvet établit elle aussi une corrélation entre le Nord et le désert, puisqu'ils partagent des « extrêmes en matière de climat » et des « aspects négatifs, [dans leur] incapacité à accueillir les groupes humains, [dans] leur inhospitalité[40] ». Le désert nordique est décrit comme un lieu difficilement habitable, comme en témoigne ce questionnement de la narratrice dans *La love* : « Qu'est-ce que je fais ici, dans le désert[41] ? ». Tandis que le personnage principal du roman se questionne à propos de sa présence dans le désert rouyn-norandien, l'un des poèmes de *La 2ᵉ avenue* traduit plutôt l'attachement à l'espace désertique :

Ils montent en Abitibi
Font la route de nuit

---

[37] Richard Léger, « L'espace comme lieu d'aliénation par le quotidien dans *Sudbury (poèmes 1979-1985)* de Patrice Desbiens », *Revue du Nouvel-Ontario*, n° 31, 2006, p. 18.
[38] Daniel Chartier, « Au Nord et au large. Représentation du Nord et formes narratives », *loc. cit.*, p. 25.
[39] Christian Morissonneau, *op. cit.*, p. 60.
[40] Rachel Bouvet, « Du désert ocre au désert blanc », dans Daniel Chartier (dir.), *Le(s) Nord(s) imaginaire(s)*, Montréal, Imaginaire/Nord, Laboratoire d'étude multidisciplinaire comparée des représentations du Nord, coll. « Droit au pôle », 2008, p. 59.
[41] Louise Desjardins, *La love*, *op. cit.*, p. 161.

> Pour que l'aube les surprenne
> Rose à la frontière du ciel
> Elle lui montre ses paysages
> Pleins de lichens et de mousse
> Il dit C'est un terrain vague
> Puis il ne dit plus rien
> Elle se retranche dans un fossé
> Les éphémères s'écrasent sur le pare-brise
> Au milieu du désert
> Elle a le mal de mer
> Et fait mine de s'assoupir[42].

Ces vers font référence à la route 117, qui traverse la réserve faunique La Vérendrye, passage obligé pour celles et ceux qui souhaitent se rendre en Abitibi. Le désert que représente ce parc est vécu positivement par le personnage, qui l'apparente à un paysage intime; mais ce sentiment ne semble pas pouvoir être transmis à un étranger, qui y voit plutôt le vide, un « terrain vague ». La narratrice de *La love* a également un rapport affectif avec ce lieu de traverse, puisqu'elle « aime la réserve du parc La Vérendrye. [Elle a] l'impression de courir un danger sur cette route déserte qui n'en finit plus: pas de maisons, pas d'églises, pas de monde, beaucoup de gravier, beaucoup de poussière, beaucoup de conifères, beaucoup de lacs[43] ». L'espace nordique est ici apprécié dans son entièreté, que ce soit par le danger et la solitude qu'il procure, la beauté de ses paysages ou les éléments plus indésirables, comme le gravier et la poussière.

Néanmoins, un autre poème de *La 2ᵉ avenue* rattache le désert à un imaginaire western et minier hautement mortifère:

> Dans le désert du nord
> Elle invente un air de blues
> Le blues à sa portée
> Le blues bel amour
> Le blues inventé
> Pour aller droit au cœur des mots

---

[42] *Id.*, *La 2ᵉ avenue*, Montréal, L'Hexagone, coll. « Poésie », 1995, p. 95.
[43] *Id.*, *La love, op. cit.*, p. 45.

> Des mots western qu'il ne dit plus
> Qu'elle n'entend plus
> Des mots qui disent tout
> Même s'ils ont l'air de rien
> Elle est restée là vieille et morte
> Sur un lac d'acide[44].

Ce désert est donc à la fois nordique et western ; la mine colore l'espace du Nord de sa saleté, de sa pollution, comme l'indique la mention du « lac d'acide », ici associé à la mort, comme l'est le paysage dévasté de Sudbury :

> Arrive à Sudbury
> et les collines noires sans arbres, sans vie
> de l'Inco et de la Falconbridge (*GI*, 64)

Le désert du Nord peint par Saint-Germain n'est pas non plus d'un blanc immaculé : « La schlamm, [immense désert,] de même que le lac qu'elle bordait, entouraient les côtés est et nord de la mine ainsi qu'une partie du village » (*GF*, 21). L'espace désertique est plutôt brun, car le mot *schlamm* est un germanisme qui signifie « boue » ; la mine connote ainsi l'espace nordique de sa saleté, voire de son impureté. Le désert cerne et emprisonne le village, ce qui rappelle l'enfermement ressenti par le chantre de Sudbury, paradoxalement prisonnier d'un espace quasi illimité : « Sudbury s'étend autour de nous comme un désert[45] ». L'espace colonisé est aussi décrit par sa laideur, notamment chez Desjardins : « Les plates étendues de l'Abitibi que j'ai laissées derrière moi, avec leurs épinettes rabougries et leurs pins isolés parmi quelques bouleaux, me semblent ternes et sèches. Je me dis qu'au fond, l'Abitibi, c'est bien laid[46]. »

En outre, dans *Les héritiers de la mine*, Saucier dépeint un désert qui n'est ni nordique, ni western à proprement parler : « L'Australie, c'était un leurre, une illusion, un mirage dans la désolation de Norco et j'ai plongé dans la mer aux illusions. [...] J]e

---

[44] Id., *La 2ᵉ avenue*, op. cit., p. 89.
[45] Patrice Desbiens, *Sudbury*, op. cit., p. 168.
[46] Louise Desjardins, *La love*, op. cit., p. 46.

me suis enfoncé vers l'intérieur, là où m'attendait le désert le plus inhospitalier du monde » (*H*, 111-112). Le personnage d'Émilien a fui le désert nordique que représente la petite ville minière désaffectée de Norco pour se retrouver dans un autre désert, celui de Kalgoorlie, autre petite agglomération mono-industrielle. Ainsi, le désert, même dépourvu d'une parenté directe avec les imaginaires du Nord et de la *frontier*, est rattaché à l'univers des mines ; le désert semble donc enclin à produire des espaces miniers similaires, voire presque identiques, marqués par l'immensité et la désolation, qu'ils se trouvent en Abitibi ou en Australie. Dans ces contextes, le désert peut donc prendre la valeur d'un chronotope en raison de sa force structurante.

Des villes minières d'« extrême frontière »

De cette façon, les villes minières correspondent à ce que Nepveu nomme villes d'« extrême frontière », expression issue du titre d'un recueil de poèmes de Gérald Leblanc. Il s'agit d'une famille de petites villes qui

> disent toutes un point de contact du Québec (ou de l'ancien Canada français) avec l'espace réel ou mythique américain [...]. Dans cette liste, il y aurait Lowell, la ville natale de Jack Kerouac, et aussi Rouyn-Noranda, Sudbury, Timmins, Moncton. Il y aurait également, d'une manière plus lointaine, une ville qui ne figure sur aucune carte géographique : Macklin, la ville minière fictive où se situe l'intrigue de *Poussière sur la ville* d'André Langevin et en laquelle plusieurs lecteurs ont reconnu Asbestos (ou peut-être Thetford Mines)[47].

De par l'important lien qui existe entre ces villes et « l'espace réel ou mythique américain », espace à coloniser, je crois que le concept de Nepveu s'inscrit dans l'axe nordique de la colonisation ; à l'exception de Lowell, Moncton et Macklin, il importe de soulever que ces lieux comportent tous un indice de nordicité. À cette « "famille" des petites villes périphériques[48] », je souhaite ajouter une autre ville fictive, celle de Norcoville, mise en scène par Saucier dans *Les héritiers de la mine*, puisqu'elle évoque avec

---

[47] Pierre Nepveu, *Intérieurs du Nouveau Monde*, *op. cit.*, p. 270-271.
[48] *Ibid.*, p. 280.

force la désolation de l'espace américain : « Norco n'est plus qu'un champ cerné par la forêt. [...] Ses maisons en ruine, ses carcasses d'autos, tout a été aplani sous un couvert d'herbe. La forêt prépare son avancée » (*H*, 49). Il me semble également que Val-d'Or, plus particulièrement le secteur de Sullivan dans *Les géants familiers*, pourrait être incluse dans ce chapelet de villes d'« extrême frontière », alors que le personnage de Quincy se voit comme « un nouveau Robinson au cœur d'une île grouillante perdue dans cette vaste mer d'épinettes qui constitue cette partie de la province de Québec. Il était un cow-boy cherchant l'aventure dans les rues de quelque fabuleuse Santa Fe » (*GF*, 14). Tandis que Norcoville s'apparente davantage au pendant dysphorique du Nouveau Monde, le village minier s'inscrit plutôt d'une façon euphorique dans l'imaginaire des Amériques et est rapproché de la ville de Santa Fe au Nouveau-Mexique, alors qu'un univers d'aventures s'ouvre au jeune protagoniste.

Le cosmopolitisme des centres miniers

Les villes minières d'« extrême frontière » que nous retrouvons dans les corpus à l'étude ont notamment pour caractéristique une population cosmopolite. L'offre de travail dans les mines de Sudbury, qui représente une certaine forme de ruée vers l'or associée à la *frontier*, attire effectivement plusieurs migrants de différents pays européens. Comme l'écrit l'Abitibien Jacques Michaud dans son récit à la fois biographique et fictif, *Marie-Clarisse* : « L'Abbittibbi[49] d'alors, c'était la Nouvelle-France du dix-septième siècle, la naissance d'un monde où tout serait possible, le lieu où l'on pourrait peut-être planter à nouveau la croix du commencement et de la continuité[50]. » L'Abitibi se présente alors comme le lieu idéal pour recommencer, refaire sa vie, puisque la grande jeunesse de ce territoire implique beaucoup de liberté et un monde de possibilités, ce qui correspond à ce que

---

[49] « Il faut attendre 1915 pour que l'orthographe du mot Abitibi soit définitivement fixée, à la suite d'une décision de la Commission de géographie qui avait dû faire son choix entre cette forme et celles d'Abbitibi, Abitibbi et Abbittibbi ». www.toponymie.gouv.qc.ca/ct/ToposWeb/fiche.aspx?no_seq=116 [Commission de toponymie du Québec].

[50] Jacques Michaud, *Marie-Clarisse*, Gatineau, Éditions Vents d'Ouest, 1993, p. 16.

Bernd nomme « l'intuition d'un groupe d'hommes et de femmes qui ont choisi de venir réaliser leurs rêves et leurs espoirs en Amérique[51] ». La rumeur de l'or court, celle du cuivre dans le contexte de Noranda : « Aussitôt, la nouvelle de cette découverte se répand dans tout le secteur minier nord-américain et des gens de toutes races débarquent sur les rives du lac Osisko, près de ce qui va devenir la mine Horne[52]. » Dans le roman *Temps pascal* de Poliquin, le personnage de Médéric Dutrisac est non seulement un excellent orateur en français et en anglais, mais aussi en russe et en polonais, parce qu'il « le fallait bien pour se faire comprendre par ses amis mineurs communistes qui venaient de toutes sortes de pays rares parce qu'on-est-bien-mieux-payé-et-mieux-traité-au-Canada-que-n'importe-où-ailleurs-dans-le-monde-à-part-les-États-Unis » (*TP*, 18). Cet extrait témoigne de l'espoir et de la volonté d'améliorer leur qualité de vie qui animent les mineurs ukrainiens et russes qui voient Sudbury comme un nouveau Klondike, mais on sent bien le sarcasme du narrateur alors qu'il semble faire du commentaire sur les soi-disant excellentes conditions du travail minier au Canada, avec l'aide des traits d'union, une phrase préfabriquée, vide de réelle signification. Notons que la langue, qui aurait pu être un facteur de division, ne constitue pas un véritable obstacle, puisque le protagoniste apprend le langage de ses collègues afin de mieux s'unir dans la lutte syndicale.

Il est également question du cosmopolitisme des centres miniers dans le roman abitibien *Les géants familiers*,

> Sullivan était un modeste émule des célèbres villes du lointain « far-west » américain. Sur le perron de l'hôtel Sullivan, nombreuses étaient les altercations et les bagarres mettant aux prises les Canadiens français et les autres ethnies : Canadiens anglais, Ukrainiens, Polonais, Slovaques, Serbes, Irlandais, Allemands... [...] Pour les Canadiens de langue française, ceux qui parlaient ou baragouinaient l'anglais étaient tous considérés sur un même pied : des « Fros », des « Polocks », des « D.P. », des étrangers (*GF*, 12).

---

[51] Zilá Bernd, *op. cit.*, p. 27.
[52] Jeanne-Mance Delisle, « Les ermites de l'or », *Nouvelles d'Abitibi*, *op. cit.*, p. 113.

L'écrivain rattache de cette façon le village de Sullivan à l'imaginaire de la ruée vers l'or californienne et donne une image plutôt chaotique de la cohabitation entre individus de différentes origines. Les petites villes d'« extrême frontière » semblent donc propices à l'apparition de conflits violents entre leurs habitantes et leurs habitants, qui sont rapprochés d'« une faune des plus diverses » composée de « personnages colorés » (*GF*, 40). Malgré le cosmopolitisme que peut suggérer une zone de contacts et d'échanges entre les citoyennes et les citoyens, nous assistons plutôt à une mise à distance, tandis que nous sommes en présence d'un groupe, les Canadiens français, qui se perçoivent comme premiers par rapport à tous les autres. Delisle évoque également cette division dans sa nouvelle « La chinoise », où les prospecteurs « sont les témoins du temps florissant où on servait dans ce restaurant plus de cent repas par jour aux Fros et à quelques Canadiens français[53] ».

Il en va tout autrement dans le roman *Le Nickel Strange* de Tremblay, tandis qu'à Sudbury, « où tellement de personnes se sont exilées pour refaire leur vie, il y a un code d'honneur qui lie les hommes, une règle de survie qui dresse la masse ouvrière contre la police, perçue comme l'ennemi » (*NS*, 75). Les mineurs, indifféremment de leur origine et de leur langue, sont donc liés, car leur appartenance à une même classe sociale prend le pas sur leurs différences culturelles: le cosmopolitisme des milieux miniers suggère également une solidarité entre les déracinées et les déracinés. La question de la langue n'a pas le même impact dans les œuvres abitibiennes et nord-ontariennes; elle est surtout un vecteur d'exclusion dans le corpus de l'Abitibi, alors qu'elle permet au contraire de consolider les liens entre les mineurs dans certains textes du Nord de l'Ontario. Néanmoins, dans *La quête d'Alexandre*, le cousin du héros compare la cohabitation de plusieurs langues à une « cacophonie » et déplore l'arrivée massive d'immigrants dans le Nouvel-Ontario: « Hélas, la découverte des mines d'argent de Cobalt et, plus tard, des mines d'or de Porcupine et de Kirkland Lake avaient amené des flots

---

[53] *Id.*, « La chinoise », *Nouvelles d'Abitibi*, *op. cit.*, p. 51.

d'étrangers parlant les langues les plus diverses et trop souvent papistes ou athées » (*QA*, 44). De cette façon, le corpus franco-ontarien est aussi potentiellement le terreau d'une division linguistique, possiblement attribuable à la situation minoritaire du français dans le Nord ontarien. L'extrait tiré du roman de Brodeur est évocateur de l'ambiguïté de l'attitude à l'endroit de l'immigration: leur main-d'œuvre est voulue, mais pas forcément leur présence. On voit bien le besoin de travailleurs d'origine étrangère dans la pièce *La maison Cage*: « Ils sont arrivés après la guerre, les Italiens. Pour les descendre dans la fosse. Avec nous. Manque de bras. Manque d'hommes » (*MC*, 11). L'accueil de mineurs d'origine italienne semble donc uniquement motivé par leur force de travail; la référence à la fosse et le rythme saccadé de l'écriture suggèrent une certaine fatalité, comme si les immigrants étaient la nouvelle chair à canon de la mine. L'un des protagonistes du *Nickel Strange* ressent lui aussi la profonde ambiguïté du rapport à l'immigration, alors que « [d]épaysé, déboussolé, il ne se sentira jamais à l'aise, ni intégré, ni même apprécié dans ce Nouveau Monde » (*NS*, 17). Il en va de même dans les vers de *Sudbury*:

> Dans la Coulson un lundi soir.
> C'est presque vide.
> [...]
> Dans un coin, un vieux est assis, seul,
> avec sa boîte à lunch fidèle à ses pieds.
> « I'm from de old cuntree... » il crie
> [...] il
> devrait rentrer chez lui mais chez lui c'est
> plus loin qu'ici et il est tellement fatigué,
> il a tellement marché, il a tellement travaillé;
> et il nous le dit, il nous le raconte à haute voix
> dans Coulson comme dans son salon comme si nous étions
> sa famille comme si nous étions
> son pays[54].

---

[54] Patrice Desbiens, *Sudbury, op. cit.*, p. 169.

Même s'il est à la retraite, cet homme reste marqué du sceau du travail minier, son asservissement étant symbolisé par la présence de sa boîte à lunch qui ne le quitte pas, tel un chien loyal à son maître. Malgré toutes les années passées à Sudbury à trimer dur pour la collectivité, il n'y est pas chez lui et son pays se trouve toujours de l'autre côté de l'océan; du rêve américain il n'aura obtenu que le labeur et la fatigue, comme l'indiquent ces vers de Desbiens:

> Le rêve américain et
> le cauchemar canadien[55].

Les espoirs et les attentes nourris par les nouveaux arrivants et arrivantes se situent du côté du rêve américain, plus généralement associé aux États-Unis, tandis que la dysphorie est reliée au Canada, plutôt connoté de l'envers de la *frontier*. Même lorsqu'il y a tentatives de rapprochement entre les mineurs d'origines diverses, celles-ci peuvent être minées par les compagnies minières qui opèrent une ségrégation des groupes pour contrer l'action syndicale, comme dans *1932, la ville du nickel...* :

> VOIX: Voilà le shift des Italiens.
> [...]
> GIUSEPPE: Calmi... tranquilli... Il y a eu una incidenté dans le groupe canadesi français. [...]
> ANNE: Dans le groupe canadien-français?
> GIUSEPPE: Calmi... C'est ça qu'on dit... mais ça se peut aussi que ça soit chez les Polacchi dans la galleria à côté (*NI*, 14).

Les lignes du *Nickel Strange* donnent à lire une problématique fort semblable, parce que «les amitiés [...] seront inévitablement déchirées lorsqu'ils seront mutés à un autre niveau ou même dans une autre mine» (*NS*, 11). Les contacts entre les mineurs sont donc limités, leur rapport solidaire ne peut ainsi s'établir qu'en dehors de la mine et de leurs heures de travail.

Mais ces migrants ne viennent pas tous de contrées lointaines, ils sont aussi Québécois, comme dans ces vers de Dalpé:

---

[55] *Ibid.*, p. 109.

> Au début du siècle, même un peu avant
> Y débarquent du train parti de Trois-Rivières, de Montréal
> du Lac St-Jean, de Québec ou de Gaspé
> Y débarquent sans un sou
> quelques mots d'anglais en poche
> pis la mémoire des fêtes de famille
> [...]
> Après quelque temps à mine
> toujours sans un sou
> quelques mots d'anglais de plus en poche
> pis la mémoire des fêtes de famille de leur jeunesse
> qui s'efface tranquillement
>
> Y'ont les visages endurcis
> couleur de roche, couleur de rouille
> déjà couleur d'la mort (*GI*, 58)

Ces «immigrants Cheap labour», les «Nigger-Frogs de l'Ontario» (*GI*, 90-91), qu'ils soient originaires du Québec, de l'Ukraine ou de la Russie, voient leurs espoirs s'évanouir; leur situation financière ne s'améliore en rien, les souvenirs qui les raccrochent à leur lieu d'origine se désagrègent tandis que le travail à la mine les vampirise au lieu de leur fournir la part du rêve pour lequel ils se sont déplacés. Ici intervient le pendant dysphorique de l'Amérique, de la *frontier*, celui de la «promesse non tenue[56]». Comme nous avons pu le remarquer dans les strophes citées plus haut, le train et plus particulièrement le chemin de fer appartiennent à la symbolique de la colonisation. Dans *La love* de Desjardins, la voie ferrée participe en outre à un imaginaire plus strictement minier: «Les traques sont juchées sur un long trassel toujours encombré de wagons de minerais qui avancent et qui reculent. J'ai l'impression qu'ils ne vont jamais nulle part[57].» De la même façon que le chemin de fer mène les nouveaux arrivants dépeints par Dalpé à un cul-de-sac, celui du roman de Desjardins ne mène nulle part et semble ainsi

---

[56] Pierre Nepveu, *Intérieurs du Nouveau Monde, op. cit.*, p. 205.
[57] Louise Desjardins, *La love, op. cit.*, p. 10-11.

symboliser un certain avortement de l'ouverture et des possibles qu'il suggère pourtant dans le chronotope de la *frontier*.

Parmi ces migrants québécois, nous retrouvons des Abitibiens, comme l'indiquent les ascendances de Médéric Dutrisac dans *Temps pascal*, «[f]ils d'un bûcheron de l'Abitibi, [il] avait du sang algonquin dans les veines. [...] Suivant la trace de milliers d'autres, son père avait émigré en Ontario» (*TP*, 56). Nombreux sont celles et ceux qui ont quitté leur terre en Abitibi afin de trouver fortune dans les mines nord-ontariennes, mais force est de constater que les difficiles conditions d'existence des premiers temps des colonies s'appliquent également au Nord de l'Ontario: «Ma mère apprendra bien vite à détester ce nom [Ontario], avec la même rage féroce qu'elle maudira ce coin où elle était proche d'atterrir, en ce premier janvier de 1921. Mais, pour l'instant, la frontière est floue[58].» Mais lorsqu'il est question de la prospection à proprement parler, le passage de la frontière s'effectue dans l'autre sens, soit du Nord de l'Ontario vers l'Abitibi, tandis qu'«[e]n 1911, Edmund Horne, un prospecteur venu de la Nouvelle-Écosse, mais qui explorait depuis quelques années les nouvelles régions minières du nord-est ontarien, s'était enfoncé, par-delà les lacs et les rivières, dans les forêts encore serrées de l'Abbittibbi québécoise[59]». Les migrations entraînées par la ruée vers l'or – et autres métaux – sont donc multiformes, qu'elles soient en provenance de pays européens, d'autres régions québécoises ou encore d'un milieu minier à l'autre.

Des villes de style *boom-town*

Le cosmopolitisme des villes minières et l'arrivée massive et rapide de leurs nouveaux habitants et habitantes ont nécessairement un impact sur l'espace et entraînent ce que l'on nomme communément des villes-champignons, le style *boom-town*. On en retrouve un exemple prégnant dans *Les géants familiers*, où Sullivan,

---

[58] Jacques Michaud, *op. cit.*, p. 21.
[59] *Id.*, «Les jumelles», dans Denis Cloutier (dir.), *Contes, légendes et récits de l'Abitibi-Témiscamingue*, Trois-Pistoles, Éditions Trois-Pistoles, coll. «Contes, légendes et récits du Québec et d'ailleurs», 2012, p. 164.

modeste émule des célèbres villes du lointain « far-west » américain[, ...] comme tous les villages miniers propres aux années trente, avait été bâti à la hâte, sans plan d'urbanisation précis. Les maisons y avaient poussé l'une après l'autre au gré des endroits les plus facilement accessibles et des fantaisies des constructeurs. Village-champignon, « boom-town », coron de squatters où les rudes aventuriers avaient élu domicile sans demander la permission à qui que ce soit, ce noyau étendait ses ramifications un peu partout, à la va-comme-je-te-pousse (*GF*, 12).

Ce passage recoupe l'idée de villes d'« extrême frontière » explicitée précédemment, tandis que Sullivan est apparentée aux villes du Far West étatsunien; l'attrait de la *frontier*, malgré le désordre qu'il implique au niveau de l'urbanisme, produit du même, alors qu'il existe une spécificité des « corons nord-américains » (*GF*, 40) à laquelle appartient le style *boom-town*, qui figure ainsi parmi les produits du chronotope de la *frontier*. Tremblay décrit aussi le phénomène de ces petites villes en pleine implosion démographique dans *Le Nickel Strange*, notamment quand le narrateur mentionne que le « *bust and boom* économique des villes minières nord-américaines, avec tout ce que cela suppose, avait fait vieillir prématurément les infrastructures architecturales et sociales de l'hôtel [Nickel Range] » (*NS*, 49). De cette façon, le boom entraîné par l'activité minière a un impact sur les infrastructures de la ville en les rendant rapidement obsolètes, ce qui témoigne de l'éphémère de l'espace minier. Ainsi, les petites villes minières sont souvent perçues comme laides, comme le mentionne le narrateur de *Poussière sur la ville*: « Macklin se plonge dans une laideur grisâtre, uniforme, qui n'est pas due à la pauvreté, mais sans doute au fait que la ville fut improvisée, qu'on y construisit pour les besoins d'un jour et que les maisons survécurent aux délais prévus[60]. » La narratrice du roman *Pardon my Parka*, qui traite de façon ironique des débuts de Val-d'Or, évoque quant à elle la laideur de la ville: « *I was beginning to be fascinated with Val-d'Or. It was so awful it was amusing*[61]. » Les compagnies minières ont en outre « un côté semi-nomade »

---

[60] André Langevin, *op. cit.*, p. 27.
[61] Joan Walker, *Pardon my Parka*, Toronto, McClelland and Stewart, 1954, p. 19.

puisque l'exploitation du minerai « est fugace par essence, elle consiste à épuiser une ressource limitée et puis à repartir ailleurs[62] ». On a accès à un autre versant de ces villes-champignons dans *La maison Cage* de Ouellette :

> SERGE : C'est une ancienne maison de mineur ?
> NATHALIE : Toute la rue de l'Abattoir. Des maisons de mineur. Construites par les compagnies pour [leurs] fidèles employés. Il n'y a plus de compagnies, plus d'employés. Comme quoi la fidélité ne tenait pas à grand-chose (*MC*, 6).

L'espace des petites villes de la *frontier* est non seulement marqué par l'implantation aléatoire d'habitations, parfois de fortune, mais aussi par la présence de maisons de compagnie. Il s'agit du pendant davantage ordonné des villes minières, car ces logis correspondent à un plan d'urbanisme précis, contrairement aux cabanes des squatters, et appartiennent à la compagnie minière. Il est révélateur que la rue de l'œuvre de Ouellette se nomme « de l'Abattoir » ; elle est entièrement constituée de maisons de mineurs, sortes de dortoirs, d'antichambres de la mort. Cette cohabitation entre ordre et désordre dans les villes *boom-town* est bien illustrée dans le récit « Les jumelles » de Jacques Michaud :

> [i]ncorporée en 1926, [Noranda] était dotée d'un statut spécial. Elle devenait ce qu'on appelle une ville fermée, ce que les gens nommaient, dans leur langage imagé, une ville de compagnie. Un plan d'urbanisme précis, des zones commerciales et résidentielles bien identifiées, des rues rectilignes, des maisons d'un même modèle, toutes ces dispositions allaient vite donner à la nouvelle agglomération une allure droite, rectangulaire, presque carrée. [...] Presque en face et tout à côté de cette création bien propre et bien rangée, naîtra une fille un peu moins propre et surtout, beaucoup moins sage. Rouyn viendra au monde sur la rive est du lac Osisko[63].

D'ailleurs, l'aspect chaotique de la municipalité de Rouyn est tel que ce nom tarde à s'imposer, on lui préfère l'appellation plus

---

[62] Kjartan Fløgstad, *op. cit.*, p. 94.
[63] Jacques Michaud, « Les jumelles », *op. cit.*, p. 165-166.

emblématique de «*Shack City*[64]». L'urbanisme des villes minières, que l'on parle du style *boom-town* ou des villages de compagnie, s'inscrit dans ce que Nepveu appelle les «traits fondamentaux de ces lieux excentriques où, en Amérique notamment, se sont établies des "collectivités neuves"[65]». En somme, les villes-champignons, en tant qu'illustrations du chronotope de la *frontier*, montrent bien une habitation approximative et précaire de l'espace dans un temps accéléré, mais aussi éphémère.

L'EFFET VILLE-FANTÔME

Je souhaite ajouter à ces traits fondamentaux l'aspect ville-fantôme, qui se trouve à être l'un des futurs probables de la ville *boom-town* ou de compagnie. Les villes minières d'«extrême frontière» comportent un important coefficient d'éphémérité, alors que «dans la mine, on ne fait que consommer jusqu'au bout[66]». Dans une entrevue, Saucier s'exprime à propos de l'idée de ville morte:

> À l'époque, on ouvrait un moulin à scie ou une mine, les gens s'y installaient, ce qui donnait naissance à un village ou à une ville. Quand la mine fermait, les gens s'en allaient, mais il restait d'irréductibles habitants qui croyaient à la réouverture de la mine. Le nord de l'Ontario fourmille de ces villages fantômes parce que tout était laissé à l'initiative des gens. En Abitibi, le développement a été plus organisé et planifié[67].

La naissance de villages et de villes mono-industriels contient en germe la disparition de ces lieux particulièrement précaires, puisque entièrement dépendants de l'industrie en question, tout comme le sont les habitantes et les habitants, malgré leur «autogestion» improvisée de l'espace qui leur procure un sentiment de toute-puissance. Il en va ainsi dans le roman *Les héritiers de la mine*:

---

[64] *Id.*, *Marie-Clarisse*, *op. cit.*, p. 81.
[65] Pierre Nepveu, *Lectures des lieux*, *op. cit.*, p. 84.
[66] Kjartan Fløgstad, *op. cit.*, p. 50.
[67] Jocelyne Saucier, «Jocelyne Saucier: le plaisir d'allumer des feux», *op. cit.*, p. 7.

> La ville était sens dessus dessous. Le prix du zinc avait sombré et, avec lui, tous les espoirs qu'un chèque de paie entretient chez les pauvres gens. La ville commençait à se lézarder. Quelques familles étaient parties, traînant derrière elles leur maison sur un fardier de fortune. Les autres hésitaient entre l'appel d'une mine plus au nord et l'espérance d'une remontée du zinc (*H*, 71).

L'effet ville-fantôme est d'autant plus fort que certains citoyens et citoyennes ont quitté Norcoville avec leur maison, ce qui ajoute à la désolation grandissante du lieu. L'idée de la conquête toujours plus loin au Nord, et donc de la *frontier*, intervient aussi dans cet extrait, tandis que la solution à la fermeture de la mine semble être de partir à la recherche d'un emploi dans une mine encore plus septentrionale; dans ce contexte, le salut passerait par un déplacement de la *frontier* vers le Nord. Mais il y a aussi les irréductibles, ceux et celles qui refusent d'accepter la fugitivité de la fortune accordée par la *frontier* et qui croient que l'activité minière reprendra. La famille Cardinal, tant qu'à elle, ne fait pas partie de ceux et celles qui se déplacent ou qui espèrent un regain de l'industrie, comme en témoigne LeFion: «Notre mine nous était revenue. Nous n'allions pas pleurer, ni faire semblant […] nous allions devenir les maîtres de la ville [que notre père] avait fait naître» (*H*, 71-72). Une telle attitude illustre bien le sentiment de toute-puissance ressenti par les personnages, dans le contexte d'un lieu où la gestion de l'espace est laissée à la discrétion des individus: le clan adopte une posture de *self-made men*, imprégnée d'une grande liberté, lorsqu'il enfreint la loi en exploitant la mine et vit ainsi «la *frontier* comme espace infini et lieu privilégié de l'expression individuelle et du droit de propriété[68]». Néanmoins, il demeure que les Cardinal sont les «princes d'un royaume qui n'exist[e] plus» (*H*, 125).

«C'est cela aussi, l'Amérique: une petite ville devenue le fantôme ou le pâle souvenir d'une ville du Far West, dans laquelle

---

[68] Patrick Imbert, «Les trois R – ruptures, routes et réussite – dans les Amériques: entre l'oubli et la promesse», dans Bernard Andrès et Gérard Bouchard (dir.), *Mythes et sociétés des Amériques*, Montréal, Éditions Québec Amérique, coll. «Dossiers et documents», 2007, p. 149.

plus grand-chose n'arrive sinon des faits divers[69] ». C'est aussi vrai dans la pièce *La maison Cage*, qui met en scène « une ville minière moribonde depuis la fermeture des mines. On dit moribonde. On dit aussi fragilisée » (*MC*, 2). Dans l'œuvre de Ouellette, le « souvenir du Far West » ne se retrouve que dans le « plan d'un châssis à molettes, roue immobile. Structure silencieuse. Phare sans lumière. Rappel de la fermeture des mines. Gros plan de la roue. Gros plan extrême. Immobilité angoissante. Silence insoutenable » (*MC*, 27). Ce vestige de l'industrie minière, source d'angoisse, est comparé à un « [p]hare sans lumière », donc à une sorte de guide qui n'aurait plus cette fonction au sein de la communauté, laissant les citoyennes et les citoyens sans repères, comme à la fermeture de la mine. Les ruines de l'industrie se laissent aussi appréhender dans *Poussière sur la ville* :

> Macklin apparaît dans le crépuscule ouateux comme une ville fantôme sous la lune. Les monticules de poussière dressent au ciel d'illusoires pyramides de granit blanc et les petites maisons de bois qu'ils écrasent ne sont plus que des blocs de marbre semés au hasard[70].

Dans son roman *La bête rouge*, Delisle fait aussi mention de ces « espaces laissés à l'abandon et à la désolation comme après un pillage[71] ». Les villes minières fantômes, avec leurs traces et leurs restes, s'apparentent d'une certaine manière à un chapelet de stèles funéraires qui matérialisent l'éphémère et la fragilité des *frontier towns*, une fois la *frontier* consommée jusqu'au bout. Il s'agit de la « double figure de l'expansion et de la dégradation, figure qui définit pour nous une américanité enivrante et désastreuse, les deux termes se nourrissant l'un de l'autre[72] ». Le chronotope de la *frontier* nordique rejoint ainsi celui de la mine industrielle, parce que la désolation de l'espace minier est un indice de ce que Daniel Chartier nomme une « temporalité industrielle », qui est une

---

[69] Pierre Nepveu, *Intérieurs du Nouveau Monde*, op. cit., p. 273.
[70] André Langevin, op. cit., p. 57.
[71] Jeanne-Mance Delisle, *La bête rouge*, Montréal, Éditions de la Pleine Lune, 1996, p. 28.
[72] Pierre Nepveu, *Intérieurs du Nouveau Monde*, op. cit., p. 183.

« temporalité à sens unique », car le décor est « à jamais réduit à des restes qu'il faut désormais récupérer[73] ».

En somme, les conquêtes de l'Ouest et du Nord sont similaires à plusieurs égards, mais il semblerait que la *frontier* nordique suggère un repoussement des frontières encore plus grand. L'Ouest apparaît plus facile à coloniser, tandis que le Nord, toujours un peu inaccessible, est caractérisé par des conditions climatiques difficiles et une certaine hostilité, mais aussi par une plus grande liberté pour celles et ceux qui y accèdent. L'idée de conquête est inhérente à l'industrie minière, qui est intrinsèquement liée à la *frontier*, mais plus particulièrement à son pendant dysphorique. Au Sud, l'industrie jouit d'une grande liberté et exploite les mineurs, car ils sont souvent aux prises avec des conditions de vie précaires; au Nord, on retrouve encore une grande liberté au niveau de l'exploitation, mais cette fois parce qu'elle est loin de tout, loin des regards. On a alors l'impression que les lois sont suspendues dans le contexte de populations périphériques fragilisées: les *frontiers* australe et nordique semblent ainsi potentiellement plus dysphoriques que celle associée à l'Ouest. Les degrés euphoriques et dysphoriques de la *frontier* varient donc selon ses déplacements. Dans la perspective de l'axe de la colonisation, qui est aussi une anti-colonisation dans le contexte minier, force est de constater que les recoupements sont nombreux entre les corpus abitibien et franco-ontarien, alors que la colonisation des territoires qui leur sont associés est similaire. L'Abitibi et le Nord de l'Ontario sont représentés comme des *no man's land*, des bouts du monde dont les villes, potentiellement vouées à disparaître, sont emblématiques d'une *frontier* nordique.

L'AXE DE L'AVENTURIER: LES PARCOURS DU PROSPECTEUR ET LA FACE CACHÉE DE LA *FRONTIER*

Dans cette section, je m'attarderai à l'axe complémentaire et opposé à celui de la colonisation, celui de l'aventurier. Je souhaite prouver que l'axe de l'aventurier se retrouve, en quelque sorte,

---

[73] Daniel Chartier, « Nordicité et mémoire », dans Pierre Dessureault (dir.), *Nordicité*, Québec, Éditions J'ai vu, coll. « L'Opposite », 2010, p. 70.

conditionné par la *frontier*, qu'il s'agisse des trajectoires empruntées par le prospecteur ou encore de la face cachée de l'aventure. La tension entre la sédentarité et l'errance, « "tension fondamentale" de l'histoire québécoise[74] », qui est au cœur du paradoxe de la colonisation d'exploration et d'exploitation, est également un enjeu des différents parcours de la prospection. Cette tension est ainsi constitutive de l'espace-temps de la *frontier* nordique. Le prospecteur est effectivement tiraillé entre la nécessité de s'établir en un lieu, puisqu'il se fait aussi colonisateur par l'ouverture du territoire qu'il pratique, et le désir de trouver des richesses dans des ailleurs toujours plus lointains, comme c'est le cas du personnage-prospecteur d'« El camino tan triste », qui s'est dit « qu'il était temps de retourner dans son pays ou de repartir vers une autre folie. Il avait mis le cap sur l'Amérique latine. Une compagnie minière l'avait engagé pour prospecter là-bas un terrain prometteur » (*OR1*, 18). Cette expérience de la *frontier* se rapproche de ce que Louise Vigneault nomme une « sédentarité dite "ouverte" constamment renouvelable, malgré l'enracinement visé[75] ». L'aventurier en quête de métaux précieux figure donc parmi les « figures et personnages qui peuplent les récits nordiques [qui] évoquent le déplacement, le parcours et la relation de l'être au territoire[76] ». Selon Morissonneau,

> [p]lusieurs Frontières s'établirent ainsi dans l'espace-temps canadien-français : celle du coureur de bois, du voyageur, du forestier et celle du défricheur. On remarque facilement une continuité dans le type d'homme façonné dans cet environnement géo-culturel[77].

J'ai préféré le terme « errance » à celui de « nomadisme »; car le premier, qui est « un parcours qui se définit avant tout par la

---

[74] Jean-Claude Dupont, « Présentation », dans Christian Morissonneau, *op. cit.*, p. 3.

[75] Louise Vigneault, « Le pionnier : acteur de la frontière », dans Bernard Andrès et Gérard Bouchard (dir.), *Mythes et sociétés des Amériques*, Montréal, Éditions Québec Amérique, coll. « Dossiers et documents », 2007, p. 278.

[76] Daniel Chartier, « Vers l'immensité du Grand Nord. Directions, parcours et déroutements dans les récits nordiques », dans Rachel Bouvet, André Carpentier et Daniel Chartier (dir.), *Nomades, voyageurs, explorateurs, déambulateurs : les modalités du parcours dans la littérature*, Paris, L'Harmattan, 2006, p. 132.

[77] Christian Morissonneau, *op. cit.*, p. 109.

rupture, avec un groupe ou un lieu, par l'absence d'itinéraire fixe, par le caractère imprévisible du trajet, fluctuant au gré des objets rencontrés en cours de route[78] », semble mieux correspondre à l'imprévisibilité de la prospection minière que le second, qui suppose « une ligne dont il faut connaître tous les points avant de la suivre, une ligne qui se répète, de génération en génération[79] ». Dans « El camino tan triste », la trajectoire empruntée par le prospecteur n'est pas apparentée à un itinéraire fixe issu d'une certaine tradition, elle est plutôt aléatoire et dépend des signes rencontrés : « Quelle est cette chose qui a agi dans mon inconscient pour que je remarque ce signe infime, cette couleur, cette tache différente au milieu de cette multitude de roches ? » (*OR1*, 63) Même si les notions de sédentarité et d'errance sont considérées comme opposées, elles sont interdépendantes dans

> l'idéologie de la colonisation [qui] a largement été formulée pour synthétiser, en une totalité signifiante, ce que plusieurs membres de l'élite québécoise considéraient comme nocif ou comme subversif : le nomadisme, l'esprit d'aventure, le départ des lieux consacrés par l'histoire[80].

Il ne saurait y avoir de colonisation sans un établissement durable en un lieu, mais aussi sans l'exploration et l'aventure que suppose la découverte de ces lieux.

La prospection minière : entre errance et sédentarité

Les exemples les plus significatifs de la tension entre sédentarité et errance se trouvent à partir des deux personnages-prospecteurs d'*Et l'or tomba dans le quartz du Nord*. Le protagoniste d'« El camino tan triste », qui n'est pas nommé dans la nouvelle, entretient un rapport à l'espace qui est problématique, comme l'illustre cet extrait :

---

[78] Rachel Bouvet, *Pages de sable. Essai sur l'imaginaire du désert*, Montréal, XYZ Éditeur, coll. « Documents », 2006, p. 90.
[79] *Ibid.*, p. 85.
[80] Jean-Charles Falardeau, *loc. cit.*, p. 17.

> Vouloir tout avoir dans la vie, quel terrible face-à-face avec l'impuissance! J'ai su très tôt que, chaque fois que je serais sur le point de saisir quelque chose, je l'abandonnerais parce que quelque chose d'autre, de plus brillant, m'attirerait ailleurs! Insatisfait, je partirais inlassablement à la recherche de l'insaisissable dans une fuite perpétuelle. Sans jamais laisser de trace nulle part (*OR1*, 20).

C'est surtout l'anti-colonisation qui ressort de ce passage, car la « fuite perpétuelle » et le fait de ne « jamais laisser de trace nulle part » rendent difficile toute colonisation, dont la logique conçoit l'espace « comme une surface à occuper, à habiter, à remplir d'une présence humaine, à aménager dans le but d'y construire des habitations, bref comme un lieu[81] ». Même si le désir du protagoniste de « [v]ouloir tout avoir dans la vie » semble également indiquer son intention de s'établir, c'est toutefois l'appel de l'or qui est le plus fort: l'exploration minière entre donc en contradiction avec l'idée de la colonisation, puisqu'elle incite à quitter les lieux dès qu'il y a découverte.

La tension entre sédentarité et errance atteint son point culminant lorsque le narrateur explique qu'

> [é]loignés du monde et de la ville, [ils n'espèrent] qu'à y retourner. Et, quand [ils se déguisent] en homme de ville, cédant aux plaisirs exubérants et éphémères, [ils tombent] en disgrâce. Après avoir bien bu et bien nocé, [... ils ne désirent] qu'une chose: fuir dans la caverne de la forêt (*OR1*, 23).

Bien que les explorateurs semblent davantage appartenir au monde de l'errance dans les bois – le personnage parle de déguisement quand ils sont en ville, sédentaires –, il demeure qu'ils souhaitent retourner à un monde sitôt l'autre retrouvé: leur mode de vie se situe dans les allers-retours entre ces deux façons d'être au territoire. Dans sa nouvelle intitulée « Les ermites de l'or », Delisle écrit que « [l]es hommes nomades racontent des histoires où ils poursuivent un rêve sédentaire et les hommes sédentaires font s'agiter et fuir constamment leur héros[82] ». Les

---

[81] Rachel Bouvet, *op. cit.*, p. 88.
[82] Jeanne-Mance Delisle, « Les ermites de l'or », *Nouvelles d'Abitibi*, *op. cit.*, p. 122.

personnages d'explorateurs sont donc « poussés à franchir une ligne de démarcation entre deux ordres de réalité (par exemple, celle qui sépare la "civilisation" de la "sauvagerie")[83] ». Ces incessants déplacements entre « civilisation » et « sauvagerie » semblent montrer que les personnages « habitent » d'une certaine façon la *frontier* et qu'ils correspondent ainsi à « l'image commune du frontalier[84] », à la frontière de l'espace civilisé, normé, et de l'espace sauvage de la liberté. L'attachement à une localité bien circonscrite est ainsi limité[85] tout à la fois que « *the frontier is productive of individualism*[86] » ; l'individualisme de la *frontier* est à l'œuvre dans la nouvelle « Les ermites de l'or » de Delisle, où « McGregor et Nic Nicolas se tiennent éloignés des autres hommes[87] » et s'apprivoisent tels des animaux lors de leur première rencontre.

La nouvelle « Le rêve d'un géant » fournit également l'exemple de la tension entre errance et sédentarité chez l'aventurier, mais elle est cette fois illustrée par le double rôle du protagoniste nommé Cham, qui est à la fois missionnaire et prospecteur :

> Cham ne douta pas un seul instant que ce messager nocturne vînt lui transmettre quelque dessein de Dieu. Mais quel était donc ce dessein ? « L'or est au septentrion » signifiait-il qu'à sa mission de chercheur d'âmes il adjoignît celle de chercheur d'or ? Qu'il fouillât de surcroît les mystères de la terre ? Le songe du chercheur d'or envahissant le pays comme une marée était-il aussi précieux que le songe du missionnaire en quête de « l'Innocent » en terres profondes (*OR2*, 76) ?

Ce passage indique qu'il existe d'emblée une concurrence, une hiérarchie entre la mission d'évangélisation qui, bien qu'elle suggère aussi de constants déplacements pour évangéliser différents groupes d'individus, se situe selon moi davantage du côté de la sédentarité, puisque son but premier est d'implanter de façon

---

[83] Jean Morency, *loc. cit.*, p. 146.
[84] Jack Warwick, *L'appel du Nord dans la littérature canadienne-française*, traduit par Jean Simard, Montréal, Éditions Hurtubise/HMH, coll. « Constantes », 1972 [1968], p. 49.
[85] Frederick Jackson Turner, *op. cit.*, p. 77-78.
[86] *Ibid.*, p. 30.
[87] Jeanne-Mance Delisle, « Les ermites de l'or », *op. cit.*, p. 116.

durable la foi catholique sur un territoire donné, et la prospection minière qui, même si elle suppose que l'on doive s'établir en un lieu pendant une certaine période, est une activité marquée d'une façon plus importante par l'errance. Le protagoniste se questionne sur l'équivalence de la valeur de ses deux missions, tandis que l'aspect aventurier de l'exploration minière lui semble suspecte: «Mais cet appel, du fond de la nuit de ses rêves, effrayait le prêtre et le chrétien. Et si c'était une tentation du Superbe pour l'éprouver et qu'il se détournât de sa vraie route?» (*OR2*, 77) L'errance et la sédentarité semblent difficilement pouvoir cohabiter, l'errance associée à l'«aventurier de l'or à l'instinct erratique», au «prédateur du minerai» (*OR2*, 77) étant considérée comme une potentielle tentation qui n'aurait rien de la noblesse de l'évangélisation. Cham représente à la fois «le fils du pays, le colonisateur» (*OR2*, 103) ainsi que le prospecteur et l'aventurier, posture proscrite par son ordre religieux, qui décrit le missionnaire comme un «transfuge» et un «rebelle» (*OR2*, 103). La vie du personnage «se déroul[e] ainsi sur la corde raide entre l'obéissance qu'il devait à ses supérieurs et son extrême désir de liberté et de conquête» (*OR2*, 95). Le protagoniste est aussi perçu par la congrégation des Oblats comme un personnage «indésirable» et «[i]ndomptable» (*OR2*, 106), alors qu'il prospecte illégalement au lieu de se concentrer sur sa mission de colonisation et d'évangélisation.

Comme nous l'avons vu plus haut, les catégories de l'errance et de la sédentarité sont interdépendantes; la mission d'évangélisation et la prospection, malgré qu'elles se rapportent plus spécifiquement à l'une ou à l'autre, sont néanmoins traversées par ces deux notions. En outre, dans «Le rêve d'un géant», la réussite de la mission religieuse de Cham dépend de celle de l'exploration, car «[l]'or était devenu l'absolu qu'il devait atteindre pour bâtir l'œuvre de Dieu et mourir dans Sa grâce. Il voulait l'or. Plus que jamais» (*OR2*, 118). L'aventure est ainsi nécessaire à la construction de la cité de Dieu, tout comme la recherche de l'or n'aurait pas de raison d'être sans la visée de l'évangélisation des Autochtones: l'errance et la sédentarité ne vont pas l'une sans l'autre.

La valeur chronotopique des ruées vers l'or de la Californie et du Klondike

L'errance et l'aventure associées à la prospection minière ont pour moteur le phénomène de la fièvre de l'or – et d'autres métaux –, qui est représenté à maintes reprises dans les œuvres de mes deux corpus. Cet appel du métal jaune frappe d'autant plus l'imaginaire des personnages qu'il est fortement rattaché à deux mythologies minières, celles de la Californie et du Klondike, que Jacques Languirand rapproche d'«événements-microcosmes de l'aventure américaine[88]»: c'est donc dire à quel point ces deux ruées sont emblématiques de l'imaginaire des Amériques. Il en va de même dans le roman *Nord-Sud*[89] de Léo-Paul Desrosiers, où l'établissement dans les Pays d'en haut est apparenté à la ruée californienne vers l'or, car «[l]es jeunes gens aventureux, dans le livre, pensent à ce voyage comme à une chose connue, et que leurs grands-pères connaissaient[90]». Bien que certains textes à l'étude évoquent la ruée vers l'or de 1849 dans l'Ouest des États-Unis, c'est plutôt celle de 1896 au Yukon qui est davantage mobilisée, certainement plus proche des imaginaires de l'Abitibi et du Nord de l'Ontario par sa nordicité. Celle-ci constitue d'ailleurs la principale distinction entre les ruées californienne et klondikienne: «[L]e climat du Yukon, en particulier, n'est pas celui de la Californie[91].» Dans son introduction à l'anthologie *Contes, légendes et récits de l'Abitibi-Témiscamingue*, Denis Cloutier qualifie l'Abitibi de «Klondike québécois[92]» en reprenant les propos de François Ruph. La ruée vers l'or du Klondike agit certainement comme l'un des mythes – et espace-temps – fondateurs de l'Abitibi, puisqu'elle en structure «le champ symbolique [...], à savoir les grandes articulations qui commandent la formation et

---

[88] Jacques Languirand, «Le Québec et l'américanité», *Klondyke*, Montréal, Cercle du livre de France, 1971, p. 227.
[89] Léo-Paul Desrosiers, *Nord-Sud*, Montréal, Fides, coll. «Bibliothèque québécoise», 1931, 229 p.
[90] Jack Warwick, *op. cit.*, p. 65.
[91] Jacques Languirand, *loc. cit.*, p 227-228.
[92] Denis Cloutier, «Présentation», *Contes, légendes et récits de l'Abitibi-Témiscamingue*, Trois-Pistoles, Éditions Trois-Pistoles, coll. «Contes, légendes et récits du Québec et d'ailleurs», 2012, p. XVIII.

les transformations de l'imaginaire[93] ». L'impact du point de vue de l'imaginaire est tel que l'Abitibi est littéralement décrite comme un nouveau Klondike : « [L]a mère Madach était une vieille immigrante hongroise venue s'établir à Sullivan avec son mari afin de fuir la montée du communisme et tenter fortune dans ce qui devait être un nouveau Klondyke[94] » (*GF*, 19). Ce passage rejoint ce que Nepveu souligne à propos de l'écriture de Jacques Ferron, dans laquelle

> l'Abitibi appartient déjà en quelque sorte au Farouest ou en tout cas pointe dans sa direction. De Val-d'Or, dont le nom recèle quelque fastueux Eldorado, ou « Klendaque », autre pays de l'or que l'on retrouvera dans *Les Grands Soleils*, la distance imaginaire n'est pas si grande[95].

Cette distance imaginaire s'amenuise chez Desjardins, qui va encore plus loin dans l'image qu'elle donne de la parenté entre les ruées abitibienne et yukonnienne :

> Par le raccourci
> De la fonderie
> Je vais au Klondike
> Chercher dans les pierres
> Les filigranes d'or
> Qui miroitent au matin
> Michael dit C'est du quartz
> Mais je rapporte les cailloux polis
> Dans un écrin de nuit
> Pour l'image du trésor
> Touchée du doigt[96].

Noranda *est* le Klondike, rendu accessible à tous, même aux enfants qui jouent aux chercheurs d'or, mais qui n'ont droit qu'à toucher l'image du trésor. Cette quête du métal, décrite dans la

---

[93] Gérard Bouchard, « Le mythe. Essai de définition », dans Bernard Andrès et Gérard Bouchard (dir.), *Mythes et sociétés des Amériques*, Montréal, Éditions Québec Amérique, coll. « Dossiers et documents », 2007, p. 416.

[94] Il semblerait que les graphies « Klondike » et « Klondyke » soient toutes les deux acceptées.

[95] Pierre Nepveu, *Lectures des lieux*, op. cit., p. 79.

[96] Louise Desjardins, *La 2ᵉ avenue*, op. cit., p. 108.

banalité du quotidien, ne diffère pas beaucoup de celle des véritables prospecteurs, qui sont aussi confrontés à la déception de découvrir des métaux sans grande valeur, comme en témoigne ce constat du personnage-narrateur d'«El camino tan triste»: «[Q]uinze jours plus tard, on m'apprenait qu'il n'y avait plus d'or dans mes échantillons» (*OR1*, 63).

Du côté nord-ontarien, dans *Le Nickel Strange* de Tremblay, l'un des personnages s'invente un passé lié au Klondike, sans doute pour s'entourer d'une aura mythique: «Il est arrivé à Sudbury après un stage d'un an au Manitoba. Certains disent que c'est là qu'il a acquis son expérience et non pas dans les mines d'or du Yukon et de l'Alaska» (*NS*, 70-71). La ruée vers l'or du Klondike semble ainsi avoir une valeur structurante dans l'imaginaire des chercheurs d'or sur les territoires qui comportent un indice de nordicité: elle permet aux mineurs de se construire un statut, une notoriété, qu'ils aient ou non œuvré dans les mines du Nord-Ouest canadien. En revanche, la nouvelle «Doris» de Delisle décrit un personnage qui a un véritable passé au Yukon: «Sur la piste des chercheurs d'or dans les rochers du Yukon, née d'une squaw et d'un grand Suédois de six pieds quatre pouces, Doris sentit l'odeur du sapinage avant le lait de sa mère[97].» Dès sa naissance, Doris est apparentée au Klondike, ce qui contribue à une certaine mythification de son personnage, avec une «taille de banquise, un air altier, une peau d'Indienne et l'endurance invincible de ses deux parents[98]». L'imaginaire du Klondike, en plus de participer à la construction d'une mythologie, sert aussi plus concrètement à la formation des apprentis-prospecteurs dans *La vengeance de l'orignal*: «Ils avaient couru les bibliothèques pour se renseigner sur l'or des ruisseaux, comment on l'extrait et avec quel matériel. Ils avaient lu et relu diverses aventures de chercheurs d'or du Klondyke dans l'espoir d'y glaner quelques renseignements utiles» (*V*, 37). Dans *La quête d'Alexandre*, le Klondike, loin d'être idéalisé ou de servir de guide, semble avoir été remplacé

---

[97] Jeanne-Mance Delisle, «Doris», *Nouvelles d'Abitibi*, op. cit., p. 43.
[98] *Ibid.*

dans l'imaginaire collectif, car l'objectif de tout chercheur d'or est de «se rendre au vrai pays de l'or, la région Kirkland Lake-Porcupine, pour y faire de la prospection et enregistrer ses propres concessions minières» (*QA*, 29). L'œuvre de Brodeur semble vouloir instituer la région de Kirkland Lake-Porcupine comme lieu légendaire de l'or, sans qu'il y ait besoin de le rattacher à une mythologie qui lui serait première, soit celle du Yukon. Outre le Klondike, certaines œuvres de mes corpus portent également les traces du pays imaginaire de l'Eldorado, dont «la mine d'or scintille dans les profondeurs du rêve américain. La ville d'or elle-même, les conquérants ne l'ont jamais trouvée[99]»; en témoigne «l'Eldorado Hotel[100]» du Val-d'Or de Delisle, aussi mentionné dans *Sept jours dans la vie de Stanley Siscoe* (*SS*, 25). L'espace-temps des différentes ruées vers l'or a un impact plus considérable sur l'écriture des œuvres abitibiennes.

Malgré l'indéniable apport de la ruée du tournant du XIXe siècle à l'imaginaire minier abitibien, l'attrait des mines de l'Abitibi représente à lui seul une ruée vers l'or autonome. L'appel de l'or ne tire pas nécessairement ses origines d'une appartenance à la mythologie du Klondike, celui-ci peut également relever du divin, comme celui du personnage de Cham dans «Le rêve d'un géant»: «Et, dans le fracas de vagues battant les rochers escarpés des côtes, la voix murmurait à son oreille, intense et cristalline: "L'or est au septentrion!"» (*OR2*, 75) Le protagoniste vivra plus tard une expérience similaire, «dans les sueurs de la roche noire, aux profondeurs souterraines, [où] l'appel sonore se fit de nouveau entendre comme une hallucination percutant les murailles» (*OR2*, 116). Bien qu'il ne s'agisse pas d'un appel de Dieu à proprement parler, les personnages des «Ermites de l'or» de Delisle sont eux aussi des appelés, car «[p]our ces deux aventuriers des contrées sauvages, l'appel des rochers gris retentissant dans les forêts d'épinettes noires est plus fort que tout[101]». Ce même ouvrage représente en

---

[99] Kjartan Fløgstad, *op. cit.*, p. 58.
[100] Jeanne-Mance Delisle, «Doris», *op. cit.*, p. 45.
[101] *Id.*, «Les ermites de l'or», *op. cit.*, p. 116.

outre une certaine autonomie du mythe minier abitibien, tandis que l'un des personnages « était venu de très loin [...] parce qu'il savait que les rochers d'Abitibi étaient traversés de veines où coulait du sang jaune[102] ».

LA DÉMOCRATISATION DE LA *FRONTIER*

Le sol abitibien dispose donc déjà d'une réputation, avec ou sans l'intervention d'une parenté imaginaire avec le Klondike. En témoigne *Sept jours dans la vie de Stanley Siscoe*, où le narrateur évoque le « pays désolé de l'or », l'Abitibi:

> [L]a vie t'a modelé à son image, à l'image même de la rudesse du pays désolé de l'or où tu étais venu en rêveur, rempli du fol espoir de faire fortune grâce au métal jaune. Tu avais, avec tes frères, travaillé pour les autres dans les mines des autres. Puis, tu t'étais dit: « [...] Pourquoi pas devenir mon propre *boss*? » (*SS*, 26)

La fièvre de l'or est ici d'abord expérimentée du point de vue du mineur, de l'ouvrier, mais le personnage réalise que ses vœux de richesse risquent d'être exaucés plus rapidement s'il travaille à son propre compte, donc s'il devient un prospecteur, un aventurier, ce qui rejoint l'idée de *self-made man* véhiculée par la *frontier*. Les mineurs développent des stratégies pour voler de l'or et se « m[ettre] rich[e] dans le temps de le dire » (*GF*, 94): il s'agit des *highgraders*, des voleurs de minerai. La fièvre de l'or n'est donc pas seulement apparentée à l'axe nordique de l'aventurier et à la prospection, mais également au mineur et à la mine industrielle, ce qui dénote une certaine démocratisation de la *frontier*. Selon Michel Nareau, « les citoyens vivant sur la frontière seraient pragmatiques, entreprenants, libres, concrets, prôneraient l'égalité des chances et la démocratie[103] », autant d'éléments qui se rattachent au pendant euphorique de la *frontier*. Cependant, les *highgraders* sont représentés de façon péjorative dans *Sept jours dans la vie de Stanley Siscoe*: « [À] cette époque de frénésie

---

[102] *Ibid.*, p. 121.
[103] Michel Nareau, « Le mythe étatsunien du baseball et ses contradictions dans les Amériques », dans Bernard Andrès et Gérard Bouchard (dir.), *Mythes et sociétés des Amériques*, Montréal, Éditions Québec Amérique, coll. « Dossiers et documents », 2007, p. 181.

de l'or, nombreux étaient les mineurs pris de fièvre qui n'avaient aucun scrupule à voler leur employeur, à subtiliser de précieuses pépites, qu'ils passaient en contrebande à la barrière si peu surveillée et si mal contrôlée» (*SS*, 30-31). Ce n'est pas l'astuce ou l'agentivité des personnages qui est mise de l'avant dans ce passage, mais bien leur absence de scrupule à voler l'industrie, chose répréhensible selon le narrateur. Il me semble que malgré le fait que le vol de l'or soit illégal, il demeure que cette action permet aux mineurs d'avoir directement accès au fruit de leur travail, ce qui leur est habituellement refusé. Les *highgraders* sont décrits comme « sans avenir mais avides de fortune » (*SS*, 88), ce qui semble rallier le mineur à l'imaginaire de la *frontier* en liant l'absence de perspectives d'avenir des ouvriers à la fièvre de l'or. La clandestinité paraît donc être la seule façon pour les mineurs de se rapprocher du mythe du chercheur d'or. Dans la nouvelle « Le barbier » de Delisle, les *highgraders* sont perçus comme « plus dangereux que les voleurs de boisson[104] ». Brodeur les représente de façon similaire dans *La quête d'Alexandre*, ils forment une « bande de malfaiteurs qui volent du *high-grade* dans les mines et "salent des claims" qu'ils revendent à gros prix à des prospecteurs sans expérience » (*QA*, 249). Cet extrait souligne surtout la criminalité des personnages et la malhonnêteté de leurs astuces; ces mineurs ne se contentent pas de voler la compagnie minière, ils tendent aussi des pièges aux jeunes prospecteurs en leur faisant miroiter des richesses inexistantes. Il est significatif que les rares manifestations plus subversives du mineur soient accompagnées d'un discours dépréciatif; il ne va pas de soi d'imaginer l'ouvrier en dehors de la dysphorie de la mine industrielle, en dépit de la démocratisation rendue possible par le chronotope de la *frontier*.

On trouve une autre forme de cette démocratie dans *La quête d'Alexandre* de Brodeur:

Bennie Hollinger et Alec Gillies avaient découvert la grosse mine d'or seulement deux ans auparavant. Même si on est loin, la nouvelle s'était

---

[104] Jeanne-Mance Delisle, « Le barbier », *Nouvelles d'Abitibi, op. cit.*, p. 149.

répandue, et ça arrivait à pleins trains. On voyait même des petits messieurs de la ville qui partaient dans le bois en bottines vernies (*QA*, 55)...

Ce ne sont pas seulement les prospecteurs expérimentés qui reçoivent l'appel de l'or, il y a aussi les néophytes que rien ne prédestinait à la recherche du métal. L'extrait témoigne également de l'aspect pandémique de la ruée vers l'or, tandis que la rumeur d'un sous-sol riche dans la zone faillée de Porcupine-Destor se répand à une très grande vitesse et attire un nombre impressionnant d'apprentis aventuriers. Des gens de tous les horizons abandonnent tout pour se lancer à la recherche du métal jaune dans la pièce *Klondyke* de Jacques Languirand, tandis que « [p]armi les gens de la ruée vers l'or, on trouvait de tout: Irlandais, Italiens, Anglais, Canadiens français, etc... Et des professions les plus diverses: ancien chanteur d'opéra, ancien lutteur, ancien bagnard[105]... » Dans son roman *Les géants familiers*, Saint-Germain décrit aussi l'apparente démocratie de la fièvre de l'or quand il mentionne le « vieux prospecteur ayant autrefois arpenté le Klondyke, jusqu'au jeune mineur nouvellement arrivé en Abitibi avec l'espoir d'y faire fortune, en passant par le cultivateur qui conciliait son métier avec celui plus lucratif d'extracteur d'or » (*GF*, 40). Il semble ainsi que la prospection et l'extraction minières, avant d'être des métiers, soient plutôt des pratiques qui mènent à des apprentissages, ce qui nous ramène encore une fois à l'idée de la *frontier*, selon laquelle l'individu est formé à partir de son adaptation à son environnement et à ses conditions d'existence, et non pas d'une quelconque tradition ouvrière.

Même si la ruée vers l'or apparaît comme à portée de main de tous, la réussite de la quête de richesse de ceux qui s'y risquent n'est en rien assurée. Germain, dans son œuvre *La vengeance de l'original*, représente des chasseurs qui s'improvisent prospecteurs et dont le parcours sera parsemé d'embûches. Les personnages de James Collins, de Philip Daggett et de Roger Lavoie attrapent la fièvre de l'or lorsqu'ils découvrent le métal jaune dans une cabane dans le secteur du lac Pitukupi, près de Hearst dans le Nord de

---

[105] Jacques Languirand, *op. cit.*, p. 11.

l'Ontario: «La cabane tout entière sembla vibrer pendant un instant du battement des cœurs et de l'afflux de sang qui montait à la tête des hommes en délire. Tous trois venaient d'être atteints de ce mal incurable que l'on a appelé la "fièvre de l'or".» (*V*, 29) Lavoie, pilote d'hélicoptère, ainsi que Collins et Daggett, des touristes des États-Unis, découvrent quelques boules d'or, qui semblent prometteuses d'un butin plus important à découvrir dans le secteur, à la suite de l'écrasement de l'hélicoptère qui leur a servi à chasser un orignal illégalement. Le titre de l'ouvrage annonce bien la suite des choses; il s'agira d'une vengeance de l'orignal, de la nature, alors que les personnages sont mal outillés pour affronter les éléments naturels, qu'il s'agisse de la neige ou de la puissance des cours d'eau: ils mourront avant de pouvoir profiter de leur découverte. Il s'agit d'un exemple d'échec de «l'expérience de la frontière», qui implique «un abandon des anciens repères et une absorption de nouvelles données[106]».

La folie de la ruée vers l'or

La fièvre de l'or, comme son nom l'indique, est également étroitement associée à la folie, comme c'est le cas du personnage qui occupait la cabane où les chasseurs de *La vengeance de l'orignal* ont trouvé l'or: «C'était un vieux cinglé[.] Le reste du temps, il le passait à explorer les alentours. Il m'a même déjà dit qu'il allait faire fortune à Pitukupi. C'est pas drôle ça?» (*V*, 45). Ce passage, sorte de prolepse, semble annoncer la folie qui gagnera progressivement les trois protagonistes, qui croiront également être les propriétaires d'une richesse sans nom. L'obsession de l'or évolue jusqu'à en devenir une menace à la vie, car «[l]a fièvre de l'or était telle qu'on ne pensait même plus à manger» (*V*, 66). Il en va de même dans «Le rêve d'un géant» de Delisle, où Cham est gagné par la folie jusqu'à en «chercher l'or comme on se cherche des puces: frénétiquement, avec rage et ténacité» (*OR2*, 117). Il est également décrit comme «un fou, un imaginaire, une tête brûlée, un écervelé» (*OR2*, 105). Au même titre que le personnage de McGregor dans «Les ermites de l'or», qui

---

[106] Louise Vigneault, *loc. cit.*, p. 277.

est comparé à « un possédé, un *solo fever*[107] », Stanislaw Szyszko est « le seul à croire en [s]a vision et on [l]'avait traité d'illuminé » (*SS*, 87). La fièvre de l'or est aussi contagieuse, la folie s'empare des autres, de ceux qui sont témoins de la découverte de l'or dans *La vengeance de l'orignal*; « [p]uisque le secret de l'or avait été dévoilé, le mieux maintenant, c'était de déguerpir et en vitesse » (*V*, 84), car « [a]près les histoires qui ont circulé sur [leur] compte, ils pourraient [les] mettre en pièces rien que pour voir ce qu['ils ont] dans [leur] sac » (*V*, 78). Le personnage de Tom Clegson, dans *La quête d'Alexandre*, n'est cependant pas affecté par la ruée vers l'or, « il est un homme qui aime ses aises. Il voyage plus par plaisir de se promener dans les bois que par fièvre de trouver de l'or » (*QA*, 58). Mais rares sont les prospecteurs qui échappent à cette fièvre, souvent dévastatrice.

LES LIEUX DE LA *FRONTIER*

La folie occasionnée par la fièvre de l'or relève certainement de l'envers de l'aventure de la *frontier*, qui est aussi souvent représenté par des scènes de la vie nocturne et de la clandestinité. Les bars et les tavernes apparaissent comme des lieux où se concentrent ceux et celles qui ont été déçus par la *frontier*, comme l'indique le narrateur de *Sept jours dans la vie de Stanley Siscoe*:

> [J]'ai souvent vu et entendu à l'hôtel Val-d'Or, au Windsor Hôtel-Café et à l'Eldorado, construit après ton départ, de ces vieux chercheurs d'or quelque peu désabusés qui engloutissent un nombre incalculable de grosses bouteilles de bière Black Horse ou de verres de vin St-Georges en racontant tranquillement leur vie difficile dans les bois, leur silencieuse et inéluctable soif de liberté et leur rêve du filon fabuleux (*SS*, 25).

Nombreux sont ceux qui n'ont eu droit qu'au rêve de la *frontier*, qu'à son mirage. Les lieux nocturnes ainsi que l'alcool leur servent de refuge où ils peuvent ressasser à leur guise leur expérience de la recherche de l'or, bien qu'ils espèrent encore découvrir le filon qui les rendra riches: la *frontier* garde donc son emprise sur les vieux prospecteurs, malgré leur expérience et leur

---

[107] Jeanne-Mance Delisle, « Les ermites de l'or », *op. cit.*, p. 121.

désillusion. On retrouve une image similaire dans *Les géants familiers*, où

> [d]eux ou trois vieux bonshommes silencieux, prostrés sur leur chaise, semblaient confondus avec le décor, offrant l'image de la déchéance la plus complète. On aurait dit qu'ils avaient pris racine à cet endroit, immobiles, la barbe longue, l'œil injecté, la lippe pendante, vieux prospecteurs perdus dans la grande ville ou « robineux » désœuvrés (*GF*, 168).

L'endroit choisi par le protagoniste de la nouvelle « El camino tan triste » pour raconter les revers de sa vie de chercheur d'or est également un bar: « Il ouvrit la porte au-dessus de laquelle les lettres décolorées *Maison du Tennessee* invitaient les passants à s'arrêter. Tout d'abord, il ne distingua rien de la grande salle basse au plafond et aux murs de plâtre noirci » (*OR1*, 13). Le lieu est d'autant plus lié à l'univers des mines que la pénombre de la salle au plafond et aux murs sombres se rapproche physiquement de la mine elle-même, ce qui évoque le chronotope minier, qui tend à reproduire son espace. Desbiens apparente aussi directement le monde de la vie nocturne à celui des mines:

> Sudbury samedi soir.
> Ici
> où la parole danse avec le silence, la parole au
> fond d'une bière au fond des mines au fond des
> bouches[108].

Le bar est marqué de la même dysphorie que l'espace minier, parce que la parole reste prise « au fond d'une bière » et « au fond des mines ». Ces vers semblent faire écho à ceux de Dalpé:

> [C]'est vrai
> que le rêve se cache sous la chaise du vieux
> au fond d'une grosse bière (*GI*, 13)

Le roman *La quête d'Alexandre* représente d'ailleurs le bar comme refuge logique du chercheur d'or: « Tous les prospecteurs et les

---

[108] Patrice Desbiens, *Sudbury, op. cit.*, p. 112.

voyageurs vont être là. Si jamais on est pour trouver du monde qui ont connu François-Xavier ou son associé, t'as plus de chance au Matabanick qu'à la sacristie » (*QA*, 44): la comparaison entre la fréquentation de la taverne et celle de l'église indique en outre que les aventuriers à la recherche du métal jaune ne sont pas des enfants de chœur.

De façon plus générale, Desbiens décrit la taverne de l'hôtel Royal comme un endroit où « on se perd et on se/retrouve et on se/perd comme des/clefs de char[109] »; les lieux nocturnes sont non seulement propices à la perdition et à la désillusion, mais ils offrent aussi la possibilité de se retrouver. Dans la poésie de Desbiens, l'alcool est représenté comme ultime recours:

> Qu'est-ce que tu vas faire?
> La compagnie a tué ton père.
> Qu'est-ce que tu vas faire?
> La compagnie couche avec ta mère.
> Qu'est-ce que tu vas faire?
> Y t'reste plus d'bière.
> Tu n'as pas une prière[110].

La bière apparaît comme la seule chose – avec la prière – qui puisse consoler de l'injustice du monde minier et tout espoir semble s'évanouir lorsqu'elle est manquante alors qu'

> un hongrois
> se voit refuser une autre
> bière.
> des révolutions sont avortées
> dans son verre vide[111].

Chez Desbiens, le bar ou la taverne apparaissent néanmoins comme des lieux de la dernière chance pour tous, car « [p]eu importent l'origine ethnique ou même le sexe des membres

---

[109] *Id.*, *Dans l'après-midi cardiaque*, Sudbury, Éditions Prise de parole, coll. « Bibliothèque canadienne-française », 2013, p. 193.

[110] *Id.*, *Sudbury, op. cit.*, p. 117.

[111] *Id.*, *L'espace qui reste*, Sudbury, Éditions Prise de parole, coll. « Bibliothèque canadienne-française », 2013, p. 22.

puisque les immigrés, les "indiens" et les *waitress*, comme les "pure laine", ont droit de cité à la Coulson[112] ». Il semble s'agir là de la véritable démocratie de la *frontier*: l'égalité dans la dysphorie. Il en va de même dans Le Nickel Strange, qui suggère une certaine solidarité de beuverie, car

> après plusieurs tournées, les trois jeunes [mineurs] oublient leurs origines, leurs différends, et leurs craintes s'évaporent. Ils boivent à la santé de l'un, ils rient de la capillarité de l'autre, ils partagent leurs ambitions, leurs inquiétudes, et ils décident de se rendre ensemble, dès le lendemain, aux portes de l'INCO (*NS*, 75).

Ces représentations de la taverne divergent sensiblement de celle donnée dans le roman de Zola, où les lieux nocturnes servent de plaque tournante de la révolution, car on y parle d'une caisse de prévoyance en cas de grève[113] et que c'est dans un débit, « à *L'Avantage*, [que] la grève fut décidée[114] ».

Le bar est le refuge de tous les acteurs et de toutes les actrices de la *frontier*, y compris les mineurs; une taverne leur est d'ailleurs spécialement réservée dans *Le Nickel Strange*, où l'hôtel Nickel Range comporte un corridor qui « mène premièrement à droite au *Men's Entrance*, l'entrée de la taverne des travailleurs » (*NS*, 57). Le rendez-vous quotidien que ceux-ci se donnent dans les lieux de divertissements nocturnes est implicite dans ce roman, parce que « [l]es mineurs remontaient à la surface par groupes de quarante à compter de vingt-deux heures, ce qui créait en fin de soirée un point de convergence pour les célibataires qui débarquaient au centre-ville pour prendre un *dernier* verre » (*NS*, 124-125). Le bar est aussi le lieu où circulent toutes les rumeurs du monde minier, comme dans *Les héritiers de la mine*; « la Northern Consolidated avait repris ses droits sur la mine. Elle s'appelait maintenant la New Northern Consolidated [...]. Tout cela, il l'avait appris à Val-d'Or, à Amos, au Bureau des mines, dans les bars qu'il s'était mis à fréquenter » (*H*, 142-143). Néanmoins,

---

[112] Richard Léger, *loc. cit.*, p. 23.
[113] Émile Zola, *op. cit.*, p. 242.
[114] *Ibid.*, p. 282. Bien qu'il ne soit pas confirmé que l'endroit ait été nommé d'après cette taverne zolienne, il existe un bar-restaurant à Val-d'Or qui porte le même nom.

plus souvent qu'autrement, la fréquentation des tavernes et la consommation de boissons alcoolisées ne font qu'attester l'alcoolisme des personnages-mineurs: «Il y avait le vieux Bouchard, ivrogne invétéré mais travailleur infatigable qui ne dégrisait que le temps d'entreprendre son quart de travail» (*GF*, 41). Ce n'est pas l'alcoolisme du personnage qui ressort de ce passage, mais bien ses qualités de mineur vaillant; selon la logique du récit de Saint-Germain, c'est bien le travail minier qui constitue l'essentiel – voire le but – de l'existence des personnages-ouvriers. Les ouvrières et les ouvriers sont également décrits comme des sortes d'automates dans *Germinal*; ils se rendent à la taverne où, «un à un, [ils] entraient toujours se décrasser la gorge, puis se remettaient en marche du même pas déhanché. C'était un simple lavage, sans joie ni passion, le muet contentement d'un besoin[115].» La consommation de bière est rapprochée d'un simple réflexe, nécessaire à l'entretien de la machine qu'est le corps qui travaille dans les profondeurs de la fosse. Le métier de mineur s'accompagne d'un fort penchant pour l'alcool, et ce, de génération en génération, dans *Temps pascal*, puisqu'«[o]n est aussi mineur d'une génération à l'autre chez les Vahanna. [... S]'il aime prendre un petit coup comme tous les Vahanna, on lui pardonne un peu parce qu'il est si gentil» (*TP*, 46). Cet extrait semble lui aussi banaliser l'importante consommation d'alcool des personnages.

L'écriture de Ouellette présente plutôt le personnage d'Auguste comme quelqu'un qui boit par dépit, constamment déçu de la vie, comme l'indiquent ses paroles: «Faute de grives, on mange des merles. Je rentrais à la maison, soûl comme une grive. Je chantais en hurlant. Je marchais en titubant. Je heurtais les murs.» (*MC*, 8) L'alcoolisme du protagoniste est directement relié à son travail dans les mines:

> Dans la fosse, souvent, j'ai rêvé à la vie que j'aurais pu avoir si j'étais allé travailler à la chaussure au lieu de m'enfoncer dans un puits. [...] Je n'aurais pas dépensé tout mon argent à boire pour noyer mon mal de vivre. Je n'aurais pas fait ça. J'aurais été plus humain, plus aimant (*MC*, 26).

---

[115] *Ibid.*, p. 136.

Auguste boit pour oublier la difficulté d'une vie presque entièrement consacrée à la mine, l'alcool n'a donc pas une valeur festive ou encore sociale dans *La maison Cage*, mais traduit plutôt l'importante désillusion vécue par le personnage, qui regrette le choix de carrière qu'il n'a pas su faire et qui ne semble jamais cesser de boire : « La bière m'accompagnait dans mes journées comme dans mes nuits. J'étais un homme seul brisé par trente ans de travail, brisé par une vie de misère » (*MC*, 39). Cette dysphorie s'étend même à la petite ville minière désaffectée dans son ensemble : « Extérieur nuit. Des étoiles brillent dans la nuit noire. Des autos vrombissent sur des autoroutes lointaines. La petite ville minière ne veut pas dormir. Dans ses rues, déambulent des rêves brisés, des espoirs noyés dans l'alcool. La violence éclate » (*MC*, 31). Ce passage partage une parenté avec celui-ci, tiré de *Poussière sur la ville* :

> Macklin prend la nuit une autre figure. [...] Tout cela donne un peu l'impression d'une ville-frontière née d'un boom, où toutes les bonnes fortunes seraient encore possibles. On ne serait pas trop étonné d'entendre une fusillade derrière une butte de sable ou de voir tourner la roulette dans les hôtels. Las, en réalité, Macklin n'offre aucune de ces surprises[116].

Il s'agit d'un lien chronotopique entre les œuvres de Ouellette et de Langevin ; les deux extraits sont démonstratifs du chronotope de la *frontier*, qui génère la dysphorie des espoirs déçus de la ville-frontière, représentée dans le monde de la nuit, aussi le monde de l'alcool. Macklin apparaît donc comme une sorte de calque d'une ville minière issue d'un boom, mais qui ne serait qu'une bien pâle imitation de l'originale, que l'on pourrait situer au Klondike, sans toute l'effervescence et la part d'imprévisibilité instaurées par la *frontier*.

La face cachée de l'aventure reliée à l'univers de la *frontier*, ce n'est pas seulement la dysphorie de l'alcool et du monde des bars, c'est aussi l'euphorie de la vie nocturne, comme c'est le cas du mythique Nickel Range,

---

[116] André Langevin, *op. cit.*, p. 36.

un palace du *rock and roll* où tous les plaisirs se côtoyaient, s'entremêlaient, se frôlaient et se coudoyaient intensément avant le lever de chaque soleil. Rod senior y fit des rencontres palpitantes, y découvrit tous les plaisirs honnis par l'Église: il y rencontra Satan, ses pompes et sa suite d'archanges, avec ou sans sexe (*NS*, 50).

Il en va de même dans la nouvelle « Le barbier » de Delisle, avec « un village de tentes appelé Paris-Vallée, Paris-la-nuit, ou tout autre nom qui peut signifier: ripaille, noce, gambling à gogo et plaisirs brutaux[117] ».

UN MONDE SOUTERRAIN ASSOCIÉ À LA CRIMINALITÉ

Dans plusieurs œuvres à l'étude, les petites villes minières sont représentées comme un monde souterrain, non pas uniquement dans le sens de l'univers qui se déploie sous terre, dans le travail à la fosse, mais aussi dans celui de monde clandestin, « peuplé de criminels[118] ». Ces derniers figurent parmi les premiers arrivés lors de la ruée vers le cuivre de Noranda, qu'il s'agisse des « hors-la-loi, des *bootleggers*, des *pimps* [ou] des prostituées[119] ». En outre, l'Abitibi des débuts de la colonie est propice à recueillir en son sein toutes sortes d'inadaptés de la société, comme en témoigne le prospecteur d'« El camino tan triste »: « Il y a deux sortes d'hommes des bois. Ceux qui sont là par tradition familiale, comme souvent les marins, et ceux qui sont fêlés. Je suis marin. Et fêlé. [...] Inadaptable à la vie dite normale de cette société » (*OR1*, 23). Cette inadaptation à la vie en société est tout à la fois emblématique du Nord et de la *frontier*, tous deux le refuge de marginaux assoiffés de liberté. « Le rêve d'un géant » donne aussi à lire une telle image du Nord, « considéré dans les corridors de la congrégation des Oblats comme le refuge des pécheurs et des inadaptés » (*OR2*, 112). Les mésadaptés qui habitent l'espace nordique se manifestent également par la violence; dans *La quête d'Alexandre*, un homme dans les bois, visiblement fou, menace d'une carabine Alexandre et le prospecteur qui

---

[117] Jeanne-Mance Delisle, « Le barbier », *op. cit.*, p. 142.
[118] Kjartan Fløgstad, *op. cit.*, p. 66.
[119] Jeanne-Mance Delisle, « Les ermites de l'or », *op. cit.*, p. 113.

l'a embauché (*QA*, 72). L'inadaptation à la société dans le Nord se traduit d'une façon similaire dans la nouvelle « Le braconnier » de Delisle, où le protagoniste « reçut une première balle au ventre. Incrédule, il chercha de son œil valide, et vit [sa maîtresse] à la lisière de sa propriété, la carabine pointée sur lui[120]. » Ces exemples montrent bien en quoi le monde nordique « rejet[te] les formes contraignantes de la civilisation[121] »; mais ce rejet témoigne autant d'une grande liberté que d'un danger mortel.

L'euphorie associée au monde souterrain de la clandestinité est donc toute relative; cette ambiguïté opère également dans l'omniprésence des représentations de la prostitution dans les œuvres à l'étude. D'emblée, la prostitution s'inscrit dans le monde clandestin associé au boom minier, comme l'indique le narrateur du récit « Le barbier » de Delisle : « Je suis parti à Malartic[.] J'entrais dans le monde des hygradeurs, des putains et des batailles[122]. » En fait, dans quelques extraits des œuvres du corpus, il semble y avoir une véritable corrélation entre l'implantation de l'industrie minière et la création d'un besoin en termes de prostitution; dans l'hôtel *Nickel Strange*, « rien n'a changé, si ce n'est la clientèle : les hommes d'affaires et les mineurs en mal d'amour ont remplacé les bourgeois de l'époque, et les femmes de chambre n'exercent plus le même métier » (*NS*, 63). Ce passage indique que l'arrivée massive de mineurs à Sudbury correspond effectivement à un changement de vocation chez les femmes. Le récit autobiographique « Les jumelles » de Jacques Michaud fait un rapprochement entre les filles de joie et la rêverie sur l'or :

> Aux abords du lac Osisko, il y a un commencement de rue que les plus effrontés appellent « la rue des plaisirs » [...]. Chaque soir, des filles, les lèvres en rouge et le cœur en soie, ouvrent grands leurs bras à tous ceux qui rêvent encore de beauté, d'or et de cuivre[123].

La prostitution fait donc partie intégrante du rêve de richesse de la ruée vers l'or et en constitue l'un des pendants. Mais le bref

---

[120] *Id.*, « Le braconnier », *Nouvelles d'Abitibi*, *op. cit.*, p. 41.
[121] Christian Morissonneau, *op. cit.*, p. 106-107.
[122] Jeanne-Mance Delisle, « Le barbier », *op. cit.*, p. 147.
[123] Jacques Michaud, « Les jumelles », *op. cit.*, p. 167.

récit « Doris » de Delisle soulève la perdition reliée au désir de l'or et de la prostituée, dans « un hôtel où l'on trafiquait son avoir et son âme pour une nuit d'amour ou une pincée d'or[124] ». En outre, le personnage d'Émilien dans *Les héritiers de la mine* n'a pas recours aux services sexuels des femmes pour être accompagné dans son rêve de l'or, mais plutôt pour contribuer à l'anéantir: « À Kalgoorlie, je me suis installé au Nullabor Guest House, en espérant que les filles et l'alcool finissent par avoir raison de moi » (*H*, 116).

Certains personnages d'« El camino tan triste » semblent prendre goût aux prostituées, tandis que le personnage-prospecteur est sceptique: « Tous les hommes allaient au bordel. Je ne comprenais pas pourquoi Edwin se délectait de ces petits bars tout sombres où il y avait des putes. » (*OR1*, 46) La fréquentation des bordels par les hommes semble aller de soi dans le contexte d'une petite ville minière, équatoriale dans ce cas-ci. Mais le prospecteur, qui représente pourtant l'une des variantes du conquérant, ne correspond pas à l'image du chercheur d'or qui multiplie les conquêtes en payant des femmes pour leurs services. En revanche, l'un des protagonistes de la nouvelle « Les ermites de l'or » correspond davantage à cette image de l'aventurier et fait une habitude de fréquenter les prostituées: « Mac adore les belles putes, une fois par mois[125] ». L'univers de la prostitution dénote tout à la fois un monde de plaisirs lubriques et un autre de déchéance.

À la suite de mon analyse de l'axe nordique de l'aventurier, il ressort que les œuvres abitibiennes et nord-ontariennes ne présentent pas toujours les mêmes trajectoires de l'explorateur. La tension entre la sédentarité et l'errance[126] n'est représentée que

---

[124] Jeanne-Mance Delisle, « Doris », *op. cit.*, p. 44.
[125] *Id.*, « Les ermites de l'or », *op. cit.*, p. 114.
[126] Il est plutôt exceptionnel que la tension entre la sédentarité et l'errance ne soit pas prégnante dans les représentations de l'espace minier nord-ontarien, puisque cette tension est omniprésente dans les œuvres de Daniel Poliquin où il n'est pas question de la mine. Voir Lucie Hotte, « Errance et enracinement dans *Visions de Jude* de Daniel Poliquin », *Voix et Images*, vol. XXVII, n° 3, 2002, p. 435-447; et Isabelle Tremblay, « *La Côte-de-sable* de Daniel Poliquin ou L'espace comme matériau de la quête identitaire », *Revue du Nouvel-Ontario*, n° 31, 2006, p. 33-54.

dans le corpus de l'Abitibi, ce qui donne l'impression d'une aventure « originelle », qui date des débuts de la colonie, et même d'avant cette période. La colonisation d'exploration et d'exploitation qui est dépeinte dans les textes d'Abitibi est caractérisée par l'apparence infinie du Nord, dont les limites sont constamment repoussées afin de coloniser les territoires dits inhabités pour l'exploitation de leurs ressources naturelles: « [L]e Nord fait inexorablement figure de *last frontier* de par son éloignement, l'immensité impossible à totaliser des espaces qu'il déploie et leur étrangeté radicale[127] ». C'est également le corpus abitibien qui donne à lire des personnages de chercheurs d'or comme frontaliers qui habitent d'une certaine manière la *frontier* et qui offre des exemples d'appels de l'or, presque de l'ordre du merveilleux: ces œuvres présentent ainsi des modèles de ce que je nomme la grande aventure de l'or. En revanche, les textes de la production nord-ontarienne convoquent davantage ce que j'appellerai une petite aventure, celle des chercheurs d'or de tout acabit, qui ne sont pas auréolés de la gloire des aventuriers des bois et qui sont la plupart du temps de simples mineurs improvisés; ce corpus témoigne moins de l'aventure de la *frontier* en tant que telle que de sa démocratisation, ce qui rejoint encore l'idée de la mine industrielle, prégnante dans ces œuvres. Le chronotope de la mine industrielle y a donc une force structurante plus grande que celui de la *frontier*. *La vengeance de l'orignal* présente néanmoins la grande aventure d'apprentis chercheurs d'or, mais il s'agit en fait d'une parodie. Les représentations de l'axe de l'aventurier diffèrent aussi en ce qui a trait aux mythologies du Klondike et de l'Eldorado, mobilisées avec plus d'insistance dans les textes de l'Abitibi, ce qui confirme aussi leur parenté avec la mine mythique. La ruée vers l'or du Klondike, qui fait office de chronotope fondamental de la *frontier* nordique, a une grande force structurante au sein de l'imaginaire des mines abitibiennes; son utilisation, tout comme celle du mythique Eldorado, semble

---

[127] Élise Lepage, « Géographie des confins: espace et littérature chez trois écrivains québécois: Pierre Morency, Pierre Nepveu et Louis Hamelin », thèse de doctorat, Vancouver, Université de la Colombie-Britannique, 2010, p. 218.

indiquer le besoin de légitimation par un mythe qui serait premier afin de construire le récit des origines de la région. Comme le propose François Paré, « [l]'Abitibi et le Témiscamingue n'ont pas eu leurs théoriciens de l'histoire et, en ce sens, ces régions québécoises ne s'apparentent pas dans leur histoire récente à la nordicité tout à fait constitutive de la culture franco-ontarienne des vingt-cinq dernières années[128] ». Il y aurait donc encore un espace mythique à construire à partir de la littérature abitibienne, contrairement au Nord de l'Ontario, qui dispose déjà de son territoire imaginaire nordique, ce qui explique, du moins en partie, que sa production littéraire s'appuie moins sur la mythologie klondikienne.

L'AXE DE L'HIVERNITÉ : ESPACE DE L'ÉPREUVE ET DE LA MULTIPLICATION DE LA *FRONTIER*

Cette section sera consacrée à un autre axe nordique qui s'apparente au chronotope de la *frontier* : celui de l'hivernité. Dans cette analyse, je m'efforcerai de montrer que l'axe de l'hivernité est certainement celui où la *frontier* se fait la plus envahissante, car elle est à l'origine et conditionne l'épreuve nordique, à la fois physique et spirituelle, que vivent les protagonistes, mais aussi parce qu'elle se décline sous plusieurs formes. L'axe de l'hivernité

> renvoie à ce que Louis-Edmond Hamelin appelle « la nordicité saisonnière » [...]. Variable selon les contextes, le temps et les perspectives, ce concept ramène dans les territoires plus au sud les problématiques vécues de manière permanente dans le Grand Nord. Ici, les épreuves du temps et du climat finissent par déranger la trame narrative à la faveur d'une épreuve tant physique qu'intérieure. Ainsi, l'hiver ouvre sur des territoires humains la possibilité du sacré et de l'initiatique : l'homme croit affronter la nature, mais il se rend vite compte que le seul véritable affrontement est intérieur[129].

---

[128] François Paré, « Nouvel-Ontario/Abitibi : représentations sexuelles et espaces du Nord », dans Jaap Lintvelt et Janet M. Paterson (dir.), *Sexuation, espace, écriture : la littérature québécoise en transformation*, Québec, Éditions Nota bene, 2002, p. 259.
[129] Daniel Chartier, « Au Nord et au large. Représentation du Nord et formes narratives », *op. cit.*, p. 18.

Cet axe nordique est d'emblée apparenté au concept de la *frontier*, notamment dans le contexte du Nouveau Monde, «intimement li[é] à l'expérience décisive d'une nouvelle frontière (à la fois physique et spirituelle)[130]». Comme nous le verrons, l'expérience de la *frontier*, fortement marquée par l'épreuve, est également connotée d'une tension constante entre «les excès d'euphorie et, à l'inverse, [la catastrophe][131]». L'axe de l'hivernité se rapproche aussi de la *frontier* par l'expérimentation de plusieurs limites, puisque «[t]oujours, le Nord donne prise au fatal, au destin et à la mort. C'est pourquoi il se prête si bien aux expériences limites, celles à travers lesquelles on se perd[132]». L'espace minier abitibien et nord-ontarien, que j'ai précédemment décrit comme un désert nordique, apparaît donc «comme le lieu de l'épreuve, comme un endroit difficile à supporter, un espace élu pour la méditation, l'ascèse, la retraite[133]». En outre, le désert est un «mythe-prémices», de par sa couleur originelle et principielle, mais aussi un «mythe décevant[134]», son espace étant en adéquation avec les trajectoires imposées par la *frontier*, où l'on se balance entre euphorie et dysphorie.

L'EXPÉRIENCE D'UN CLIMAT EXTRÊME

Dans la nouvelle «El camino tan triste», le désert fait partie intégrante de l'épreuve traversée par le protagoniste: «Il y avait des milliards d'individus sur cette planète et, entre eux et moi, un abîme! Et je ne savais pas si j'allais où non traverser cet abîme» (*OR1*, 26). L'espace nordique pratiquement vierge qu'occupe le prospecteur, bien qu'il suscite le doute quant à un éventuel retour à la civilisation, est néanmoins un lieu recherché pour la régénération qu'il rend possible, car «la Providence a assigné aux Canadiens français la mission de conquérir le Nord

---

[130] Jean Morency, *loc. cit.*, p. 145.
[131] Pierre Nepveu, *Intérieurs du Nouveau Monde*, *op. cit.*, p. 165.
[132] Gérard Fabre, «Maurice Constantin-Weyer et Bernard Clavel. Une image rémanente du Grand Nord canadien dans la littérature française», dans Daniel Chartier (dir.), *Le(s) Nord(s) imaginaire(s)*, Montréal, Imaginaire/Nord, Laboratoire international d'étude multidisciplinaire comparée des représentations du Nord, coll. «Droit au pôle», 2008, p. 52.
[133] Rachel Bouvet, *op. cit.*, p. 37.
[134] Christian Morissonneau, *op. cit.*, p. 30.

qu'elle leur a réservé pour qu'ils y survivent et s'y renforcent[135] ». Pour Fernand Dorais, « le Nord incarnera [une] enfance: force sauvage, énergie cosmique suprême [...]. [Il] rédimera l'Homme, grâce au froid qui abolit tout, au roc préhistorique sans présomption ni préjugé, à la Nature naturante, vierge[136]. » Mais cette conquête des grands espaces nordiques, marquée par une épreuve intérieure, inspire aussi l'angoisse; Geronimo, personnage des *Héritiers de la mine*, mentionne que son « âme se resserre » quand « elle sent l'air du Nord et l'appel des grands espaces [...] car elle sait ce qui l'attend au bout de la route » (*H*, 160). Cet « air du Nord », qu'il contribue à la régénération ou pas, demeure caractéristique du Nord abitibien, « le pays des aurores boréales [... où] le vent qui pique [...] met les larmes aux yeux » (*SS*, 11). Dans sa nouvelle « Le dépanneur de la 7ᵉ Rue », Delisle décrit le vent nordique comme un élément qui façonne le caractère des personnages: « Ils sont de la trempe de ceux qui ont le goût de vaincre, et une détermination sans défaillance à vouloir rester dans ce coin de pays où un vent froid du nord peut, sans crier gare, culbuter le souffle doux d'un plein été[137]. » Nul besoin d'être un grand aventurier pour prendre goût à la conquête, ce désir semble même nécessaire aux simples habitants et habitantes, qui résistent aux conditions climatiques parfois extrêmes du lieu, et ce même en dehors de la période hivernale. Le climat nordique de « l'Abitibi, la terre ingrate, l'hiver glacial[138] », contribue de cette façon à l'érection d'héros ordinaires. Selon Louis-Edmond Hamelin, « les habitants de l'espace nordique ont été confrontés à de dures épreuves, comme à la vie rude pendant la période hivernale. En outre, ceux travaillant dans les industries primaires ont dû faire face à des dangers et à des injustices[139]. »

---

[135] *Ibid.*
[136] Fernand Dorais, *Entre Montréal... et Sudbury. Pré-textes pour une francophonie ontarienne*, Sudbury, Éditions Prise de parole, 1984, p. 54.
[137] Jeanne-Mance Delisle, « Le dépanneur de la 7ᵉ Rue », *Nouvelles d'Abitibi, op. cit.*, p. 26.
[138] Marta Saenz de la Calzada, « Le Noël de Rose », *Rouyn-Noranda littéraire, op. cit.*, p. 31.
[139] Louis-Edmond Hamelin, *Nordicité canadienne*, Montréal, Éditions Hurtubise/HMH, coll. « Cahiers du Québec », 1980, p. 36.

Ce sont effectivement les explorateurs, les prospecteurs qui, dans mes corpus, sont soumis aux plus dangereux périls; alors qu'ils appartiennent aux « figures et personnages qui peuplent les récits nordiques [et qui] évoquent le déplacement, le parcours et la relation de l'être au territoire[140] ». Même les aventuriers les plus aguerris sont souvent impuissants devant la souffrance occasionnée par le froid et la mort qui se fait sentir; le narrateur-prospecteur d'« El camino tan triste » en offre un exemple significatif:

> Je partais dans le bois très tôt, sans que mon sang soit réchauffé. Presque tout de suite, le froid me brûlait l'extrémité des mains. À midi, je m'arrêtais pour faire un feu sur la neige [...]. Au bout d'une demi-heure, tout mon corps s'était refroidi, je recommençais à souffrir du froid et, à trois heures de l'après-midi, j'étais épuisé mais il me fallait travailler encore deux heures (*OR1*, 22).

L'envahissement et la menace du froid dans cet extrait sont tels qu'il en devient presque un personnage, principal opposant du protagoniste. D'ailleurs, la forêt et la nuit semblent s'allier au froid pour éliminer le prospecteur, dont les « gants étaient gelés et [il] ne pouvai[t] plus les enlever pour craquer une allumette sans qu'ils deviennent durs comme du bois et impossibles à remettre. Pas de briquet, pas de bois pour faire un feu, la nuit trop sombre, et [il] ne savai[t] absolument pas où [il] étai[t] » (*OR1*, 25). La mort frôle de bien près l'aventurier d'« El camino tan triste » : « Je me suis couché sur le dos dans la neige et j'ai pleuré, pendant que, du sommet des arbres, des lances de glace se cassaient et tombaient sur le sol. Je m'imaginais la mort appuyée à un arbre, se tordant de rire pour le bon tour qu'elle venait de me jouer » (*OR1*, 27).

LES CODES DE LA *FRONTIER* NORDIQUE

Un danger de mort guette également le chercheur d'or nommé Cham dans « Le rêve d'un géant » de Delisle: « Un trésor ! Une

---

[140] Daniel Chartier, « Vers l'immensité du Grand Nord. Directions, parcours et déroutements dans les récits nordiques », *loc. cit.*, p. 132.

fortune! balbutia-t-il. – C'est ce qui a fait mourir mon grand-père, prononça lentement Nagaëmo Beesum» (*OR2*, 89). La recherche de l'or est d'emblée menacée d'un danger de mort; la mise en garde de Beesum est d'autant plus significative que son arrière-arrière-grand-père a lui aussi été la cible d'un funeste destin: «Le grand-père de mon grand-père a trouvé cet or. Il n'en a parlé à personne. Un jour, il a voulu l'échanger contre des armes pour faire la guerre à ses ennemis, et contre des vivres pour survivre au froid et à la faim. Mais il est mort, transpercé de flèches» (*OR2*, 90). On constate également que le métal précieux est employé pour surmonter l'épreuve physique du Nord, mais en vain, puisque dans le contexte de la nouvelle, l'or est sacré et ne peut être utilisé pour sa valeur marchande. Les apprentis-prospecteurs de *La vengeance de l'orignal* reçoivent également un avertissement du sort qui les attend s'ils s'entêtent à rechercher la couleur jaune;

> [Lavoie] jeta un coup d'œil aux alentours [...]. Tout d'abord, rien de bien particulier ne vint retenir son attention: des mousses, des troncs vermoulus, quelques ossements. Il se pencha pour essayer de voir à quel animal ils avaient appartenu: mais il ne put réprimer un mouvement de recul: un crâne humain (*V*, 58).

Cet aventurier de l'or, qui a trouvé la mort en tentant de faire fortune par le pillage des trésors cachés des forêts nord-ontariennes, a été vaincu par les conditions climatiques hostiles des lieux. On trouve une image fort semblable dans la nouvelle «Les ermites de l'or» de Delisle, alors que les deux protagonistes trouvent aussi des ossements humains: «Les deux hommes s'amusent mais ils ne sont pas sans penser que ce défunt était un des leurs, et qu'il s'est certainement égaré. Si quelqu'un qui connaît le bois perd son chemin, on le cherche un peu mais si on ne le retrouve pas, que le diable l'emporte![141]» Ces extraits représentent bien l'esprit de la *frontier*, où «*the environment is at first too strong for the man. He must accept the conditions which it*

---

[141] Jeanne-Mance Delisle, «Les ermites de l'or», *op. cit.*, p. 126.

furnishes, or perish[142]. » L'épreuve physique du Nord est aussi illustrée par l'un des dangers de la forêt, les animaux sauvages: dans *La vengeance de l'orignal*, « un incident se produisit qui faillit tourner à la tragédie. Daggett marchait dans les broussailles le long de la rivière, quand il se trouva soudain nez à nez avec une ourse et ses oursons » (*V*, 51). Les dangers associés à l'épreuve nordique sont donc multiples et sont autant d'indices laissés dans le texte pour annoncer la fin prochaine des protagonistes, qui perdront leur combat contre les forces de la Nature du Nord. Il importe non seulement de relever la multiplicité des menaces nordiques, mais aussi leur omniprésence, notamment dans ce commentaire du narrateur de *Sept jours dans la vie de Stanley Siscoe*, qui en fournit une énumération: « Au fond des mines ontariennes, dans les canots chavirés des rapides de la rivière des Outaouais, de l'Harricana ou de la Kinojevis, dans les morsures cinglantes du froid, les menaces des Algonquins » (*SS*, 32). Le parcours des aventuriers est d'une telle aridité qu'il s'inscrit dans le corps, y laisse sa marque:

> De la Pologne jusqu'au pays des eaux mitoyennes, en passant par les mines ontariennes de Timmins et de Cobalt, ton corps s'est transformé à force d'efforts physiques, de courbatures, de privations de toutes sortes, d'attaques acérées du froid, de harcèlement constant des moustiques (*SS*, 27).

Les forêts du Nord de l'Ontario comportent aussi leur lot de dangers, comme en témoigne un prospecteur expérimenté dans *La quête d'Alexandre*: « J'ai connu des blancs-becs de la ville qui arrivaient tout excités et qui se lançaient en forêt en bottines vernies. Plusieurs n'en sont jamais revenus. Le pays n'est pas tendre pour les écervelés » (*QA*, 62). Outre les amateurs, il y a « nombre de prospecteurs que l'on n'a jamais revus » (*QA*, 224). L'épreuve physique du Nord ne laisse pas de place à l'erreur, encore moins dans le cas des non-initiés, des citadins.

Il en va de même dans *Sept jours dans la vie de Stanley Siscoe*, où il existe des façons bien particulières de se prévaloir des dangers

---

[142] Frederick Jackson Turner, *op. cit.*, p. 4.

du Nord, comme l'indique le pilote de l'avion de Szyszko: «Quand t'es au nord du 45, [...] y faut pas prendre de chances pis garder le moteur ben au chaud» (*SS*, 20-21). Cette information n'est pas donnée au hasard, elle annonce l'écrasement de l'appareil ainsi que l'impossibilité de le faire s'envoler à nouveau: lorsque le danger apparaît dans un contexte nordique, les chances pointent dans la direction de sa concrétisation. L'une des épreuves physiques les plus emblématiques du Nord est certainement la tempête de neige, évoquée dans la scène d'ouverture du récit sur les derniers jours de la vie de Szyszko, quand «l'avion entreprend une longue glissade à travers vents et poudrerie. Le capitaine, courbé sur le manche à balai, fixe aveuglément le pare-brise sur lequel viennent se déformer des milliers de flocons épais» (*SS*, 15). Ce passage du récit annonce d'ailleurs l'accident à venir: «Tu écoutes d'une oreille distraite Wrathall te raconter l'histoire de ce Robinson [... qui] aurait réussi à survivre en plein cœur d'un hiver particulièrement rigoureux, à six jours de perdition en forêt, lorsque son appareil s'est posé en catastrophe sur un lac perdu» (*SS*, 28). La tempête hivernale est d'ailleurs ce qui mettra fin aux jours du dernier braconnier de *La vengeance de l'orignal*:

> Il devint alors évident qu'on allait devoir faire face à la première tempête de l'hiver. Lavoie n'y prit pas garde [...]. Il avait couru jusqu'à l'épuisement complet et la sueur commençait à se glacer sur sa peau. Il tenta de faire du feu [...]. Il avait tellement sommeil qu'il ne parvenait plus à garder les yeux ouverts. Il s'allongea à même la neige et s'endormit [...]. La Nature, à sa manière, célébrait par cette aurore boréale, la mort du dernier des trois braconniers (*V*, 85 et 88).

Les espaces nordiques abitibien et nord-ontarien apparaissent ainsi comme très codés, il importe d'être au fait de ces codes et de les respecter pour survivre. Les signes qui annoncent les diverses menaces dans les récits indiquent parfois la meilleure stratégie pour survivre à l'épreuve nordique, le repli; dans *La vengeance de l'orignal*,

> [l]a forêt se parait, semblait-il, pour entrer dans cette longue hibernation, si semblable à celle du tombeau. Les hommes n'y prirent pas garde [...]. Ils virent passer sans sourciller les vols d'oies sauvages qui semblaient leur indiquer la voie de la sagesse et la direction à suivre pour rentrer (*V*, 80).

En outre, une témérité démesurée observée chez des amateurs ne reste pas impunie; les prospecteurs du roman de Germain l'apprennent à leurs dépens lorsqu'ils tentent de pratiquer le trajet de «la rivière Pitopiko à la Baie James en passant par la Nagagami, la Kenogami et l'Albany, il y a bien deux cent cinquante milles de forêt presque vierge et de toundra. [...] Le risquer en novembre, c'est de la folie. Mais ni Collins ni Lavoie n'avaient fait ce trajet auparavant» (*V*, 81).

Le refus des codes du Nord de Stanislaw Szyszko est également annonciateur de sa perte: «Donc, tu n'as pas tenu compte de la remarque de l'employé et tu as même refusé le manteau, le chapeau de fourrure et les bottes qu'il était prêt à te laisser» (*SS*, 17). Le prospecteur mythique périt gelé, et c'est cette mort, cette défaite de l'épreuve nordique, qui semble véritablement former la légende, comme le note le narrateur:

> Tu es là, Stanley Siscoe, étendu sur le lac du Mauvais Esprit, la jambe droite repliée, le poing serré au bout du bras gauche légèrement relevé, figé dans la froidure de ton dernier sommeil, les yeux froids fixant l'immensité du ciel à la recherche de quelque aurore boréale, le corps tout entier crispé dans ta légende qui commence (*SS*, 125).

C'est effectivement le mystère entourant le décès de Szyszko, bien plus que le parcours de celui-ci, qui semble principalement constituer sa figure légendaire, figure qui a été reprise pour dissuader les aventuriers de l'or en exposant les dangers de l'attrait pour la *frontier*:

> des prêtres des milieux ruraux et des fonctionnaires du ministère de la Colonisation, inquiets de voir leurs ouailles ou leurs administrés se détourner de la colonisation agricole, pour chercher fortune dans les mines, ont souvent brandi cette photo de Siscoe, mortellement saisi par

le grand gel et la coupable convoitise de richesses, dans l'espoir de refroidir leurs ardeurs[143].

Une épreuve spirituelle et ses états-limites

L'axe de l'hivernité est également connoté par une quête davantage intérieure, parce que « dans les récits du Nord, la quête physique du départ se dénoue nécessairement au profit d'une quête conceptuelle, voire spirituelle[144] ». Cette quête quasi spirituelle est marquée par un rapport problématique à de nombreuses limites, limites qui constituent différentes représentations de la *frontier*. Comme le mentionne Shields, « *the northern frontier is an existential one*[145] ». L'imaginaire du Nouveau Monde, et donc aussi de la *frontier*, « ne fait qu'activer avec un peu plus d'intensité ce rapport aux limites, naissance et mort, origine et perte[146] ». Jean Morency précise cette idée quand il écrit que « l'aventure américaine a été vécue et pensée comme une expérience des limites (limites géographiques, anthropologiques, spirituelles)[147] ». L'épreuve spirituelle qu'expérimentent les aventuriers est traversée par une alternance entre la chance et l'échec; il s'agit bien de chance, et non pas du résultat d'une certaine expérience, comme le montre un personnage de *La quête d'Alexandre* :

> Dieu sait qu'on a besoin de chance quand on prospecte. Tiens, est-ce que tu savais que Bennie Hollinger et Alec Gillies ont trouvé la mine de Porcupine à quelques pas de la tranchée qu'avait creusée Reuben d'Aigle l'année précédente? Même ils ont juré avoir vu l'empreinte du talon de sa botte sur la veine d'or la plus riche du terrain (*QA*, 71).

La découverte de l'or est aussi attribuable au hasard dans *La vengeance de l'orignal* : Collins « plongea au beau milieu du bassin et

---

[143] Denys Chabot, « La mort tragique de Stanley Siscoe », dans Denis Cloutier (dir.), *Contes, légendes et récits de l'Abitibi-Témiscamingue*, Trois-Pistoles, Éditions Trois-Pistoles, coll. « Contes, légendes et récits du Québec et d'ailleurs », 2012, p. 185-186.

[144] Daniel Chartier, « Vers l'immensité du Grand Nord. Directions, parcours et déroutements dans les récits nordiques », *loc. cit.*, p. 131-132.

[145] Rob Shields, *Places of the Margin: Alternative Geographies of Modernity*, Londres, Routledge, coll. « International Library of Sociology », 1991, p. 183.

[146] Pierre Nepveu, *Intérieurs du Nouveau Monde, op. cit.*, p. 196.

[147] Jean Morency, *loc. cit.*, p. 145.

en ressortit avec une poignée de gravier qu'il vint déposer sur une roche. Il ne put réprimer un mouvement de recul et ses yeux s'agrandirent de surprise. Parmi le sable et les cailloux, une grosse pépite d'or luisait au soleil » (*V*, 63). Malgré le fait que la chance semble sourire au protagoniste, celle-ci lui est presque aussitôt retirée, car « Collins oscillait entre la joie de la découverte et le découragement de savoir l'or submergé sous tant d'eau » (*V*, 65).

Cette tension entre espoir et désespoir est bien représentée par Delisle dans « El camino tan triste » : « C'était comme si un alchimiste, cent fois plus malin que moi, prenait plaisir chaque nuit, pour m'éprouver, à accomplir la transmutation spontanée de l'or en métal vil et vice versa, me donnant et me retirant tour à tour l'espoir. » (*OR1*, 63) Cet incessant va-et-vient entre la chance et l'échec ne semble s'arrêter que pour céder la place à la désillusion, comme l'expérimentent les deux prospecteurs de *Et l'or tomba dans le quartz du Nord*. Le protagoniste d'« El camino tan triste » était bien près d'accéder au trésor recherché, mais, comme le lui révèle la danseuse du bar abitibien à qui il a partagé ses aventures : « Edwin, dit-elle, Edwin, c'était lui, le guide que tu attendais. Mais il n'a jamais voulu te conduire jusqu'à l'or. » (*OR1*, 67) Dans ce cas, c'est un mineur équatorien qui juge que le prospecteur étranger n'est pas digne des richesses qu'il convoite; en ce qui concerne Cham, personnage principal du « Rêve d'un géant », il est encore plus frappant qu'il a complètement passé à côté de sa chance, parce que « [p]ar une cruelle ironie du sort, vœu de Dieu ou infortuné destin, il ne fit qu'effleurer, dans la zone faillée de Porcupine-Destor, la veine porteuse de la fabuleuse découverte de la Hollinger, qui devait être exploitée pendant soixante-dix ans » (*OR2*, 122). Dans le contexte de la *frontier*, l'échec est ainsi doté d'un caractère frontalier, puisqu'il se trouve à la lisière de la réussite.

Une autre expérience des limites que vivent les personnages est celle de la misère et de l'ascèse. Les apprentis-prospecteurs de *La vengeance de l'orignal* s'échinent au travail, croyant que ces efforts leur rapporteront gros : « [l]e travail était pénible. Penché vers l'avant pendant des heures, le prospecteur devait inlassablement cueillir le sable de la rivière et le laver d'un vaste mouvement circulaire » (*V*, 48). Dans *Les héritiers de la mine* de Saucier, les membres de la famille Cardinal s'infligent un autre genre d'austérité, car ils s'entêtent à vivre à Norco après la fermeture de la mine, dans une pauvreté extrême, « convaincus que c'était de cette ascèse qu'allait sourdre l'essence pure et dure du diamant qui était en chacun [d'eux] » (*H*, 75). Le prospecteur d'« El camino tan triste » fait également le choix de vivre dans des conditions extrêmes, aux limites de ses capacités physiques : « Je haïssais ce métier, mais chaque soir je me disais en me couchant : Je suis quelqu'un de valable, je suis capable de souffrir. [...] Quand on souffre comme je souffre, on est quelqu'un » (*OR1*, 23). L'ascèse semble de cette façon faire partie de la formation du prospecteur : elle est un passage obligé pour obtenir sa part du rêve de la *frontier*. Selon Rob Shields, « [*a*] *northern frontier* [...] *denotes the limits of endurance*[148] ».

L'idée de l'excès se trouve aussi dans une grande consommation d'alcool, qui est expérimentée par le personnage-narrateur d'« El camino tan triste » au rythme du peuple équatorien, qui « dansait, buvait, parlait, riait, s'émouvait, se battait, coulait à pic. Le lendemain venait le soleil, et on recommençait à vivre jusqu'au bout de nos limites » (*OR1*, 43). Quant à lui, le personnage de Quincy, nouvellement arrivé dans une petite ville minière abitibienne dans *Les géants familiers*, est confronté à une expérience limite entre la réalité et le rêve,

> [à] la frontière du livre et de l'authenticité la plus concrète, sur la ligne ténue du rêve et de la réalité. Il était un nouveau Robinson au cœur d'une île grouillante perdue dans cette vaste mer d'épinettes qui constitue cette partie de la province de Québec (*GF*, 14).

Il est intéressant de souligner que l'expression « géants familiers » renvoie tout à la fois au mythe et au quotidien, ce qui est évocateur de la mince ligne existant entre réalisme et onirisme. L'extrait précédent est représentatif du parcours vers le Nord, qui est également un parcours « vers un lieu hors de la

---

[148] Rob Shields, *op. cit.*, p. 183.

réalité[149] ». Dans *Sept jours dans la vie de Stanley Siscoe*, cette irréalité se traduit par une distorsion du temps: « Pendant de longues minutes, pendant que le temps se fige, irréel, inconsistant, sans balise [...], vous demeurez sans bouger » (*SS*, 77). L'épreuve intérieure dans un contexte nordique « mène parfois à la folie[150] », qui est aussi apparentée à la *frontier*, car comme le soulève Nepveu, « la frontière communique avec la déraison, en tant que lieu de passage et de circulation[151] ». Cet état-limite s'empare progressivement du personnage de Cham dans « Le rêve d'un géant »; il est « pâle », a « l'esprit confus » et il est pris « d'un frisson intérieur, attiré irrésistiblement [il] touch[e] l'or du bout des doigts; il lui sembl[e] chaud et vivant, d'une consistance presque charnelle. Aussitôt, une chaleur irradi[e] tout son corps et un saisissement intense envahit sa poitrine. Il retir[e] sa main, effrayé » (*OR2*, 89-90). Sa quête de l'or devient ainsi une obsession. L'ami blanc du grand-père de Nagaëmo Beesum est un autre personnage frappé de folie, car « en voyant tout cet or, [sa] pensée [...] est devenue trop grande pour sa tête. Il s'est mis à courir partout en criant qu'il allait être le plus riche de tous, qu'il allait être un grand patron. Grand-père a libéré son esprit malade » (*OR2*, 91).

Enfin, le prospecteur d'« El camino tan triste » est confronté à l'ultime limite s'il en est une, alors qu'il se trouve à la lisière de la vie et de la mort: « [il] vogu[e] exil[é], romp[u], ni mor[t] ni vivan[t] » (*OR1*, 24). Aussi, le protagoniste est bien avisé de l'importance d'accepter l'atteinte de ses limites: « [J]'ai compris que j'avais atteint les limites de mes forces, les limites de mon être, et qu'il fallait que j'accepte ces limites. Je n'avais plus de place en Équateur. Je me suis dit: Si tu n'es pas bien dans ce pays, va ailleurs » (*OR1*, 61). Ainsi, les limites physiques et spirituelles, une fois rencontrées, amènent un nouveau repoussement des frontières géographiques, et ainsi de suite, dans un

---

[149] Daniel Chartier, « Vers l'immensité du Grand Nord. Directions, parcours et déroutements dans les récits nordiques », *loc. cit.*, p. 137.

[150] *Id.*, « Au Nord et au large. Représentation du Nord et formes narratives », *loc. cit.*, p. 25.

[151] Pierre Nepveu, *Lectures des lieux, op. cit.*, p. 97.

mouvement circulaire. Tout comme la *frontier* implique un perpétuel déplacement, le Nord est également constitué d'une « série de lieux fuyants qui font en sorte que la quête apparaît toujours de plus en plus lointaine et difficile[152] ». En outre, l'or est emblématique de l'aspect fuyant de la *frontier*, notamment dans ce commentaire de Geronimo dans *Les héritiers de la mine* : « Je n'aime pas l'or qui se défile, mais quand il s'offre de cette façon-là, c'est un cadeau qui ne se refuse pas » (*H*, 132). Il en va de même dans « El camino tan triste »; le narrateur explique que « l'or n'est pas pressé de se faire découvrir et que, si l'on est trop avide, il s'en va comme un serpent fabuleux se tortiller ailleurs dans des veines souterraines, de plus en plus profondes » (*OR1*, 17).

L'axe de l'hivernité est possiblement l'axe nordique où le chronotope de la *frontier* se fait le plus envahissant; il est à l'origine de et conditionne l'épreuve nordique, physique et spirituelle, et se décline sous plusieurs formes, qui sont autant de limites auxquelles les personnages sont confrontés. Bien que la conquête du Nord soit en théorie marquée par l'idée de la régénération, il demeure que celle-ci est presque complètement évacuée dans les œuvres de mes corpus. D'ailleurs, l'axe que je viens d'analyser est certainement celui dont les représentations dans les textes abitibiens et franco-ontariens sont les plus semblables; les deux corpus donnent à lire l'inutilité de l'expérience en exploration minière dans le contexte de l'épreuve nordique, mais aussi le danger de mort, qui se présentent sous plusieurs aspects. L'axe de l'hivernité, illustré par des images plutôt homogènes, ce qui confirme la valeur chronotopique de la *frontier* nordique, semble donc difficilement représentable en dehors de ces codes, comme si cet imaginaire ne pouvait être investi de scénarios autres que ceux de l'échec et de la mort. La conjugaison de la *frontier* et du Nord paraît réduire les possibles de l'aventure, tandis que l'épreuve nordique, caractérisée par un affrontement physique du froid et de la neige ainsi qu'une quête spirituelle, se

---

[152] Daniel Chartier, « Vers l'immensité du Grand Nord. Directions, parcours et déroutements dans les récits nordiques », *loc. cit.*, p. 137.

trouve démultipliée dans le contexte de la *frontier*. Les limites physiques et spirituelles, une fois atteintes, entraînent un nouveau repoussement des limites géographiques, donc une nouvelle épreuve, et ainsi de suite. La *frontier* entraîne ainsi la répétition, dont la monotonie est seulement rompue par la dysphorie associée à la vie, voire à la survie, en milieu nordique.

L'axe du Nord esthétique et l'axe franco-ontarien : fonctions du Nord et de l'hiver en milieu minier

En conclusion à ce chapitre, je m'attarderai sur l'axe du Nord esthétique, mais aussi sur l'axe franco-ontarien, tel qu'il a été développé par Véronique Sylvain dans sa thèse de maîtrise. Ces axes, qui ont peu en commun avec l'imaginaire de la *frontier*, seront traités conjointement, car ils évoquent tous les deux les rôles du Nord et de l'hiver, plus particulièrement dans un milieu minier. Bien qu'ils soient d'une moindre importance que les autres dans les œuvres à l'étude, il importe néanmoins de s'y pencher, puisqu'ils sont porteurs d'une euphorie qui est presque complètement évacuée des autres axes nordiques. En outre, ils changent aussi le focus de mon analyse, qui se déplace du prospecteur au mineur.

L'ambiguïté de l'axe du Nord esthétique

Daniel Chartier décrit l'axe du Nord esthétique comme « un axe de représentation non défini par ses caractéristiques géographiques, mais comme un univers de froid, de pureté, de glace, de mort, d'éternité, d'alternance de lumière, et de noirceur et de blancheur[153] ». D'entrée de jeu, nous pouvons observer que cet axe est possiblement le plus représentatif de l'ambiguïté du Nord, lieu d'alternance entre l'euphorie et la dysphorie. En fait, la mine semble amoindrir l'importance de l'épreuve que constitue habituellement l'hiver : « L'hiver ne ralentissait nullement les activités des mineurs. Le travail continuait de s'exécuter jour

---

[153] *Id.*, « Au Nord et au large. Représentation du Nord et formes narratives », *loc. cit.*, p. 19.

après jour, sans relâche. Coûte que coûte, rien ne devait entraver le pouls de l'exploitation: la vie de toute la communauté en dépendait.» (*GF*, 87) Alors que l'hiver apparaît comme une épreuve physique difficile à surmonter dans la logique de l'axe de l'hivernité, celui-ci ne peut avoir d'impact sur le travail des mineurs des *Géants familiers*, puisque l'impératif des profits que souhaite enregistrer la compagnie minière est plus puissant que la considération de l'aridité du climat abitibien.

Non seulement l'hiver n'affecte pas l'activité minière, mais la neige contribue également à renforcer la

> présence obsédante de la mine et des immenses tas de pierres [qui] se faisait beaucoup plus sentir dans ce grand décor blanc. [Quincy] posa un regard neuf sur les géants familiers comme si, antérieurement, ses yeux n'avaient fait que les effleurer. Le chevalement, le réservoir et les amoncellements de stériles lui paraissaient maintenant plus grands et plus solitaires (*GF*, 88).

Les bâtiments de la mine, qui sont déjà remarquables dans le paysage plat de l'Abitibi, reçoivent une nouvelle force d'évocation grâce à la neige, qui les rend véritablement incontournables au regard. Les emblèmes miniers exercent une domination encore plus importante sur le territoire pendant la saison hivernale, les cheminées de la fonderie Horne de Noranda ne faisant pas exception: «La ville est de cristal. Les cheminées de la mine paraissent des glaçons géants tombés du ciel[154].» C'est plutôt l'inverse que l'on observe dans le roman *Temps pascal* de Poliquin, car «l'hiver, on ne pouvait jamais distinguer les bâtiments de la mine. À cause de la poussière de minerai qui se mêlait au vent et à la neige. [...] C'était de la poussière de métal du genre de celle qui vous rentre dans les vêtements puis dans la peau» (*TP*, 100). La neige contribue davantage dans cet extrait à rendre invisible la pollution issue de l'industrie minière et apparaît ainsi comme une sorte d'allier naturel de la mine en amoindrissant l'évidence de son impact environnemental. L'idée

---

[154] Jeanne-Mance Delisle, «Le dépanneur de la 7ᵉ Rue», *op. cit.*, p. 28.

de la neige comme camouflage des contrecoups des activités de la mine est aussi illustrée dans *Les géants familiers*:

> Le vent du nord charriait la poussière de schlamm qui enveloppait maintenant le paysage d'une fine couche crayeuse. La nature, en attente de la blanche délivrance, offrait l'aspect d'un décor oublié des dieux. Le joug de la désolation avait apposé son terrible sceau comme si le ciel avait voulu maudire pour l'éternité ce vaste Pays des Géants (*GF*, 77).

La neige est ainsi présentée comme une délivrance et permet d'oublier, du moins le temps d'un long hiver, le délabrement des lieux.

Cependant, la neige peut aussi ajouter à la désertion de l'espace minier, notamment pendant le «printemps à Norco. La neige a noirci, elle enserre les restes délabrés de la ville. Norco a pris des allures de champ de bataille en déroute. Et c'est la fête» (*H*, 68). La neige accentue le délabrement déjà important de la ville minière fantôme et elle contribue même à la destruction de certains bâtiments, destruction perçue comme une délivrance, comme l'indique Geronimo: «Au cours des années, j'ai vu ces maisons dépérir peu à peu. À chaque visite, il y en avait une qui s'était affaissée et une autre qui attendait le poids de l'hiver pour se reposer enfin» (*H*, 162). Dans *L'espace qui reste*, Desbiens offre aussi des images des ruines hivernales en milieu minier, mais cette fois plus angoissantes, qu'il s'agisse des «carrosses de bébés virés à l'envers/dans la neige cassée» ou encore de «l'hiver décousu de [s]on/existence[155]». Le poète illustre également le délabrement de Sudbury, plus précisément associé à la vie nocturne, dans ces vers:

> Robert conduit sa Lada à travers la neige et les débris
> du samedi soir à Sudbury[156].

Le chronotope nordique, comme nous l'avons vu avec l'axe de la colonisation, offre des images d'une grande désolation.

L'hiver se fait particulièrement envahissant dans certaines œuvres, entre autres dans *Les héritiers de la mine*, où le

---

[155] Patrice Desbiens, *L'espace qui reste, op. cit.*, p. 80 et 103.
[156] *Id.*, *Sudbury, op. cit.*, p. 133.

personnage de LaTommy se battait «contre [les] hivers trop longs» (*H*, 70), dans la nouvelle «Les ermites de l'or», alors que «Mac McGregor sort dans le froid de l'interminable hiver[157]» et dans la nouvelle «Départ» de Saenz de la Calzada, avec «la neige abitibienne, qui semblait éternelle, [...] [et] remplissait encore d'une oppression sans nom[158]». Le Nord tient donc aussi sa valeur chronotopique à l'éternité qu'il suggère. Dans les vers qui suivent, Robert Dickson montre aussi la durée de la saison froide, mais il met néanmoins l'accent sur l'euphorie de la fin de l'hiver et de l'arrivée du printemps:

> [D]e toute façon, c'est la fin des glaçons
> et tout ce qui va avec
> après si longtemps, c'est bientôt le temps
> de se donner des beaux gros becs[159]

L'hiver du poète est certes difficile, mais pas impossible à surmonter, notamment grâce à l'amour:

> [L]'amour en hiver
> fait frette en calvaire
> faut quasiment être au lit[160]

Malgré la hâte au printemps, dans son poème «L'amour... fou», Dickson écrit aussi la beauté du Nord et de ses hivers:

> [L]'amour en auto
> au bord de l'eau
> sous le beau ciel du nord[161]

Desjardins décrit également la grande beauté des espaces nordiques dans son roman *La love*: «J'ai la nostalgie du ciel du nord parsemé de nuages qui ont l'air de sortir tout droit de la

---

[157] Jeanne-Mance Delisle, «Les ermites de l'or», *op. cit.*, p. 114.
[158] Marta Saenz de la Calzada, «Départ», *op. cit.*, p. 71.
[159] Robert Dickson, «Premier poème du printemps numéro 1», *Or«é»alité*, Sudbury, Éditions Prise de parole, 1978, p. 23.
[160] *Id.*, «L'amour... fou», *ibid.*, p. 38.
[161] *Ibid.*

terre. L'odeur du bois, de la moque et des saules après la pluie me manque. Il me faut partir vers le nord[162]. » Le Nord est même décrit comme un lieu hautement euphorique par la jeune narratrice: « C'est ça le Nord, on n'a pas à chercher l'air, il s'agit de relever la tête, et il nous atteint comme si on nous plaquait une bonbonne d'oxygène en plein sur la bouche. Ça grise[163]. »

L'AXE NORDIQUE FRANCO-ONTARIEN: AXE IDENTITAIRE DE LA SOLIDARITÉ

Cependant, c'est la littérature nord-ontarienne qui offre les exemples les plus significatifs et les plus systématiques de l'euphorie associée au Nord. Dans sa thèse de maîtrise, Véronique Sylvain a cru bon d'élaborer un nouvel axe pour compléter la typologie de Daniel Chartier, dont les catégories n'étaient pas adéquates pour accueillir la nordicité propre au Nord de l'Ontario. Sylvain décrit cet axe « du Nord comme espace culturel et identitaire franco-ontarien[164] ». En fait, la spécificité du Nord franco-ontarien est aussi attribuable à son espace mythique, puisqu'il a « été, dès le début des années 1970, représenté comme le lieu symbolique de la communauté », mais aussi comme l'espace où se « fonde l'identité franco-ontarienne[165] ». Johanne Melançon apporte des précisions sur ce Nord, le Nouvel-Ontario; il s'agit selon elle d'un espace nordique à la fois réel, imaginé et imaginaire[166]. Toutefois, le Nord, tel qu'il est imaginé dans le roman *Temps pascal* de Poliquin, se rapproche beaucoup de l'espace réel; il est représenté par des scènes du quotidien, très terre à terre. Comme le soulève Claudine Moïse, l'identité nordique franco-ontarienne est

---

[162] Louise Desjardins, *La love, op. cit.*, p. 132-133.
[163] *Ibid.*, p. 154.
[164] Véronique Sylvain, *op. cit.*, p. 86.
[165] Lucie Hotte, « S'éloigner, s'exiler, fuir: la migration comme mise à distance chez Michel Ouellette », dans Lucie Hotte et Guy Poirier (dir.), *Habiter la distance. Études en marge de* La distance habitée, Sudbury, Éditions Prise de parole, 2009, p. 125.
[166] Johanne Melançon, « Le Nouvel-Ontario: espace réel, espace imaginé, espace imaginaire », *Québec Studies*, « L'Ontario français », n° 46, automne 2008/hiver 2009, p. 49-69.

surtout marquée par la « dureté de la vie et du froid[167] », ce qui peut expliquer certaines représentations plus réalistes du Nord. L'aspect mythique du Nouvel-Ontario n'est pas mis de l'avant dans cette œuvre, ce sont plutôt les questions du Nord comme chez soi et de la solidarité nordique qui sont abordées. Dans un tel contexte, la nordicité porte effectivement « le caractère d'être au nord et, surtout, d'être du Nord[168] »; le personnage de Médéric Dutrisac est emblématique à cet égard: « J'ai travaillé deux ans dans les mines au Manitoba comme organisateur syndical, puis je suis revenu par ici parce que je m'ennuyais. Le Nord, c'est chez nous » (*TP*, 73). Malgré le fait que l'on puisse également attribuer un certain indice de nordicité au territoire manitobain, rien ne vaut le Nord ontarien aux yeux du protagoniste, puisqu'il en est originaire et y est fortement attaché.

La solidarité du Nord est aussi prédominante dans l'axe nordique franco-ontarien; comme le mentionne Sylvain, « à travers les épreuves, la collectivité qui y est exploitée ne devient que travail, protestation et fatigue. [...] Le rassemblement, en l'occurrence la revendication collective, est omniprésent[169]. » Il en va ainsi dans *Temps pascal*, où Médéric Dutrisac souhaite

> organiser le regroupement des maires français de l'Ontario du Nord et mettre les syndicats de [s]on côté pour ensuite former une assemblée constituante qui créerait une nouvelle province réunissant le Nord ontarien et le Nord québécois. Bâtir un nouveau pays, un État français où les travailleurs seraient les seuls propriétaires des richesses naturelles et les seuls maîtres de leur avenir (*TP*, 71).

Le caractère solidaire du Nord ne semble pas exclusif au Nouvel-Ontario, puisqu'il s'étend au Nord québécois, ce qui comprend notamment la région de l'Abitibi. Bien que le Nord de l'Ontario

---

[167] Claudine Moïse, « Le discours mondialisant de la minorité franco-ontarienne: des grands espaces du Nord à l'espace urbain », dans Marie-Linda Lord (dir.), *Francophonies d'Amérique*, « Urbanité et durabilité des communautés francophones du Canada », n° 22, 2006, p. 210.

[168] Louis-Edmond Hamelin, « Le langage de la nordicité », dans Pierre Dessureault (dir.), *Nordicité*, Québec, Éditions J'ai vu, coll. « L'Opposite », 2010, p. 21.

[169] Véronique Sylvain, *op. cit.*, p. 91 et 100.

soit connoté d'une mythologie qui lui est bien particulière, il n'est pas refermé sur lui-même; la solidarité est, par défaut, une qualité qui tend à franchir les frontières. Les mouvements de grève nord-ontariens ont d'ailleurs un impact sur les travailleurs abitibiens, car « [l]es mineurs québécois menaçaient de suivre pour protester contre les accidents de Chibougamau et de Rouyn » (*TP*, 99). À cet égard, l'axe nordique franco-ontarien se situe aux antipodes de la logique de la *frontier*, qui favorise plutôt l'individualisme. Même s'ils ont en commun une certaine démocratie, l'idée du syndicat n'appartient pas à l'imaginaire de la *frontier*, ne serait-ce que par le rassemblement qu'elle implique. Le syndicalisme du Nord de l'Ontario apparaît comme un pendant euphorique de la nordicité, mais il comporte néanmoins son lot de difficultés:

> Médéric avait été pendant plus de vingt ans l'organisateur en chef des grands syndicats miniers du Nord ontarien. On savait qu'il avait animé les trois grandes grèves de l'or, du cuivre et du nickel. Qu'il avait risqué sa vie contre les hommes de main des compagnies minières (*TP*, 66).

Le personnage de Laurent dans *1932, la ville du nickel...* rapproche le syndicalisme d'une utopie ancienne qui n'a plus lieu d'être:

> Mon père [...] s'est ramassé au Colorado à 19 ans dans les mines d'argent. C'est là qu'il avait entendu parler d'union pour la première fois. Je le vois encore en train de se pomper. Il croyait là-dedans, dur comme fer. Quand il en parlait. C'était beau... c'était beau... c'était grand... [...] Je veux la liste des gars qui ont signé (*NI*, 35).

Dans ce passage, on constate que la solidarité du Nord ne va pas de soi, qu'il ne s'agit pas d'une valeur que l'on se transmet nécessairement de père en fils. Bien au contraire, le fils, loin d'avoir la ferveur syndicaliste du père, cherche à savoir quels mineurs ont adhéré au syndicat afin de leur faire perdre leur emploi. S'il est un poème qui illustre avec le plus de justesse la difficulté, mais aussi la beauté de la solidarité du Nouvel-Ontario, il s'agit certainement d'« Au nord de notre vie » de Robert Dickson:

> Au nord de notre vie
>   ICI
> où la distance use les cœurs pleins
> de la tendresse minerai de la
> terre de pierre de forêts et de froid
>   NOUS
> têtus souterrains et solidaires
> lâchons nos cris rauques et rocheux
> aux quatre vents
>   de l'avenir possible
> Au Nord de notre vie
> Nous vivrons[170]

On remarque que l'axe franco-ontarien recoupe les thématiques de la mine industrielle, mais en y ajoutant une couleur nordique, qui n'est pas nécessairement incluse, par exemple, dans le *Germinal* d'Émile Zola. Il semble aussi que l'axe créé par Véronique Sylvain, qui se concentre davantage sur le Nord comme lieu d'appartenance et de solidarité, est moins marqué par l'exploitation et les conditions de travail misérables que par l'épiphanie du rassemblement entre travailleurs nordiques.

À la suite de cette analyse des imaginaires de la *frontier* et du Nord dans les corpus littéraires de l'Abitibi et du Nord de l'Ontario, je peux conclure que nombreuses sont les convergences entre ces deux notions et qu'il est juste de parler d'une *frontier* nordique. L'expérience de la *frontier*, une fois dotée d'un coefficient de nordicité, se trouve amplifiée par l'épreuve associée à l'axe de l'hivernité. En outre, la *frontier* paraît augmenter son potentiel répétitif – le perpétuel repoussement de ses limites, quelles qu'elles soient – dans un contexte nordique, puisque le Nord se dérobe continuellement à ceux et à celles qui le recherchent. Le chronotope de la *frontier* est effectivement générateur de Même, il n'y a qu'à penser à la similitude des villes *boom-town*, où qu'elles se trouvent sur le globe. Le chronotope du Nord peut également servir de moule homogénéisant,

---

[170] Robert Dickson, « Au nord de notre vie », graphisme de Raymond Simond, Sudbury, Éditions Prise de parole, 1975. [Reproduit dans *Poèmes et chansons du Nouvel-Ontario*, Ottawa, Éditions Prise de parole, 1982.]

notamment avec les épreuves de l'hivernité, dont l'échec et la fatalité, mais aussi les codes, sont si importants dans l'imaginaire qu'elles permettent difficilement d'autres représentations. L'espace minier représenté dans les œuvres est conditionné par le chronotope de la *frontier* nordique; il est donc hautement codifié et suggère aussi l'idée du Même. L'importance de ces codes et de la répétition en contexte minier s'étend certainement à la construction des personnages; il s'agira, dans mon prochain chapitre, d'étudier les personnages types, qui sont en quelque sorte façonnés par le chronotope minier.

CHAPITRE III –
DE LA MAGNIFICENCE À L'EXCLUSION:
LE PERSONNEL[1] DE L'ŒUVRE MINIÈRE

La chemise de travail, les culottes, les bottes, tout semble lui faire comme une peau. Comme s'il était venu au monde avec un teint gris travail
Patrice Desbiens[2]

Dans son essai intitulé *Entre l'Éden et l'utopie*, le géographe Luc Bureau explique que le « mythe d'Antée [...] pose l'élément territorial comme condition première et essentielle à l'existence: la territorialité précède l'être[3]. » Il en va ainsi de l'espace minier, chargé de multiples significations, qui exerce une force structurante sur les personnages de mes corpus. Pour sa part, Marc Brosseau pense la relation sujet-espace « en termes dialogiques comme une relation à l'intérieur de laquelle lieu et sujet s'instituent mutuellement sans toutefois fondre leur identité[4] ». Bien que les protagonistes aient une influence certaine sur l'espace, entre autres par le travail dans la mine, j'accorderai une

---

[1] Philippe Hamon, *Le personnel du roman: le système des personnages dans les Rougon-Macquart d'Émile Zola*, Genève, Librairie Droz, coll. « Histoire des idées et critique littéraire », 1983, 325 p.

[2] Patrice Desbiens, *Sudbury, L'espace qui reste*, suivi de *Sudbury*, suivi de *Dans l'après-midi cardiaque*, Sudbury, Éditions Prise de parole, coll. « Bibliothèque canadienne française », 2013, p. 124.

[3] Luc Bureau, *Entre l'Éden et l'utopie: les fondements imaginaires de l'espace québécois*, Montréal, Éditions Québec Amérique, 1984, p. 156-157.

[4] Marc Brosseau, « Sujet et lieu dans l'espace autobiographique de Bukowsky », *Cahiers de géographie du Québec*, vol. LIV, n° 153, décembre 2010, p. 522.

attention plus particulière à l'influence de l'espace sur la construction des personnages, qui est plus signifiante dans les textes à l'étude. J'analyserai ainsi le lieu comme le «contenant plus ou moins structurant des rapports de force sociaux qui, eux, sont déterminants[5]». La question de «l'habiter» est aussi centrale pour appréhender le rapport qu'entretiennent les personnages au lieu, parce qu'elle est «fondamentalement une question de pratiques, associées aux représentations, valeurs, symboles, imaginaires qui ont pour référent les lieux géographiques[6]». Ce concept du géographe Mathis Stock rencontre cependant certaines limites dans le contexte de l'œuvre minière, car la notion d'habiter suggère l'autonomie du choix des lieux[7]. Or, mon hypothèse est que l'autonomie est grandement limitée quand il est question de l'expérience de l'espace des mines, puisque celui-ci est rigidement codifié et hiérarchisé par le chronotope minier: cet espace en est un d'«habitu(de)s», où la population est «tellement prisonnière de sa culture et de ses routines qu'elle ne peut souhaiter, voire imaginer, autre chose pour elle que ce qu'elle vit déjà[8]». À l'instar de Stock, je crois que «[c]'est l'étude des manières de pratiquer les lieux géographiques qui semble être porteuse de l'intelligibilité de la spatialité des individus[9]».

Les personnages, qui sont principalement déterminés par leur milieu dans les œuvres à l'étude, représentent surtout «[l]es affects, [l]es croyances et [l]es valeurs[10]» véhiculés par le récit. Ainsi, «[l]oin d'être considérés dans leur psychologie individuelle, les personnages sont alors perçus comme des *figures symboliques*, vecteurs de significations spirituelles plus ou moins

---

[5] *Ibid.*

[6] Mathis Stock, «L'habiter comme pratique des lieux géographiques», *EspacesTemps. net* [en ligne], mis à jour le 18/12/2004, http://www.espacestemps.net/articles/lrsquohabiter-comme-pratique-des-lieux-géographiques/.

[7] *Ibid.*

[8] Vincent Berdoulay, Danièle Laplace-Treyture et Xavier Arnauld de Sartre, «La question du sujet et de la géographie», *Cahiers de géographie du Québec*, vol. LIV, n° 153, décembre 2010, p. 407.

[9] Mathis Stock, *loc. cit.*

[10] Pierre Glaudes et Yves Reuter, *Le personnage*, Paris, Presses universitaires de France, coll. «Que sais-je?», 1998, p. 4.

faciles à dégager[11] ». La construction des protagonistes, telle qu'elle s'opère dans les œuvres minières abitibiennes et nord-ontariennes, correspond à la catégorie de rôle thématique du modèle de Greimas, qui intègre le personnage à « une catégorie socioculturelle qui rassemble des traits liés aux représentations collectives [...]. À cet égard, elle joue un rôle clé dans la lisibilité d'une histoire dont elle détermine le degré de prévisibilité[12]. » En ce sens, les personnages de mes corpus se rapprochent de ceux de l'univers zolien, qui servent de « légitimation d'une vision du monde dans une formation sociale [...] ou [de] force d'intégration, nécessaire à la vie de tout groupe[13] ». On a donc affaire à un « système d[e] personnages [... à] leurs "valeurs" respectives et [à] la hiérarchie qui en découle[14] » ; « [l]a définition, la qualification et la distinction des personnages » est issue de la doxa[15], le monde minier dans le cas qui m'intéresse. Comme chez Zola, les personnages des œuvres analysées vivent une « relation indépassable à l'organisme et au milieu[16] » et « plie[nt ...] sous le poids des déterminations sociales qui ont eu raison de [leur] liberté[17] ».

J'emprunterai donc à Philippe Hamon, qui a étudié en profondeur le système des personnages dans l'œuvre d'Émile Zola, sa méthodologie pour établir une typologie des protagonistes. Comme il l'a souligné à propos des protagonistes zoliens, mon hypothèse est que le personnage qui évolue dans l'univers minier est « "fonction", voire "fonctionnaire", plutôt que fiction, est personnel plutôt que personne[18] ». Les protagonistes, fortement déterminés par leur milieu et le rang qu'ils occupent dans la hiérarchie du récit, se définissent donc surtout par leur fonction, ce qui vient limiter les possibles de la fiction et les rapproche de ce fait d'un personnel plutôt que d'une personne, car ils sont le plus souvent dépourvus d'une complexité psychologique individuelle.

---

[11] *Ibid.*, p. 20.
[12] *Ibid.*, p. 48.
[13] *Ibid.*, p. 28.
[14] *Ibid.*, p. 31.
[15] *Ibid.*, p. 66.
[16] *Ibid.*, p. 26.
[17] *Ibid.*, p. 27.
[18] Philippe Hamon, *op. cit.*, p. 22.

Les personnages de mes corpus sont à la fois « délégué[s] à la "classe" qu'il[s ont] pour charge de représenter[19] » et à leur « lisibilité[20] ». Dans les textes à l'étude, la « classe » représentée par les personnages correspond à leur genre, car l'espace minier est fortement sexualisé, mais aussi à leur travail, qui « devient un ressort narratif à part entière et un moyen de situer le personnage dans une échelle de valeurs (positives ou négatives) à l'intérieur d'une hiérarchie[21] ». Il importe de préciser que puisque le « rôle socio-professionnel[22] » est évalué selon la pratique de l'espace minier, le lieu est « "foyer" au sens narratif textuel, point focal, point nodal où se posent les modes décisifs de groupement des personnages, intégration et expulsion[23] ».

Pour mener à bien mon analyse, je diviserai le présent chapitre en trois sections, qui correspondent aux trois grandes catégories de personnages que j'ai relevées: je me pencherai sur la figure de l'homme, l'initié, qui comprend le prospecteur et le mineur et qui oscille entre l'héroïsation et le déboulonnement du mythe; j'étudierai ensuite la figure de la femme, généralement exclue de la symbolique minière et surtout reléguée aux rôles d'épouse, de mère et de prostituée; puis je conclurai avec la figure de l'Autochtone, le plus grand laissé-pour-compte de l'univers minier, que j'analyserai selon le genre des personnages, car les représentations des femmes et des hommes diffèrent sensiblement.

L'HOMME COMME INITIÉ:
LE PROSPECTEUR ET LE MINEUR, CONSTRUCTION ET DÉCONSTRUCTION DE LA LÉGENDE

À la lecture de mes corpus, je constate que les principaux protagonistes des œuvres minières de l'Abitibi et du Nord de l'Ontario sont les prospecteurs et les mineurs, qui sont pour la plupart des hommes blancs. Même s'il existe d'importantes

---

[19] *Ibid.*, p. 34.
[20] *Ibid.*, p. 38.
[21] *Ibid.*, p. 102.
[22] *Ibid.*
[23] *Ibid.*, p. 223.

distinctions entre les figures du prospecteur et du mineur, je les traiterai conjointement, car je crois que les grandes divisions du personnel minier s'opèrent au niveau du genre et des origines. Je m'appliquerai néanmoins à faire ressortir les différences et les ressemblances entre ces deux déclinaisons de la figure de l'homme. Ces personnages sont non seulement davantage mis à l'avant-plan, ils jouissent aussi d'un statut plus important dans le récit. Cela s'avère d'autant plus vrai dans un contexte nordique, parce que le Nord « *is a masculine-gendered, liminal zone of rites de passage and re-creative freedom and escape*[24] ». Mais, comme nous le verrons, l'héroïsation de ces protagonistes est fragile et il n'est pas rare de lire l'envers de la légende dans les textes analysés. Le prospecteur et le mineur se présentent d'une façon similaire d'une œuvre à l'autre, ce qui confirme leur statut de « fonctionnaire » et de « personnel ».

LE « PERSONNAGE-CAMÉLÉON » ET LE MARQUAGE DE LA MINE

Les œuvres de mes corpus regorgent de métaphores qui amalgament le corps de l'homme à la terre, mais aussi au corps animal. Il existe un déséquilibre considérable entre leur occurrence dans la construction des figures du prospecteur et du mineur, alors que les ouvriers de la mine sont davantage marqués par l'espace. La force symbolique de ces métaphores diffère également sensiblement d'une figure à l'autre. Les rapprochements entre le corps du prospecteur et l'espace ont pour principale fonction d'illustrer la maîtrise spatiale des personnages, comme c'est le cas dans la nouvelle « El camino tan triste », où le protagoniste a « un regard rempli de ciel bleu, de pistes fraîches, de grands espaces traversés dans la solitude et, tout au fond de ce regard, comme une paillette d'or » (*OR1*, 17). Le prospecteur n'est pas amalgamé à un espace fixe et clos, il est plutôt marqué par les vastes territoires qu'il a arpentés, la description de son regard témoigne d'une

---

[24] Rob Shields, *Places of the Margin: Alternative Geographies of Modernity*, Londres, Routledge, coll. « International Library of Sociology », 1991, p. 163.

inscription positive de la terre sur son corps, puisqu'elle le rapproche du type légendaire de l'aventurier. La pratique de l'espace est vécue positivement par le personnage, comme l'atteste cette description de son adéquation avec la nature: «Dans cet état halluciné, en harmonie avec la nature, avec elle en tourments et tempêtes, avec elle brisé par les éléments, puis réconcilié, reprenant vigueur et vie, loin de tout» (*OR1*, 28). Le prospecteur est ainsi présenté comme un homme fort de la nature, aussi apte qu'elle à subir et à affronter les éléments. Dans la nouvelle «Le rêve d'un géant», c'est plutôt l'impact de l'expérience d'un espace sauvage sur le corps du chercheur d'or qui est explicité:

> La chaleur, les insectes, les vents et les rudes hivers entaillèrent [le] visage [de Cham], et les muscles de son corps saillirent, cordes et nœuds entremêlés. Son regard s'aiguisa et, comme un aigle, il contemplait le monde du haut de son idéal. [...] Il] était devenu un homme en accord absolu avec la nature sauvage (*OR2*, 75).

Le corps, au lieu de porter le reflet de l'espace, est plutôt sculpté par celui-ci. La pratique de l'exploration minière a donc un effet direct sur la physionomie du personnage de Cham. Même si cette pratique est marquée par la rudesse du climat et des conditions de vie, elle contribue à la construction du type de l'aventurier, car le prospecteur est montré en position de puissance et en harmonie avec la nature. *Sept jours dans la vie de Stanley Siscoe* offre aussi la représentation du corps de Stanislaw Szyszko, qui est modifié par les efforts physiques liés à son occupation:

> Te voilà plus svelte, pour ne pas dire amaigri, émacié. Trop d'efforts physiques, peut-être? Trop de marches ardues en forêt dense, trop de canot dans les méandres des petites *criques* et des rivières et sur la houle traîtresse des lacs balayés par les vents, trop d'expéditions de prospection ratées [...] trop de bûchage et de creusage (*SS*, 26).

Bien que la nature et les éléments aient une influence certaine sur la construction du corps du prospecteur, l'extrait qui précède montre un personnage affaibli par la confrontation constante avec l'espace minier, et non pas en position de force comme c'était le cas dans les passages du recueil de Delisle cités précédemment. Il semble n'y avoir qu'un pas entre une pleine maîtrise de l'espace dit sauvage et la détérioration progressive du corps.

L'inscription de l'espace sur le corps des protagonistes a une autre teneur lorsqu'il est question des mineurs. Dans le récit *Les géants familiers*, Monsieur Ayotte, avant même de devenir un ouvrier à la mine de Sullivan, est déjà pourvu d'un corps sculpté pour ce genre de travail : « homme trapu et costaud, [il] possédait un physique qui semblait le destiner aux travaux rudes » (*GF*, 44). Ce passage témoigne de la fatalité inhérente au travail minier, alors que le physique du personnage l'oriente fortement vers ce destin. Contrairement aux prospecteurs, qui explorent les bois et de vastes espaces naturels, les mineurs sont relégués au monde souterrain, ce qui se traduit dans la description de leur corps :

> [Q]uand y débarquent du train
> y'ont des visages comme un champ au temps de la récolte
> Après quelque temps à mine
> [...]
>   Y'ont les visages endurcis
> couleur de roche, couleur de rouille
> déjà couleur d'la mort (*GI*, 58)

Dans les vers de Dalpé, les mineurs du Nord de l'Ontario, récemment arrivés d'Europe, voient progressivement le teint de leur peau se rapprocher de la couleur de la terre. Il en va de même dans *Poussière sur la ville*, où les mineurs « effraient avec leurs visages terreux, durcis par l'effort quotidien, leur regard sans pitié[25] ». La pratique spatiale de ces personnages se limite aux profondeurs de la mine, un environnement artificiel créé par l'humain, malgré le fait qu'il puisse paraître naturel en raison de la terre et de la roche. Au lieu de se mesurer à la violence des éléments naturels comme c'est le cas des prospecteurs, les mineurs œuvrent dans un milieu hostile qui n'a d'autre défi à leur offrir

---

[25] André Langevin, *Poussière sur la ville*, Montréal, Cercle du livre de France, 1953, p. 105.

que l'éternité du travail à la mine, « remplie d'émigrants/enterrés vivants[26] ». Ainsi, au lieu de pratiquer librement l'espace comme le font les prospecteurs, les mineurs subissent l'espace. L'ouvrier, tel qu'il est décrit dans *Gens d'ici*, se rapproche du personnage chez Zola, parce qu'ils partagent une

> propension [...] à échanger [leurs] traits distinctifs notamment de couleur, ou sensoriels (bruit, odeur...) avec [leur] milieu, avec les milieux qu'il[s] traverse[nt]; il y a, chez Zola, une tendance au *personnage-caméléon*, les contours et les couleurs du personnage s'effaçant dans le milieu[27].

Cet effacement du personnage du mineur par l'espace minier est aussi repérable dans les métaphores qui créent une adéquation entre le corps et la mine, notamment dans le cas du personnage de Vladimir dans *Le Nickel Strange*, qui décrit son intériorité comme « la plus profonde galerie de son être » (*NS*, 19). Le microcosme minier est aussi reproduit à même le corps du mineur Auguste dans *La maison Cage*, car il « a une nuit sans étoiles dans le fond du cœur » (*MC*, 9) et ses poumons sont « [n]oirs comme le fond de la terre » (*MC*, 7). On retrouve le même genre de métaphore dans les vers de *Dans l'après-midi cardiaque*:

> Quand j'étais à Timmins
> il y a très longtemps
> je vivais dans moi
> comme dans une mine[28]

Les personnages sont non seulement faits par la mine, ils sont aussi faits de la même substance qu'elle, comme l'indique ce vers de Desbiens: « Nous sommes faits de roches[29] ».

Le « personnage-caméléon » du mineur est montré d'une façon récurrente par sa saleté, comme en témoigne la toute première didascalie de *1932, la ville du nickel...*: « Soleil. Chaleur. Sueur. Un baril d'eau. Giuseppe entre sale, casque de mineur à la

---

[26] Patrice Desbiens, *Dans l'après-midi cardiaque, op. cit.*, p. 197.
[27] Philippe Hamon, *op. cit.*, p. 182.
[28] Patrice Desbiens, *Dans l'après-midi cardiaque, op. cit.*, p. 197.
[29] *Id.*, *Sudbury, op. cit.*, p. 142.

main » (*NI*, 6). D'emblée, Giuseppe est clairement identifié comme mineur, tandis qu'il porte son casque à la main et qu'il est sale d'avoir travaillé dans les galeries de la mine. Il s'agit, en quelque sorte, d'un marquage de la mine: le statut d'ouvrier dans les mines est la première information que l'on a sur le protagoniste, il est rapidement réduit à cette fonction. Selon Mariel O'Neill-Karch, « [d]ans *Nickel*, [...] les objets liés à la mine, comme le casque des mineurs, sont [...] métonymiques[30] ». Dans *La maison Cage*, Auguste est aussi marqué par une saleté qui le caractérise comme mineur et dont il tente de se défaire: « J'ai toujours aimé chanter, moi. Ça me faisait du bien aux poumons. Ça les nettoyait de la saleté de la mine que je respirais à longueur de journée. » (*MC*, 7) La pièce donne aussi à lire une forme de marquage de la mine qui, au lieu d'être lié à la saleté, a trait à la nomination. Le patronyme d'Auguste est « Cage », la cage signifiant à la fois l'appareil qui permet aux mineurs de descendre dans la fosse et de remonter et l'enfermement. En outre, dès les premières lignes du texte, le personnage se présente: « Moi, Auguste Cage, mineur » (*MC*, 2); il se définit donc d'abord par son travail à la fosse.

Les questions du nom et de la hiérarchie, liées au marquage de la mine, revêtent une importance centrale dans le roman *Les héritiers de la mine*, puisque ces notions participent de la cosmogonie minière des Cardinal. Le refus d'une hiérarchie familiale conventionnelle est particulièrement visible dans les surnoms, qui font office de noms véritables, que les enfants se voient attribuer par les aînés de la famille. Le sobriquet « LeFion », donné au cadet de la famille, joint « Le » et « Fion », ce qui donne l'impression d'une identité pleine et indivisible – identité familiale s'entend. LeFion est ainsi nommé par ses aînés, dits LesGrands, ce sont donc eux qui représentent l'autorité paternelle et qui détiennent le pouvoir au sein de la cellule familiale. La famille Cardinal est constituée de trois castes distinctes, soit, de haut en bas, LesGrands, LesMoyens et enfin les Titis (*H*, 17). Les surnoms donnés sont porteurs de la

---

[30] Mariel O'Neill-Karch, *Théâtre franco-ontarien. Espaces ludiques*, Ottawa, Éditions L'Interligne, 1992, p. 87.

place qu'occupent les enfants dans la hiérarchie du clan. L'expression « fion » signifie à la fois « anus » et « donner le coup de fion : donner la dernière main à un ouvrage[31] », puisqu'il est le dernier de la lignée, mais aussi parce qu'il n'est pas considéré comme un vrai Cardinal.

Les noms donnés à deux des principaux personnages féminins, LaTommy et LaJumelle, sont également imprégnés de la hiérarchie inhérente au clan, notamment dans l'explication que fournit LeFion de leurs surnoms :

> LaTommy, parce qu'elle ferrait la truite comme personne, parce que notre meilleur ailier droit au hockey et notre fierté au jiu-jitsu, un vrai garçon manqué, un TomBoy, comme disaient les voisins. Et nous, pour les narguer, pour bien leur signifier qu'elle nous appartenait, nous l'avons appelée LaTommy. LaJumelle ? Parce que... nous étions tellement nombreux, il y en a qui sont passés inaperçus dans le lot (*H*, 26).

Le sobriquet « LaTommy », qui dérive de l'expression *tomboy*, marque son appartenance au clan Cardinal, puisque celle qu'il désigne correspond à leur idéal en excellant dans des disciplines dites masculines. Même si elle se conforme aux valeurs patriarcales de sa famille, elle n'est pas une Cardinal à part entière, car elle « appartient » à ses frères. En ce qui concerne le surnom de LaJumelle, qui mourra dans la mine, il est révélateur de la place qu'elle occupe – ou plutôt qu'elle n'occupe pas – dans la famille. Contrairement à ses frères et sœurs, le nom dont on l'affuble ne reflète pas l'un de ses traits physiques ou psychologiques, n'exprime pas sa singularité, mais indique simplement qu'elle est la jumelle de quelqu'un d'autre. Ce surnom, qui n'est pas marqué par la mythologie minière, semble sceller le funeste destin de LaJumelle, qui ne peut véritablement appartenir au clan.

Or, son surnom sera modifié, à la suite d'une rencontre avec des étrangers évoquée par LaTommy :

> Nous avions cinq ans quand la McDougall et son bouffi de mari ont mis leurs pieds puants dans notre maison. Je n'oublierai jamais. Ils ont crevé

---

[31] Le Petit Larousse, « Fion », Paris, Larousse, 2008, p. 422.

notre bulle, ils ont fait qu'Angèle et moi sommes devenues différentes. [... I]ls l'ont surnommée L'Adoptée parce qu'elle acceptait les poupées, les robes, les fanfreluches que lui offraient les McDougall. Ils ne lui ont jamais pardonné (*H*, 60 et 65).

Les McDougall, des représentants d'un syndicat minier qui habitent Westmount, rendent visite aux Cardinal dans le but avoué d'adopter les jumelles. Alors que LaTommy ne laisse aucun doute quant à l'hostilité qu'elle nourrit envers eux, LaJumelle, bien qu'elle refuse de les suivre à Montréal, accepte néanmoins leurs cadeaux et leur rendra visite à quelques reprises. Parce qu'elle entretient cette relation avec autrui, LaJumelle perd sa place, déjà précaire, au sein du clan : elle est déclassée, elle restera L'Adoptée aux yeux de ses frères et sœurs, car ils la perçoivent comme souillée par ce contact avec l'Autre.

Le marquage de la mine est également quelque chose que l'on peut tenter de combattre ou encore s'approprier, comme c'est le cas dans le roman *Temps pascal* : lors d'une manifestation, « on pouvait facilement reconnaître les mineurs à leurs visages noirs de suie. Tous s'étaient maquillés ainsi en signe de solidarité » (*TP*, 105). Les personnages se servent de ce marquage, qui les identifie d'emblée au monde minier, afin de montrer qu'ils ont collectivement conscience de leur oppression. Le marquage, qui laisse ses traces sur le corps des protagonistes, est vécu positivement dans *Germinal* : « Sur sa peau blanche [...], les éraflures, les entailles du charbon, laissaient des tatouages, des "greffes", comme disent les mineurs ; et il s'en montrait fier, il étalait ses gros bras, sa poitrine large[32]. » Les mineurs semblent satisfaits de ces « greffes », puisque celles-ci témoignent de leur ardeur à la tâche, et donc, de leur valeur dans un monde où le travail est une question de survie. Dans *Gens d'ici*, Dalpé décrit les mineurs par l'odeur de la sueur, une variante de la saleté :

Nous sommes l'odeur même [...]
de l'Inco (*GI*, 87)

---

[32] Émile Zola, *Germinal*, Paris, Gallimard, coll. « Folio », 1978 [1885], p. 197.

Cet extrait montre aussi que le corps des travailleurs est réduit à son odeur, donc désintégré, ce qui déshumanise encore davantage. Ces vers de Dalpé vont dans le même sens:

> Nous qui avons la terre d'icitte dans le ventre
> [...]
> sommes la sueur à piasses dans leurs mines (*GI*, 92)

Le « nous » qui est décrit par le poète est marqué par son appartenance à la terre, mais également par l'aliénation de voir son corps, voire sa complexité, réduits à la sueur destinée à faire la fortune d'une compagnie minière. Même si le corps des prospecteurs subit des transformations au contact de l'espace minier, il demeure entier dans les métaphores employées. Ces protagonistes ne sont pas marqués par la mine à proprement parler, ce qui est évocateur de la liberté dont ils jouissent au sein de cet espace, mais aussi de leur présence en mouvement, qui empêche tout réel attachement et toute dépendance au lieu.

L'aliénation et la déshumanisation du personnage du mineur sont aussi illustrées par le zoomorphisme, employé de façon péjorative dans les œuvres minières abitibiennes et francoontariennes. Les ouvriers des *Géants familiers* sont comparés à « une longue file de fourmis regagnant leur fourmilière, [...] surgissa[nt] de partout, avalés par le besoin de gagner leur pain quotidien, comme appelés mystérieusement par l'âme même de la mine » (*GF*, 40). Les mineurs sont ainsi réduits à des insectes, dépourvus de désirs et de réflexions, simplement conditionnés à exécuter les tâches pour lesquelles ils existent. Une image similaire est déployée dans le roman d'Émile Zola: « Jamais la mine ne chômait, il y avait nuit et jour des insectes humains fouissant la roche[33]. » Le zoomorphisme qui est à l'œuvre dans le recueil *Gens d'ici* suggère aussi la réduction du personnage à sa fonction de mineur, car ils sont « des hommes comme des chevaux de travail » (*GI*, 72). Dans *Les géants familiers*, les travailleurs sont également rapprochés des « taupes » (*GF*, 148), ce qui semble symboliser autant leur travail souterrain que l'aveuglement de leur

---

[33] *Ibid.*, p. 134.

asservissement. Le corps animal du mineur est investi de façon encore plus dramatique dans *Germinal*: « L'embarquement continuait, dessus et dessous, un enfournement confus de bétail[34]. » La force de cette image réside dans la grande fatalité qu'elle montre: les mineurs, en danger de mort, risquent l'abattoir comme le bétail. Il n'est pas innocent que ce zoomorphisme dépréciatif soit surtout employé dans les œuvres nord-ontariennes, parce qu'elles partagent une plus grande parenté avec la mine industrielle, qui « insiste sur cette régression de l'homme au stade animalesque[35] ».

L'habiter: mobilités et immobilités de l'homme

Après cette analyse du rapport entre le corps des personnages et la terre, il importe de se pencher sur « l'habiter » du prospecteur et du mineur. Cette notion s'applique de façon assez divergente d'une figure à l'autre, car le chercheur de métaux précieux et l'ouvrier pratiquent et occupent différemment l'espace. Nous verrons que, comme chez Zola, le personnage

> sera toujours fortement « territorialisé », inscrit dans un espace (topographique, psychologique, professionnel, etc.) fermement et soigneusement délimité. [...] Le personnage sera donc mobile (il lui faut passer d'un espace à l'autre) et/ou immobile (il est rivé, fixé, à un espace particulier)[36].

Les deux œuvres abitibiennes qui illustrent « l'habiter » du prospecteur, *Les héritiers de la mine* et « El camino tan triste », montrent surtout sa façon évanescente d'habiter l'espace. Dans le roman de Saucier, le personnage de LePère se définit surtout par sa quasi invisibilité et son occupation de la cabane, qui est son domaine:

> Il y entreposait sa dynamite, mais aussi tout le matériel de prospection qu'il ne pouvait trimballer dans sa fourgonnette ou entasser à la cave. Il

---

[34] *Ibid.*, p. 94.
[35] Kurt Ringger et Christof Weiand, « Aspects littéraires de la mine », *Revue de littérature comparée*, n° 4, octobre-décembre 1984, p. 438.
[36] Philippe Hamon, *op. cit.*, p. 33.

> passait de longs moments dans sa cabane, surveillé de la fenêtre par l'un ou l'autre des Titis qui annonçait: «LePère s'en va à la cabane», «LePère revient de la cabane.» Les allées et venues de notre père étaient toujours des événements. On le voyait si peu (*H*, 49-50).

La figure du prospecteur se fait donc fuyante, alors que la trajectoire de LePère se résume à d'incessants allers-retours entre ses trois domaines: le sous-sol, la cabane et les bois. La pratique de l'infinité des espaces nordiques du chercheur d'or semble ici vécue à moindre échelle, voire simulée. Le protagoniste se présente comme un prospecteur domestiqué; au lieu de jouir de la liberté que procurent les grands espaces, il est entièrement déterminé par son rôle dans la symbolique minière, occupé à gérer la quantité de ses bâtons de dynamite et ses échantillons de roche, dans l'exiguïté de la cabane et du sous-sol. Cependant, les déplacements de LePère sont perçus comme de véritables événements par ses enfants, ce qui le rapproche du type semi-légendaire de l'aventurier. Il semble d'ailleurs véritablement se trouver dans son élément lorsqu'il explore la forêt, car «si taciturne à la maison, [il] devenait très loquace en forêt» (*H*, 121). Cela confirme la division entre les espaces sauvage et domestique dans la construction de la figure du prospecteur, celui-ci étant plus généralement lié à la forêt.

La relation qu'entretient LePère avec l'espace minier a aussi une incidence sur les rapports qu'il a avec les autres personnages, c'est-à-dire ses enfants, comme en témoigne Émilien: «[M]es seules douceurs, ce sont ces moments d'intimité avec notre père, au coin du feu ou assis tous les deux sur un tronc d'arbre pendant qu'il m'explique les failles de la croûte terrestre qui se gorgent de magma, l'éclat résineux de la sphalérite» (*H*, 126). Les seules véritables discussions possibles entre LePère et ses enfants concernent la composition de la croûte terrestre; c'est donc l'importante relation du protagoniste à la terre qui le relie à sa progéniture. Il est intéressant de souligner que l'endroit dans le récit qui semble le plus propice aux entretiens est le sous-sol (*H*, 136), le «territoire intime» (*H*, 139) de LePère, lieu chargé de la symbolique minière et produit du chronotope minier. Contrairement au personnage des *Héritiers de la mine*, qui semble être un prospecteur domestiqué, le protagoniste d'« El camino tan triste » a du mal à véritablement habiter l'espace; il a marié une femme dont il a eu un enfant, et « [c]'est la seule fois de toute [s]a vie où [il a] senti des racines se nouer autour de [s]on corps, [lui] donner une place dans la vie. [...] Mais [il] ne sai[t] pas habiter une maison. [Il] la transforme en une sorte de logis sans âme » (*OR1*, 29-30). Le prospecteur n'est pas habileté à la sphère domestique, qui va contre sa nature; l'appel de l'aventure se fait plus fort et il repart explorer les vastes espaces peu ou pas pratiqués. La notion « d'habiter » est particulièrement problématique quand il est question de la figure du prospecteur, surtout définie par sa façon de ne pas habiter l'espace, ou encore de l'habiter sporadiquement, constamment en déplacement entre différents lieux charnières, notamment le sous-sol et la cabane dans le récit de Saucier, foyers du chronotope de la mine.

Quant à eux, les mineurs relèvent très peu du déplacement et de la trajectoire, ils sont plutôt confinés à l'espace des mines. La figure du mineur comprend d'abord celle du squatteur qui, « [d]ans l'ordre de l'occupation de l'espace », est

> l'archétype de l'habitant. [...] Juridiquement, le squatter [*sic*] est celui qui occupe un espace sans titre (sans texte) légal de propriété. [...] Symboliquement, le squatter [*sic*] est donc celui qui s'accroupit au sol, s'y blottit, s'y incorpore et refuse d'en être chassé. Puisqu'il fait corps avec la terre, puisqu'il en est le complément naturel, ses droits d'occupation sont censément les plus authentiques et incontestables qui soient[37].

Les squatteurs sont donc caractérisés par la clandestinité de leur « habiter », mais aussi par leur important rapport à la terre, qui vient doubler celui qu'ils entretiennent déjà en tant que mineurs. Le squat, qui s'apparente à une « constructio[n] improvisé[e] et hétéroclit[e] qui [la fait] ressembler à [un] "campemen[t]"[38] », est l'espace de la liberté, mais aussi de l'antériorité, parce qu'« en terme d'occupation spatiale, il se situe avant, ou tout simplement

---

[37] Luc Bureau, *op. cit.*, p. 75.
[38] Pierre Nepveu, *Intérieurs du Nouveau Monde, op. cit.*, p. 244.

hors du texte de ce plan: espace [...] "pré-texte" ou "hors-texte"³⁹». Le personnage de Madach appartient à cet espace, car

> [à] l'époque [des débuts de l'exploitation minière à Sullivan], il était commun de prendre possession d'un terrain et de s'y construire sans avoir la précaution de s'enquérir de la pertinence de ce choix. On ne tenait pas compte du propriétaire, compagnie minière ou gouvernement. On se faisait presque une gloire de porter le titre de squatter [sic] (*GF*, 45).

Andrei Madach, qui refuse l'expropriation même après que l'occupation du territoire soit devenue réglementée, s'apparente de cette façon à l'imaginaire de la *frontier*, ce qui est plutôt atypique pour un simple mineur, rarement représenté comme un *self-made man*. Le squat est un espace de la résistance, mais aussi de l'éphémère qui se veut permanent: «Certains squatteurs entêtés avaient résisté farouchement: c'est pour cette raison que l'on voyait, dispersées ici et là, quelques cabanes de bois rond, seules au milieu d'un champ ou tournant carrément le dos aux rues nouvellement tracées» (*GF*, 12). Le squat, «constructio[n] provisoir[e], de ce provisoire qui dure indéfiniment et jusqu'à ruine complète⁴⁰», constitue ainsi une métonymie – produit du chronotope minier – de la ville minière mono-industrielle qui, même si l'exploitation d'une mine a théoriquement une échéance, persiste à exister. Dans *Le Nickel Strange* de Tremblay, Vladimir semble adopter la posture du squatteur dans la vie moderne en transformant la petite chambre qu'il occupe au Nickel Range, lieu temporaire, en un véritable milieu de vie en y installant des électroménagers. L'hôtel, sorte de pendant moderne du squat, est aussi comparé à un «ghetto» (*NS*, 18) et à un «bordel» (*NS*, 26), puisqu'il héberge exclusivement des mineurs célibataires et des prostituées. Cela recoupe encore l'idée d'habitation de fortune, comme en fait foi le surnom de Putainville, donné à l'agglomération illégale de Roc-d'Or, qui correspond à l'emplacement actuel de Malartic⁴¹.

---

³⁹ Luc Bureau, *op. cit.*, p. 76.
⁴⁰ Jacques Languirand, *Klondyke*, Montréal, Cercle du livre de France, 1971, p. 14.
⁴¹ À ce sujet, voir l'ouvrage d'Alexandre Faucher, *De l'or... et des putes*, Rouyn-Noranda, Éditions du Quartz, coll. «Mémoire vive», 2014, 115 p.

Toutefois, davantage que l'espace de liberté du squat, c'est celui de la compagnie qui est généralement fréquenté par les mineurs. La maison où se déroule une bonne partie de l'histoire de *La maison Cage* est emblématique de cet espace; le 159, rue de l'Abattoir est une ancienne maison de mineur comme « [t]oute la rue de l'Abattoir. Des maisons de mineur. Construites par les compagnies pour [leurs] fidèles employés. Il n'y a plus de compagnies, plus d'employés. Comme quoi la fidélité ne tenait pas à grand-chose » (*MC*, 6). Les maisons appartiennent à la compagnie minière, ce qui appuie l'idée du foyer comme microcosme de la mine, comme produit du chronotope minier. La maison Cage tient aussi sa valeur chronotopique de son caractère emblématique du temps qui s'est arrêté à la fermeture des mines. Le foyer suggère tout autant l'éternité que l'industrie minière en contexte mono-industriel, comme l'indique ce dialogue entre Serge, cinéaste, et Nathalie, fille de mineur qui habite la maison avec son fils Roberto:

> SERGE: Ça fait longtemps que tu habites ici?
> NATHALIE: Depuis toujours. Je suis née, j'ai grandi... je vieillis dans cette maison. Peut-être que je vais y mourir aussi (*MC*, 6).

La maison reproduit également le temps de la mine, c'est-à-dire le temps de la nuit: « Les volets! Maudit soleil! Va briller ailleurs. Quand tu te lèves, moi, je me couche. Ma nuit, à moi, c'est le jour » (*MC*, 27). La temporalité du chronotope minier, sans égard à la vie extérieure, n'est constituée que d'une nuit perpétuelle. Le microcosme de la maison se présente aussi comme un monde totalitaire, qui s'apparente à ce que Bakhtine nomme le micromonde de l'« idylle familiale[42] », mais sans le côté harmonieux qui lui est généralement associé, qui est « limité dans l'espace [et] se suffit à lui-même; il n'est pas lié à d'autres lieux, au reste de l'univers. Mais l'existence des générations, localisée dans ce micromonde, peut avoir une durée

---

[42] Mikhaïl Bakhtine, *Esthétique et théorie du roman*, Paris, Gallimard, 1978, p. 367.

infinie[43] ». La petite ville minière désaffectée et la maison Cage sont des espaces totalitaires :

> La vie en dehors d'ici n'est pas possible. Tu le sais. Nous sommes enfermés dans cette maison. Internés dans cet asile. Nous sommes des aliénés de la vie. [...] Ailleurs, on ne veut pas de nous, il n'y a pas de place pour nous. Ailleurs, nous n'existons pas (*MC*, 28).

Nathalie explique à son fils Roberto que pour avoir une existence, aussi dysphorique soit-elle, ils ne doivent quitter ni la ville, ni la maison familiale. Même si l'extrait témoigne d'un enfermement important, la ville et le foyer ont également la valeur de refuge ; quitter le lieu, tout comme échapper au passé, est impossible.

En outre, les personnages de mes corpus, qui habitent principalement l'espace en tant que mineurs, sont réduits à leur fonction de travailleurs et sont surtout représentés comme groupe. Dans *Le Nickel Strange*, « [h]uit rangées de cinq détenus s'[entassent dans la cage], quarante mineurs par descente » (*NS*, 9). L'individu se perd dans la masse et l'entassement des mineurs, ce qui convoque l'image récurrente d'un convoi de bétail et illustre bien l'exiguïté de l'espace habité par ces derniers. « [C]ette masse humaine » (*NS*, 11) est aussi décrite dans *Les géants familiers*, tandis qu'une « marée humaine » prend d'assaut la cage, où les mineurs seront « serrés comme des sardines » (*GF*, 148). Même après avoir quitté l'étroitesse extrême de l'ascenseur, les travailleurs conservent la même posture, comme s'ils étaient conditionnés, quand ils sortent « comme des somnambules, en rangs serrés, une masse d'hommes qui sort du trou, avec leur silence enfoui sous la crasse, enfoui sous la terre qui leur pèse dessus, à longueur de jours, à longueur d'années, à longueur de vie » (*NI*, 43). Non seulement les ouvriers sont dépourvus de toute individualité en étant décrits comme groupe, ils voient aussi leur agentivité amoindrie par leur apparente inconscience et leur silence, qui leur colle à la peau. La grande promiscuité de l'espace minier ne fournit pas pour autant l'occasion de fraterniser et de se regrouper ; dans *Temps pascal*,

---

[43] *Ibid.*, p. 367-368.

« Léonard avait chambré avec d'autres types qui travaillaient dans le puits avec lui ; mais avec l'irrégularité des postes de travail, on se voyait si peu souvent qu'il n'y avait aucune vie commune » (*TP*, 65). Cependant, il en va autrement dans *Poussière sur la ville* ; malgré le fait que les mineurs sont aussi présentés en groupe, car « [l]a rue Green était encombrée de mineurs regagnant leur foyer ou rentrant à la mine[44] », au lieu d'être oppressés par le peu d'espace dont ils disposent, ils intériorisent cette exiguïté et se « sent[ent] forts des limites de leur ville[45] ». L'espace exigu de la mine a donc deux valeurs : il est parfois protecteur en sa qualité de nid, comme c'est le cas dans *Germinal*, alors qu'Étienne fuit la grogne populaire en se cachant sous terre[46], mais aussi contraignant, alors qu'il est souvent comparé à une prison, comme en témoignent la plupart des textes étudiés.

Les personnages sont presque entièrement déterminés par leur travail à la mine et, plus que n'importe quel espace, c'est celui de la fosse qui semble le plus naturel aux personnages des *Géants familiers*, car les mineurs « [ont] hâte de se retrouver dans leur élément, loin du soleil qui, depuis quelques heures, lançait ses rayons dorés sur la poussière des bâtiments de la mine » (*GF*, 149). Plus qu'un espace de travail, la mine, qui est « la raison d'être des habitants de Sullivan » (*GF*, 151), constitue un véritable espace de vie, plus valable que la surface de la terre et le domicile. Il s'agit aussi d'un espace intime que les mineurs gardent jalousement pour eux, comme l'indique Clara dans *1932, la ville du nickel...* : « La mine, tu la gardes pour toi. C'est pourtant là-dedans que tu la passes toute ta vie » (*NI*, 41). Le secret qui entoure le travail dans la fosse semble à la fois témoigner de l'enfermement et du silence intériorisés « à force d'être enterré au fond des mines » (*GI*, 13) et d'une sorte d'élitisme lié au statut d'initié du mineur. En outre, les mineurs dans le roman *Les géants familiers* mènent une existence qui est calquée sur le paysage minier, parce qu'à Sullivan, « on m[ène] une vie rude

---

[44] André Langevin, *op. cit.*, p. 27.
[45] *Ibid.*, p. 32.
[46] Émile Zola, *op. cit.*, p. 516.

mais simple, une vie naturelle, en conformité avec le paysage et la routine du travail» (*GF*, 13). Le mode de vie des ouvriers est donc marqué par l'ascèse et la monotonie, en parfaite adéquation avec leur pratique de l'espace: les mineurs sont des «[g]ens de terre» (*GI*, 14). Comme dans le roman zolien, «habitat, habit, habitant et habitude tendent, tout en se complétant, à ne faire que répéter, que décliner, une même information latente dès la première mention du nom de la profession[47]». Alors que l'on peut difficilement parler de «l'habiter» du prospecteur en raison de ses interminables déplacements, conditionnés par le désir de l'aventure et de la conquête liés à la *frontier*, celui du mineur est particulièrement lisible, non seulement parce qu'il habite l'espace exigu et circonscrit des mines, mais aussi parce que la mine l'habite à son tour.

Machisme et refus de l'Autre dans l'imaginaire minier

Ce fameux script du fonctionnaire de la mine dicte également l'impératif de la virilité, duquel découle une importante hiérarchie. Il est d'ailleurs question dans *Germinal* de «cette hiérarchie militaire qui, du galibot au maître-porion, les courbait les uns sous les autres[48]». Le machisme a aussi un impact sur la construction du prospecteur, bien qu'il soit moins souvent représenté, parce que les chercheurs d'or sont assez rarement montrés en relation avec autrui, ils n'ont donc pas à mesurer leur virilité à celle des autres personnages. Le principal territoire du chercheur d'or, la forêt, qui constitue «un avant-moi, un avant-nous[49]», est d'ailleurs le «berceau [...] des hommes forts[50]»; l'espace de la *frontier* est virilisé, car «l'aventure, celle des "colons", des "conquistadors", des "settlers", s'écrit radicalement au masculin[51]». Si la virilité n'est pas déjà acquise par le personnage, il

---

[47] Philippe Hamon, *op. cit.*, p. 97.
[48] Émile Zola, *op. cit.*, p. 119.
[49] Gaston Bachelard, *La poétique de l'espace*, Paris, Presses universitaires de France, 1957, p. 172.
[50] Jack Warwick, *L'appel du Nord dans la littérature canadienne-française*, traduit par Jean Simard, Montréal, Éditions Hurtubise/HMH, coll. «Constantes», 1972 [1968], p. 174.
[51] Pierre Nepveu, *Intérieurs du Nouveau Monde, op. cit.*, p. 56.

s'agit d'un passage obligé, d'un rite initiatique pour parvenir au rang de prospecteur, comme c'est le cas d'Alexandre, après qu'il se soit battu dans un bar: «Le v'là, le champion! Je pense que maintenant y peut partir tout seul, pour les pays du Nord. Fred et moi, on a complété son éducâtion.» (*QA*, 51)

La figure du mineur est plus éloquente quant à l'omniprésence du machisme, car le forage du roc est comparé de façon récurrente à une virilisation, à l'acte sexuel, plus particulièrement à la pénétration du vagin d'une femme par un homme. Dans *La terre et les rêveries de la volonté*, Gaston Bachelard effectue un rapprochement entre «la volonté de pénétration et des images qui *encouragent* la pénétration effective[52]»; le travail des matières dures irait «dans le sens même de la virilisation[53]». Le philosophe va plus loin en décrivant comme «extrême idéal de la virilité manœuvrière les trous dans la pierre et dans le fer[54]». Comme l'indique Serge Bouchard, «c'est cela l'Abitibi: une grande histoire, une quête démesurée, une beauté qui ne nous est pas donnée; il faut durer et s'accrocher, forer et pénétrer, en un mot, la prendre[55]». Il n'est dès lors pas surprenant de constater que la hiérarchie entre mineurs est basée sur un coefficient plus ou moins élevé de masculinité, comme en témoigne ce passage du *Nickel Strange*: «[P]our eux il est ironique que leur petit patron Whissel se permette de parler ainsi de ses hommes» (*NS*, 34). L'autorité du chef de quart est mise à l'épreuve en raison de sa petite taille, considérée comme peu virile:

> Whissell est de loin le plus petit homme du groupe. Ce n'est pas tout à fait un nain, car il fait au moins un mètre soixante-dix et il est, comme on dit, bien planté. S'il est considéré comme petit, c'est que les exigences du métier – un mètre quatre-vingts, soixante-quinze kilos, colonne vertébrale droite et préférablement aucun dossier criminel – le mettent, pour les mineurs, dans une classe à part (*NS*, 81-82).

---

[52] Gaston Bachelard, *La terre et les rêveries de la volonté*, Paris, Éditions José Corti, 1948, p. 38.
[53] *Ibid.*, p. 48.
[54] *Ibid.*, p. 51.
[55] Serge Bouchard, «L'histoire du silence», dans Denis Cloutier (dir.), *Contes, légendes et récits de l'Abitibi-Témiscamingue*, Trois-Pistoles, Éditions Trois-Pistoles, coll. «Contes, légendes et récits du Québec et d'ailleurs», 2012, p. 25.

L'impératif de la virilité fait partie de la formation des nouveaux ouvriers, qui sont informés que «[p]our être mineur, ça aide de savoir aimer les femmes. Il faut être capable de remplir les trous. [...] S['ils] veu[lent] des gros bonis, [ils] doi[vent] apprendre à travailler avec [leur] bitte» (*NS*, 41-42). Cet extrait met de l'avant une parfaite adéquation entre la satisfaction sexuelle de la femme et un travail de forage bien fait. Cette virilité, si elle est partagée, donne lieu à une certaine forme de camaraderie, puisque «[l]es mineurs aiment se sentir durs et ils ont tendance parfois à exagérer pour les besoins de la cause, pour entretenir leur image, pour faire mousser leur réputation comme si la virilité de l'un faisait gonfler celle de l'autre» (*NS*, 70). L'un des mineurs des *Géants familiers* doit d'ailleurs sa notoriété à son sexe: «Le père Ovila, géniteur d'une nombreuse descendance et qui, paraissait-il, était pourvu du plus énorme attribut viril qu'il ait été donné de voir de ce côté-ci du fleuve Saint-Laurent» (*GF*, 41). La virilité semble importer plus que n'importe quelle caractéristique, car les mineurs «se sentent durs, hommes avant tout, pères de famille et amants fidèles ou presque» (*NS*, 10), ce qui vient confirmer l'importance de la sexualisation de l'espace minier.

De cette hypertrophie de la virilité découle le refus de la différence, l'intolérance pour l'Autre, qui se traduisent par l'intimidation dans *Le Nickel Strange*: «Les mineurs, comme la plupart des êtres humains, savent trouver leur souffre-douleur dans chaque nouveau groupe qu'ils accueillent. C'est un long processus d'élimination. Ils ridiculisent celui qui se distingue du groupe» (*NS*, 80). Ceux qui se considèrent comme «les vrais mineurs [...] ne laisse[nt] pas n'importe qui entrer dans [leur] club» (*NS*, 130); les recrues de la Frood-Stobie qui affichent une différence indésirable sont «[u]n efféminé, un jeune scalpé puis un absent» (*NS*, 27). Nous trouvons ici la description de traits qui ne correspondent pas à la figure du mineur, notamment la féminité, qui se situe à l'opposé de ce qui est recherché chez un ouvrier: «Tu t'habilles comme une tapette, tous les gars sont convaincus que tu suces Ti-cul Whissell pour garder ton job. Cela pourrait ternir notre réputation. Arrange-toi pour que tu aies l'air, à la fin du quart, d'avoir travaillé pour ta croûte» (*NS*, 82). Ce discours homophobe confirme que tout « manque » de virilité est interprété comme de l'incompétence au travail, mais aussi comme une atteinte à la masculinité exacerbée du groupe. Les mineurs ont recours à l'humour pour éloigner toute remise en question de leur virilité; « [q]uelques-uns s'esclaffent, d'autres s'écrient sur un ton efféminé: "Touche-moi pas, sinon je vais le dire à mon homme!" » (*NS*, 11). Néanmoins, le récit de Tremblay donne à lire une relation homosexuelle secrète entre Vladimir et la Grande Gaspé, qui est en fait Oscar de Gaspé. La contrainte à la virilité est aussi à l'œuvre dans *Les géants familiers*, où l'un des personnages ne fait pas valoir son autorité mâle: « "Ti-Coune" Bissonnette [...] à cause de sa totale dépendance vis-à-vis [*sic*] sa corpulente épouse, [était] le candidat parfait pour subir les frasques pas toujours anodines de ses compagnons de travail... » (*GF*, 41). Tout manquement à la performance de la virilité est donc à proscrire, ce qui vaut aussi en milieu familial. L'autorité de l'homme est amplifiée au sein de la famille, ce qui semble compenser pour son manque d'agentivité à la mine. Toujours dans le roman de Saint-Germain, Monsieur Ayotte, décrit comme le « membre le plus important [du clan] » (*GF*, 137), « prenait son rôle de chef de famille au sérieux. Celui-ci régissait les moindres détails de la bonne marche du foyer, ayant l'œil et l'oreille sur tous ses sujets. Interdiction formelle de le contredire. Défense de s'opposer à son autorité » (*GF*, 14-15). De fait, il y a une adéquation presque parfaite entre le fait de devenir un homme et de devenir un mineur; dans *La maison Cage*, Roberto, parvenu à l'âge adulte, est dépeint comme l'éternel enfant de Nathalie: « Moi? Je ne suis rien. Pas un mineur. Pas un chômeur. Moins que rien. Je n'ai jamais travaillé » (*MC*, 16). Le personnage apparaît donc déclassé, car il faut travailler à la mine pour être quelqu'un, pour être un vrai homme. *Temps pascal* va dans le même sens, avec la description d'un personnage qui, « [a]vant la mine, [...] n'était rien » (*TP*, 45).

L'« efféminé » en question dans *Le Nickel Strange* est le personnage de Rim; il est « un jeune homme blond, élancé et quelque peu délicat, préoccupé par la lecture d'une édition reliée de *Germinal* d'Émile Zola » (*NS*, 57). Les autres mineurs lui reprochent non seulement son apparente délicatesse, mais également son intellectualité. Les préoccupations intellectuelles s'arriment mal à la vie de mineur, car « [d]evenir mineur, travailler sous terre ou encore dans les grandes raffineries, c'était, pour un jeune homme qui voulait se faire professeur, l'enfer sur terre » (*NS*, 175-176). Comme nous l'avons vu dans le chapitre sur la mine industrielle, seul le travail manuel semble véritablement valorisé dans l'univers minier, tandis que celui de l'esprit lui est souvent sacrifié. Dans *La quête d'Alexandre*, le personnage éponyme, qui est un intellectuel, est averti par son cousin qu'il ne serait pas à sa place dans une mine : « On engage pas à la mine dans le moment. D'ailleurs, ce n'est pas une job pour vous » (*QA*, 42). Dans *Le Nickel Strange*, Rim, qui ne correspond pas à ce qu'on attend d'un mineur, se voit retirer les marques de sa différence, après avoir été abandonné dans la mine par ses collègues, seul dans le noir pendant plusieurs heures, le prix de son excentricité : « Son livre a disparu, il est barbouillé, ses vêtements sont fripés et son beau chapeau, désormais tout écorché et râpé, a perdu son lustre rose pour reprendre les teintes neutres de sa fibre de verre » (*NS*, 84). Les traces de sa coquetterie sont ainsi effacées ; le rose, généralement associé à la féminité, est éliminé pour découvrir la couleur originale neutre du casque et ses vêtements sont maintenant sales et déchirés. L'apparence de Rim se confond de cette façon à celle de ses camarades, il ne peut échapper au marquage de la mine. Nous assistons ainsi à un rejet du beau dans le monde minier, parce que « pour un mineur, le soleil n'existait pas, et s'attendrir sur les couleurs de l'aube est inconvenant pour un homme qui s'apprête à descendre sous terre » (*NS*, 119). Dans l'univers des mines, la différence est aussi une question d'origine ethnique, car « [i]l fut difficile pour [Vladimir] de s'acclimater, d'accepter le racisme au travail » (*NS*, 18). Le mineur d'origine polonaise se résigne à l'intolérance de ses collègues, dans un contexte qui favorise les ouvriers canadiens-français, comme c'est le cas dans *1932, la ville du nickel…* : « Je pousse pour faire rentrer d'autres Canadiens français. Je pousse pour que vous ayez les jobs les plus faciles. Je pousse pour qu'il y ait d'autres shift boss canadiens-français » (*NI*, 35). En dépit du nombre important de travailleurs d'origine étrangère, ce sont les

Canadiens français qui bénéficient systématiquement des postes de pouvoir, donc les plus éloignés des dangers du fond de la fosse.

La conformité au milieu minier s'effectue également au niveau du langage; Rim croit « inutile de combattre ces hommes, [qui] sont solidaires, entêtés et carrément dangereux » (*NS*, 84) et décide ne pas dénoncer ses tortionnaires, « sa réponse déjà préparée monte du plus profond de lui-même. Elle s'adapte aux circonstances, se traduit dans le langage du milieu, se décante en une simple question aussi brutale que pratique: "C'est quand, la paie?" » (*NS*, 84). Le personnage passe ainsi d'un discours plutôt savant, tandis qu'« il harangu[ait] régulièrement ses bourreaux sur les bienfaits du socialisme, sur les exploits de Lénine, de Staline et de Trotski » (*NS*, 81), à un autre simplifié et réduit aux simples considérations pratiques du métier de mineur. Il importe effectivement de parler le langage du Trou, comme le montrent ces propos d'un ouvrier, qui formule des reproches à l'endroit de Whissell: « Whissell, tu ferais mieux de parler pour toi-même, on n'est pas des docteurs et encore moins des gardes-malades » (*NS*, 130). Une uniformité de même qu'une simplification de la langue sont de mise dans la fosse, ce qui réitère le refus de toute forme d'intellectualité: « La liberté de parole, dans les mines, ça n'existe pas » (*NS*, 80). On remarque que l'impératif de la virilité est surtout prégnant dans le corpus nord-ontarien; il semble que la question du machisme soit liée de très près à la mine industrielle. L'espace de la mine industrielle, moins créateur que celui de la mine mythique – notamment associé à la création littéraire –, est surtout porteur d'une reproduction du Même et de la hiérarchie qu'elle suppose. Cela peut sans doute s'expliquer par la grande oppression vécue par les mineurs de la mine industrielle, qui reproduisent à leur tour un système de domination, ce qui semble constituer pour eux le seul véritable moyen de se valoriser, car, dans cet imaginaire, leur rude besogne, leur raison d'être, est nécessairement accompagnée d'une virilisation.

Héros ou perdants? La problématique de l'héroïsation du mineur et du prospecteur

Dans les œuvres à l'étude, la construction de la figure de l'homme s'accompagne souvent d'un désir d'héroïsation, qui est la plupart du temps lié à la question de la virilité. C'est particulièrement le cas du prospecteur qui, par sa

> position liminale, à la frontière entre le Soi et l'Autre, entre l'inconnu et le connu, lui confère par le fait même le statut de héros «fondateur» agissant au nom d'une communauté en exécutant des actions qui deviendront significatives sur le plan collectif, lorsque mythe et histoire se confondent[56].

Le prospecteur doit son importance sur le plan symbolique[57] à son rôle de premier plan dans la redécouverte[58] et l'exploration des espaces peu pratiqués, qu'il dote ainsi d'une valeur cosmogonique. Pour sa part, Jack Warwick décrit le voyageur, dont le prospecteur est l'une des déclinaisons, comme «un type social pittoresque» et «une figure légendaire[59]». Le chercheur de métaux précieux correspond à la

> figuration du héros [... qui] incarne toujours les valeurs de la communauté, il affronte les dangers qui menacent son ordre, il maintient le contact avec ce monde divin qui prolonge, sans solution de continuité, le monde humain. C'est pourquoi le héros est nécessairement un homme [...] dont la supériorité s'impose d'elle-même[60].

Le statut de frontalier du prospecteur le place effectivement dans une position mitoyenne, quelque part entre la société qu'il contribue à construire et qu'il représente et le monde légendaire des grands explorateurs solitaires, plus grands que nature. Il

---

[56] Louise Vigneault, «Le pionnier: acteur de la frontière», dans Bernard Andrès et Gérard Bouchard (dir.), *Mythes et sociétés des Amériques*, Montréal, Éditions Québec Amérique, coll. «Dossiers et documents», 2007, p. 276.

[57] L'importance du prospecteur dans l'imaginaire collectif est encore observable, il n'y a qu'à penser à l'ouverture à Val-d'Or, en 2014, d'une micro-brasserie nommée «Le prospecteur».

[58] J'emploie ce terme pour signaler la présence autochtone sur ces territoires.

[59] Jack Warwick, *op. cit.*, p. 18.

[60] Pierre Glaudes et Yves Reuter, *op. cit.*, p. 34.

importe de souligner que le héros est nécessairement un homme fort, ce qui en dit long sur la suprématie d'une masculinité exacerbée des personnages semi-légendaires dans l'imaginaire du début des colonies. Il est donc « un être énergique tourné vers l'action qu'il pousse jusqu'au sublime, il entretient des rapports électifs avec le divin[61] ». Selon Glaudes et Reuter, « [l]e héros, comme tel, n'existe qu'en fonction de l'investissement [...] des représentations socioculturelles dont il est le vecteur et du système de valeurs que son héroïsme exalte[62] ». Le prospecteur doit ainsi son rang de héros à son statut de fonctionnaire, tandis que pour demeurer de l'ordre du légendaire, il se doit de remplir sa fonction de représentant des valeurs de la communauté dont il participe à la fondation, notamment la force, la persévérance et la survivance dans un milieu nordique et hostile. La figure du prospecteur correspond de cette façon à ce que Philippe Hamon appelle les « personnages référentiels », qui servent « essentiellement "d'ancrage" référentiel en renvoyant au grand Texte de l'idéologie, des clichés, ou de la culture[63] ».

Le personnage qui correspond sans doute le mieux au cliché du prospecteur est Cham, dans la nouvelle « Le rêve d'un géant »; il est représenté comme un « disciple [...] incontrôlable », un « [h]omme viril », tandis que « [s]on esprit indépendant et audacieux, son énergie et son courage, qui avaient toujours tenu les rênes de sa conduite tant créatrice que destructrice, le menaient encore une fois vers l'élan sauvage de la vie, dans une impulsion pure et brutale » (*OR2*, 113). L'héroïsme du personnage est attribuable à son invincibilité, car « [t]rès droit, l'œil aigu, le verbe aisé, [il est] infatigable [et] imbattable » (*OR2*, 110). Le statut de prospecteur s'accompagne alors d'une aura de prestige: « Que de rumeurs, que de bruits à propos de ce chercheur d'or, solitaire comme un âne indompté, seul capable de pénétrer le mystère profond de la roche et d'en extirper le soleil! » (*OR2*, 77) On sent également sa dimension divine

---

[61] *Ibid.*
[62] *Ibid.*, p. 104.
[63] Philippe Hamon, « Pour un statut sémiologique du personnage », *Littérature*, n° 6, 1972, p. 95.

quand il est question de son « énergie originelle » et de son « feu à la fois sublime et dévastateur » (*OR2*, 110). Cham semble être capable du meilleur et du pire, puisqu'il est dépeint comme un « fauteur de troubles rusé, au discours violent » (*OR2*, 116), mais également comme « l'homme du contre-courant » (*OR2*, 122). La prédestination au légendaire du personnage participe aussi à son héroïsation :

> La maison de son père voisinait avec les marées, et leurs oscillations agitèrent son berceau. [...] Ses yeux s'ouvrirent grand sur les flots, curieux de tout connaître. Une nature tumultueuse entra en lui et il fut animé d'une même passion pour la terre et les eaux (*OR2*, 73).

Ce passage semble suggérer que Cham est un élu, qu'il a été choisi par une force supérieure, ce qui le lie une fois de plus au divin. Le personnage de François-Xavier dans *La quête d'Alexandre* semble aussi prédestiné à la prospection minière, car il « avait toujours eu "l'errance dans le sang". Il avait à peine douze ans lorsque l'oncle dont il portait le nom avait quitté le village pour se joindre aux chercheurs d'or du Klondyke » (*QA*, 29). Le personnage de Cham est non seulement un élu, il est aussi apparenté au panthéon des aventuriers des grands espaces ; il est « heureux comme un guerrier » (*OR2*, 112) et décrit « [c]omme un Ulysse sans Calypso » (*OR2*, 117). Le missionnaire-prospecteur est donc élevé au rang de personnage mythique du voyage, dépourvu de toute attache qui pourrait le retenir en un lieu. Toutefois, c'est une toute autre variante du voyageur que Cham incarne à la fin de la nouvelle : « [l]'illusoire prospecteur à la barbe céleste, parcourant des milles à pied et en raquettes, devait céder la place au pèlerin dépouillé et se mettre en route vers le dernier voyage » (*OR2*, 121). Le personnage demeure, d'une certaine façon, un aventurier, mais sans l'aura mythique qu'il avait auparavant.

En dépit de ses qualités de conquérant, le protagoniste ne vit pas sa fièvre de l'or de façon individualiste, comme le montre ce discours qu'il tient à Nagaëmo Beesum, un chef autochtone : « Avec ce qu'il y a dans ce sac, tu pourrais être très riche et aider ton peuple à vivre mieux. [...] Tu possèdes un trésor dont tu tais l'existence à ton peuple » (*OR2*, 92-93). Cham semble échapper à l'individualisme – trait de la *frontier* généralement assimilé par ceux qui la pratiquent – et vise même à faire réparation auprès des Autochtones, qui ne bénéficient aucunement de l'exploitation des ressources naturelles: « Maintenant, ici, avec l'accord de Nagaëmo Beesum, ne pourrait-il pas rétablir un juste équilibre entre la pauvreté de celui qui trappe et peine, et la richesse insolente de celui qui achète ou échange pour trois fois une chimère? » (*OR2*, 94) La recherche de l'or dans le roman historique de Brodeur a aussi une visée communautaire; le Père Paradis « [a] pensé au bien que cet or pourrait faire. Une église convenable pour les mineurs [...]. Des collèges, des couvents pour instruire [les] enfants. Un hôpital » (*QA*, 89). Mais, par mégarde, l'homme de religion « drain[e] le lac Frederick House, segment vital du réseau de communication et de transport dans la région » (*QA*, 88). Le personnage, par sa maladresse et son manque d'expérience, n'est donc pas de l'ordre du légendaire et il « [n]'est rien qu'un chercheur d'or » (*QA*, 88), remarque qui traduit bien son amateurisme. On remarque néanmoins la prépondérance de l'individualité de la figure du prospecteur dans *La quête d'Alexandre*, parce que les chercheurs d'or « surveill[ent] les enregistrements périmés » (*QA*, 74), prêts à s'emparer des concessions de leurs rivaux. La compétition entre prospecteurs est importante, car il existe une « pratique courante chez [ceux-ci] », celle de « brouill[er] leurs traces pour empêcher les rivaux de les suivre » (*QA*, 81). Même si la collaboration n'est pas de mise dans ce monde d'aventuriers, le personnage de Tom Clegson s'inscrit contre cette représentation, alors qu'il a l'intention d'envoyer des actions à ses collègues, « si la mine rapporte » (*QA*, 78).

Pour sa part, le parcours du personnage-prospecteur de la nouvelle « El camino tan triste » est dépourvu d'une dimension sacrée; au lieu d'être habité dès sa naissance par le désir du territoire, il a plutôt commencé au bas de l'échelle, « comme homme de terrain en exploration minière » (*OR1*, 22). Le protagoniste appartient néanmoins à la grande famille des aventuriers, et ce pour plusieurs raisons. Avant de passer à la prospection minière, il s'engage dans l'armée, occupation qui partage certaines similitudes avec l'exploration à venir: «Nous pratiquions tous la même tragique vertu: le dépassement de soi par la souffrance. Le corps poussé à l'extrême limite de ses forces devient un excellent outil de formation. Il va au-delà de la souffrance. Il la dépasse» (*OR1*, 21). Cet extrait n'est pas sans rappeler l'axe de l'hivernité, à partir duquel j'ai analysé l'épreuve physique et spirituelle qui est traversée par les aventuriers. L'écriture de la nouvelle donne également à lire un parallèle entre le prospecteur et le marin: «Comme des marins, nous partagions le même sort, liés à la carte et à la boussole, interrogeant le ciel, craignant la funeste tempête» (*OR1*, 23). Cependant, la vie d'aventure du protagoniste n'a rien d'unique, ses compagnons ont «tous plus ou moins connu la même chose» (*OR1*, 27), c'est-à-dire de perdre tout repère en forêt et de craindre la mort lors d'une tempête de neige. La banalité de la vie d'aventurier est aussi exposée dans ce passage d'«El camino tan triste»: «J'étais devenu un prospecteur. Jusque là, j'en doutais. Je marchais dans les bois, je cassais de la roche, je prélevais des échantillons, et je recommençais encore et encore...» (*OR1*, 64) Le personnage a non seulement un quotidien répétitif, il devient aussi prospecteur un peu par hasard, ce qui évacue toute trace de prestige ou de grandeur associée à la figure de l'aventurier[64]. Il en va de même dans *La vengeance de l'original*, car «[l]e travail [est] toujours le même. Jamais Collins n'aurait cru qu'il soit aussi monotone de travailler dans l'or à longueur de journée» (*V*, 79). L'ennui inhérent à l'exploration minière va à l'encontre des attentes des personnages, grandement influencés par la mythologie qui entoure la ruée vers l'or. Cet extrait d'«El camino tan triste» participe également du déboulonnement du mythe de l'aventurier:

> Tu crois que les aventuriers ont une vie fabuleuse? Moi, je te dis que c'est un mythe. Je peux te raconter des anecdotes chargées d'odeurs,

---

[64] Dans le roman *L'odeur des pierres* de Philippe Létourneau, le personnage d'Alexandre devient aussi prospecteur par la force des choses, alors qu'il ne souhaitait au départ que faire un reportage sur l'exploration minière. Rouyn-Noranda, Éditions du Quartz, coll. «Roman», 2015, 270 p.

d'atmosphères, de joies et d'angoisses, mais c'est comme balancer dans le vent un sac plein de trous! Ce ne sont que de petits moments, tout au plus des points lumineux qui surgissent, préservés par la mémoire, des sensations qui se déforment quand on en parle, qui n'expriment souvent en rien la réalité, qui ne rendent jamais totalement justice à ce qui s'est véritablement passé (*OR1*, 30).

Le protagoniste affirme que les moments de grâce dans l'existence d'un prospecteur sont rares et éphémères, ce qui n'est pas sans rappeler les petites épiphanies accordées par la *frontier*. Le passage cité plus haut témoigne aussi de la magnificence que l'on a tendance à accorder, à postériori, à certains événements, plus particulièrement dans la mythification que l'on fait des aventuriers.

L'exemple le plus probant de l'importance de la rumeur et de la déformation des récits dans la construction du mythe du prospecteur se trouve dans les lignes de *Sept jours dans la vie de Stanley Siscoe*, car « le récit des événements qui ont forgé [l]a légende [de] Stanley [...] est plus teinté de spéculations que de certitudes » (*SS*, 11). Le narrateur admet aussi d'emblée « ce besoin de magnifier les aventures vécues par les pilotes et les chasseurs d'or et de fourrures » (*SS*, 29). Stanislaw Szyszko semble surtout devoir sa légende à la rumeur et au bavardage, parce que son histoire est assez peu connue (*SS*, 16): « [l]es légendes courent vite dans les pays neufs qui ne peuvent encore fouiller dans leurs livres d'histoire à la recherche d'événements à mettre en lumière » (*SS*, 114). Même s'il peut paraître paradoxal que le personnage historique soit à la fois méconnu et érigé au rang de légende, la méconnaissance est dans ce cas constitutive de la mythologie du prospecteur, qui se construit principalement à partir des vides laissés par l'Histoire. Bien que le protagoniste soit surtout connu pour son exploration minière et son statut d'« homme d'action » (*SS*, 62), il persiste cependant un flou autour de ses fonctions exactes, comme le mentionne le narrateur: « [J]e ne suis plus trop sûr que ce soit celui [le titre] d'opérateur ou d'industriel minier, de directeur de mine ou de gérant général de la compagnie qui porte ton nom » (*SS*, 22). La notoriété de Szyszko est telle que « la mine d'or qui portait [s]on nom avait étendu sa réputation jusqu'aux États-Unis et [...] jusqu'en Europe » (*SS*, 18). En plus de son rôle de chercheur d'or, le personnage est donc reconnu comme étant « un homme d'affaires prospère » (*SS*, 27), ce qui ajoute à sa magnificence: « L'étais-tu, millionnaire [... ?] Encore un élément qui fait partie de ta légende » (*SS*, 64). Cependant, parmi tous ces éléments qui contribuent à la mythification de la figure du prospecteur, c'est surtout la prospection sur « l'île Askigwash, qu['il a] fait connaître[,] qui [l]'a propulsé dans l'univers de la légende » (*SS*, 25). Cette découverte aurifère est d'une telle importance qu'elle laisse sa marque dans la toponymie: l'île Askigwash devient l'île Siscoe.

Il s'agit très certainement de la première partie de la formation de la légende; la seconde tourne principalement autour des « sept jours les plus marquants de sa vie » (*SS*, 23), qui correspondent aux sept dernières journées de son existence. C'est à la suite d'un accident d'avion, qui devait le mener à Senneterre, que sa « vie prend [...] une nouvelle tournure [...]. L'histoire [passe] à la légende. Et les choses qu'on a dites par la suite à [s]on propos ne sont que spéculations » (*SS*, 37). Il est significatif que ce deuxième – et principal – temps de la légende de Szyszko soit composé de l'accident et, ultimement, de la mort du personnage. Ce n'est pas tant sa vie que sa mort qui tient du légendaire; l'instance narrative mentionne qu'il s'agit de « l'inévitable destin qui frappe les personnages historiques, en particulier ceux que l'on peut qualifier de Don Quichotte de l'or » (*SS*, 37). On note dans le discours du narrateur, et de son propre aveu, « une vision très romantique des coureurs des bois et des prospecteurs » (*SS*, 25). Cependant, l'écriture des derniers moments du prospecteur laisse aussi voir un certain déboulonnement du mythe: « On a même dit que tu ne dédaignais pas t'adonner régulièrement à la consommation de boissons alcooliques [...] et que c'est une consommation abusive d'alcool tout au long de votre aventure qui aurait biaisé votre faculté de raisonnement » (*SS*, 43). La grandeur de la légende est ainsi amoindrie, car le décès de Stanislaw Szyszko serait notamment attribuable à de mauvaises décisions prises sous l'influence d'une intoxication, ce qui le ramène au rang de

« simple prospecteur » (*SS*, 88), mais surtout de simple mortel qui aurait fait preuve de faiblesse humaine. Il demeure néanmoins que le protagoniste, « le corps tout entier crispé dans [s]a légende qui commence » constitue la « première figure mythique de l'Abitibi » (*SS*, 125), et peut-être même la seule.

Dans *La quête d'Alexandre*, bien que les personnages de l'histoire minière ne se situent pas au centre du récit, on remarque cependant que leur simple évocation renforce l'aura mythique qui entoure la figure du chercheur d'or. Le Père Paradis, en tant qu'apprenti prospecteur, ressent la pression d'évoluer dans l'ombre de ces personnages historiques : « Pourvu que vous ne me demandiez pas de vous aider à trouver autant d'or que Benny Hollinger, ça va » (*QA*, 56). Hollinger, intronisé au Temple de la renommée du secteur minier canadien en 2010, figure parmi les prospecteurs qui ont fait de « riches découvertes [...] dans la nature sauvage du Nord de l'Ontario [qui] ont mené au développement du premier camp minier canadien et à la fondation de Timmins[65] ». L'écriture de Brodeur est aussi traversée par la présence d'un prospecteur réel, qui se rapproche davantage de Stanislaw Szyszko par sa notoriété, Harry Oakes : « Voilà un prospecteur qui ne lâche pas. Il vit à longueur d'année dans un misérable camp en bois rond. Il parcourt les bois même en hiver pour piqueter des *claims* et couche à la belle étoile, enveloppé d'une couverture de peaux de lièvres. » (*QA*, 62) Oakes, également membre du Temple de la renommée du secteur minier canadien, est sans aucun doute le chercheur d'or le plus connu du Nord de l'Ontario[66] et constitue, en quelque sorte, le double ontarien de Szyszko. De plus, il est intéressant de noter qu'une bonne partie de la légende d'Oakes se base sur son décès, également entouré de mystère. La référence au prospecteur participe à magnifier la figure de l'aventurier de l'or, mais elle semble aussi servir d'avertissement aux néophytes, parce que la vie

---

[65] http://mininghalloffame.ca/fr_inductees/g-i/benny_hollinger [Le Temple de la renommée du secteur minier canadien].

[66] La vie d'Harry Oakes a inspiré plusieurs ouvrages et films, notamment le livre *The Life and Death of Sir Harry Oakes* de Geoffrey Bocca et le film *Eureka* du réalisateur Nicolas Roeg, mettant en vedette Gene Hackman.

d'ascèse et le courage d'Harry Oakes ne sont réalisables que par un nombre restreint d'initiés, d'élus.

L'exemple le plus prégnant d'apprentis prospecteurs qui ne parviendront jamais au panthéon des prospecteurs se trouve dans *La vengeance de l'orignal*. Le roman de Germain se présente comme une sorte de manuel de l'anti-prospecteur, qui décrit les différentes étapes à suivre pour échouer à la quête de l'or. D'emblée, les deux touristes étatsuniens semblent bien loin de l'archétype de l'aventurier, comme en témoigne un habitant de la région de Hearst: « On ne devrait pas laisser les étrangers s'aventurer dans les bois. Ils n'y connaissent rien » (*V*, 24). La forêt, le lieu par excellence des aventuriers de l'or, est décrite comme inaccessible aux étrangers, qui ne seraient pas à même de la pratiquer comme il se doit: « Les deux Américains, que leur expérience de citadins avait peu préparés à ce genre d'aventure, restèrent bouche bée devant le spectacle qui s'offrait à eux » (*V*, 39). Le manque d'expérience des apprentis chercheurs d'or se traduit aussi par la difficulté qu'ils éprouvent à surmonter l'épreuve de l'exploration minière:

> [I]ls ressemblaient maintenant de plus en plus à des forçats. La barbe leur mangeait le visage, ils avaient les cheveux longs et sales et leurs vêtements, qu'ils ne prenaient le temps ni de laver ni de rapiécer, tombaient littéralement en loques. Les chapeaux n'avaient plus de forme ni de couleur et on pouvait voir sortir de longs bras bruns et maigres des manches de chemises à demi-arrachées (*V*, 66).

Cet extrait n'est pas sans rappeler le marquage de la mine, sur lequel je me suis penchée plus tôt. Dans les deux nouvelles du recueil *Et l'or tomba dans le quartz du Nord*, le marquage de l'espace sur le corps des deux protagonistes traduit plutôt une maîtrise spatiale et une harmonie avec la nature, tandis que *La vengeance de l'orignal* donne à lire des personnages qui subissent l'espace. L'amateurisme des prospecteurs du roman de Germain est aussi à l'œuvre dans la vantardise de Collins, qui, n'apprenant pas de ses erreurs, trahit le secret de l'or à deux reprises. La première fois, dans un bar, enivré par l'alcool, « [i]l parla d'abord d'un ton de connaisseur des mines, des métaux, de prospection. Il finit par laisser entendre qu'il y avait possibilité de devenir millionnaire dans la région et que, parfois, le métal se trouve plus près qu'on ne le pense » (*V*, 55). Vers la fin du roman, Collins mentionne que leur canot est chargé d'or devant un vendeur, qui en profite pour leur soutirer une grande poignée de pépites (*V*, 83-84). Dans un univers où l'exploration minière est une compétition où chacun guette le moindre faux pas de ses rivaux, il n'y a pas de place pour des amateurs qui font preuve d'indiscrétion à l'égard de leur trésor. *La vengeance de l'original* montre un exemple de personnages qui ne répondent pas adéquatement à leur rôle de fonctionnaire; les différentes manifestations de leur amateurisme les empêchent de correspondre à leur fonction de prospecteur et l'accès au trésor leur est refusé: ils meurent tous avant de pouvoir jouir de la découverte aurifère.

Entre les prospecteurs mythifiés, tels Stanislaw Szyszko et Harry Oakes, et les anti-prospecteurs de l'œuvre de Germain, il existe une figure mitoyenne, celle de LePère des *Héritiers de la mine*. Le personnage semble d'abord et avant tout être élevé au rang de légende par ses enfants, car « [ils ont] tous, profondément enracinée dans [leur] conscience, la conviction que [leur] père était un héros puisqu'il avait découvert la mine et donné naissance à cette ville » (*H*, 122). Il est indéniable que LePère occupe un rôle de premier plan dans le mythe fondateur de Norcoville, mais, à l'extérieur du cercle familial,

> Albert Cardinal était reconnu comme le découvreur de la mine mais, quand le sujet était abordé, c'était pour aussitôt le plaindre. Pauvre Cardinal! Pauvre fou! [... O]n le plaignait à cause de son incapacité à profiter de sa chance. Pauvre Cardinal! Même pas capable de devenir riche avec pareille découverte (*H*, 122).

Le personnage de LePère, bien qu'il traduise une certaine mythification de la figure du prospecteur, laisse surtout voir l'envers de la légende. Le mythe de Cardinal est exclusivement construit à partir de la découverte du gisement, acte fondateur qui n'est magnifié que par sa progéniture, comme nous l'avons vu dans le chapitre sur la mine mythique. LePère semble constituer un simulacre de héros, puisqu'il est présenté tôt dans le roman de

Saucier comme un dépossédé, en raison du « massif de zinc que la Northern Consolidated s'est dépêchée de lui voler » (*H*, 25). Il s'agit d'ailleurs de la seule découverte du prospecteur, qui « a toute sa vie prospecté à côté de la chance » (*H*, 116). Ironiquement, « c'est pour avoir prospecté à côté de la chance » (*H*, 180) qu'il se voit attribuer la médaille du prospecteur émérite 1995 : LePère doit sa décoration à son insuccès.

En outre, le père Cardinal n'est pas dépeint comme un aventurier, « [c]'était un homme d'étude plus qu'un coureur des bois » (*H*, 120). L'aventure et l'héroïsme ne font donc pas partie de la construction du personnage, ce sont plutôt la patience et le travail acharné qui sont mis de l'avant :

> [I]l s'est entêté à quadriller ses claims avec un acharnement de fourmi, comptant ses pas pour mesurer la distance parcourue, notant dans son calepin l'orientation des cours d'eau et la déclivité du terrain, inspectant les racines des arrachis, scrutant les rives des ruisseaux, attentif au moindre indice pouvant le conduire à un affleurement ou à une pointe rocheuse qu'il auscultait minutieusement avant d'en dégager quelques échantillons au ciseau à froid, précieuse manne qu'il rapportait de ses tournées et qui occupait ses soirées (*H*, 119-120).

On ne note rien de grandiose dans ces trajectoires du prospecteur ; ce passage révèle une ardeur à la tâche et une minutie extrême qui ne porteront pas fruit, parce que la seule trouvaille de LePère, le massif de zinc de Norco, ne lui rapportera que des poussières auprès de la Northern Consolidated. Albert Cardinal, malgré le fait qu'il maîtrise très bien les diverses techniques de la prospection minière, donc les différents codes de sa fonction, n'est pas décrit comme un homme puissant, « [i]l était déjà vieux [...] et il empestait l'homme ravagé par des années d'errance entre le bois et les hôtels crasseux de Val-d'Or » (*H*, 31). Le protagoniste, vieilli prématurément, hérite de la même déchéance que les grands aventuriers, mais sans la grandeur des exploits. Toutefois, même si le personnage correspond surtout à la désillusion et aux déboires de l'aventure de la *frontier*, il est aussi pourvu d'un certain pouvoir, car il détecte le minerai grâce à des « chatouilles » sous ses paupières, que son fils Émilien qualifie de « lubie de poète-prospecteur » (*H*, 119). Ce talent du prospecteur contribue à sa mythification, parce qu'il témoigne, d'une certaine façon, de son lien avec un ordre supérieur.

De plus, LePère n'éprouve que du mépris pour les chercheurs d'or qui correspondent à l'image plus généralement admise du prospecteur :

> Il les appelle aussi les touristes ou les villégiateurs et il les a en horreur. Ce sont les prospecteurs qui pagaient tranquillement sur les lacs et les rivières, la main en visière au-dessus des yeux, cherchant un endroit où installer leur tente pour la nuit, prospecter un peu autour, là où d'autres ont déjà campé et prospecté, à la queue leu leu comme des canards de la même couvée. Des flemmards d'eau douce. Alors que lui est un prospecteur de fond de terrain (*H*, 178).

Il est évocateur que le type de prospecteur tant honni par Albert Cardinal soit précisément celui qui est d'ordinaire vénéré. Le protagoniste critique sévèrement la figure de l'aventurier, notamment en raison de sa façon de se déplacer dans l'espace ; le jugement de LePère suggère ainsi une hiérarchie entre la pratique des voies maritimes et terrestres accordant la primauté à cette dernière. Le personnage reproche aussi à ces « bâtards de prospecteurs électriques » d'attendre « de [l]e voir arriver pour savoir où commencer leurs travaux » (*H*, 181). Cardinal se positionne contre la compétition pour les *claims* que se livrent les prospecteurs, il valorise un travail acharné hors des sentiers battus, qui serait davantage en accord avec l'image du vrai prospecteur. La figure du chercheur d'or-aventurier, qui est généralement magnifiée, est ici décrite comme étant fausse. LePère semble se rapprocher d'une image plus vraie, du moins plus nuancée, du prospecteur ; sa dimension mythique est indéniable, parce que ses enfants l'érigent au statut de légende, tout à la fois que l'écriture rend visibles les ruines – la rude et vaine besogne du personnage – sur lesquelles s'érige cette construction légendaire. Personnage de l'entre-deux, celui du mythe et de son déboulonnement, Cardinal critique le prospecteur-fonctionnaire, bien qu'il y corresponde autrement, ne serait-ce que par sa grande maîtrise des codes de l'exploration. LePère ne semble pas conscient de son appartenance, voire son confinement, à cette fonction, même si son travail de prospection est «son âme» (*H*, 166).

L'héroïsation de la figure du mineur m'apparaît encore plus problématique, puisque contrairement à celle du chercheur d'or, elle ne s'apparente pas d'emblée au panthéon des aventuriers semi-légendaires[67]. On note néanmoins la tentation de la mythification dans *La maison Cage*, mais Auguste la désamorce sitôt formulée: «Puis j'étais jeune et je voulais connaître tous les dangers. Un mineur était un héros. J'aurais voulu être un vrai héros. Mais il n'y a rien d'héroïque à faire un métier inhumain. C'était inhumain d'aller sous la terre. L'homme n'est pas fait pour ça» (*MC*, 26). Ce passage m'apparaît emblématique de la difficulté à magnifier un métier qui est si souvent associé à la dysphorie de la mine industrielle dans ses représentations littéraires. La mine mythique d'*Henri d'Ofterdingen* suggère quant à elle des mineurs héroïsés: «Je voyais mes prochains compagnons comme les héros du monde souterrain qui devaient triompher de mille périls [...] et qui [...] s'ouvraient à la compréhension des dons célestes et s'élevaient sereinement au-dessus du monde et de ses vicissitudes[68].» À l'inverse, les ouvriers de la mine sont souvent représentés dans mes corpus comme des êtres impuissants et résignés; dans *Les héritiers de la mine*, «les mineurs, trop abasourdis par la catastrophe pour nourrir des idées de rébellion, s'étaient écrasés devant des montagnes de bières» (*H*, 128). Ce genre de représentation est récurrent dans le roman de Saucier, où les mineurs sont décrits comme de «pauvres gens en quête d'eux-mêmes» (*H*, 136) et «abêtis par l'instinct de la catastrophe» (*H*, 150): ils sont des perdants, victimes totales de l'industrie minière. On remarque une image similaire dans *Poussière sur la ville*: «Des mineurs passent sous mes fenêtres, frileux, résignés[69].» Dans *Le Nickel Strange*, la résignation se fait encore

---

[67] Néanmoins, l'importance du mineur est symbolisée à Val-d'Or par la *Statue du mineur* qui se trouve sur la 3ᵉ avenue, la principale rue de la ville.
[68] Novalis, *Henri d'Ofterdingen*, Paris, Gallimard, coll. «L'imaginaire», 1975 [1802], p. 90-91.
[69] André Langevin, *op. cit.*, p. 22.

plus importante chez les travailleurs plus âgés, car «[a]près trente ans de descentes en commun, ils n'évaluent plus, comme les nouveaux, les chances qu'ils auraient de s'échapper en cas d'accident» (*NS*, 9-10). La défaite du mineur est évidemment plus visible en fin de carrière. Ainsi Auguste, un vétéran de la mine dans la pièce *La maison Cage*, est «un homme seul brisé par trente ans de travail, brisé par une vie de misère» (*MC*, 39).

Dalpé, dans les vers de *Gens d'ici*, décrit les ouvriers-mineurs comme «des porteurs d'eau et des petites gens» (*GI*, 55). Le poète illustre cela dans une longue énumération:

> Hommes à engager
> Hommes à louer
> Hommes à scier
> Hommes à paqueter
> Hommes à ramasser
> Hommes à laver
> Hommes à placer
> Hommes à pousser, charrier, lever, baisser, plier, écraser (*GI*, 86)

Loin d'être héroïsés, les mineurs sont plutôt montrés comme des victimes, des «immigrants Cheap labour» (*GI*, 90) et des «Nigger-Frogs de l'Ontario» (*GI*, 91). Certains aspirants mineurs, qui se trouvent en situation de vulnérabilité, témoignent aussi de la grande précarité du métier: «les milliers de jeunes écervelés, les étudiants en mal d'argent, les débardeurs mis à pied, les bûcherons ambitieux, les fermiers sans terre à la recherche du plus gros salaire jamais offert aux travailleurs industriels d'Amérique» (*NS*, 71). Il importe de relever que parmi ces futurs ouvriers de la mine figurent des bûcherons, qui appartiennent aux héros semi-légendaires du Nord; en opérant ce déplacement des chantiers vers la fosse, ces personnages semblent quitter la légende, d'autant plus que dans le roman de Tremblay, les mineurs sont relégués aux «bas-fonds du *Nickel Strange*» (*NS*, 90), qui sont également composés de «putains» et d'«Amérindiens» (*NS*, 70). Cependant, la narration laisse aussi deviner un certain désir de mythification, car «la faune du *Nickel Range* [... est] généralement formée de bonnes pièces d'hommes, taillés dans le roc ou dans les grands arbres du Nord: des bûcherons, des mineurs et de sombres personnages de toutes sortes » (*NS*, 140).

L'instance narrative des *Géants familiers* va sensiblement dans le même sens et qualifie de « rudes aventuriers » (*GF*, 12) les premiers mineurs de Sullivan. Mais nous devons préciser qu'ici les travailleurs doivent plutôt leur rang d'aventurier à leur qualité de squatteur, qui les fait appartenir à l'imaginaire de la *frontier*. Néanmoins, le narrateur effectue un autre rapprochement entre le mineur et l'aventurier: « [L]'homme, pour survivre, doit âprement disputer la place à la nature hostile. C'est un pays de conquérants, de défricheurs de terre et de creuseurs de roc. C'est un pays à la mesure de l'homme qui l'habite: c'est un Pays de Géants » (*GF*, 87). On retrouve également une référence à la mythologie gréco-romaine dans une description des ouvriers, parce que les « rudes mineurs aux bras noueux et à la figure sale » sont comparés à des « Vulcain sans feu » et à des « Titan[s] de l'ombre » (*GF*, 151). Il est intéressant de relever que Vulcain est le dieu romain des métaux, tandis que les Titans sont, dans la mythologie grecque, la « [t]roisième génération d'êtres vivants venue après les Cyclopes, les Hécatonchires et les Géants. [... I]ls *tendent leurs bras* pour atteindre le ciel, et empilent montagne sur montagne pour y parvenir[70] ». Mais le mineur est rapproché d'un « Titan de l'ombre »; au lieu de s'élever vers le ciel, il descend vers les profondeurs de la terre. Bien que le mineur soit mythifié dans l'extrait précédent, plus loin dans le récit, le narrateur décrit plutôt les mineurs comme des « figurants de légendes », en raison de « leur rôle plus discret de simples êtres humains » (*GF*, 42). Ils sont en fait des ouvriers de la légende, ils évoluent dans l'univers minier, qui peut relever du légendaire comme nous l'avons vu dans le chapitre sur la mine mythique, mais en y étant bien souvent subordonnés. Les travailleurs ne font qu'effleurer la légende, puisqu'ils sont la plupart du temps confinés à l'important réalisme de leur condition: « Quelques travailleurs [...] avançaient silencieusement, gravement, savourant tout bas le bonheur d'avoir un emploi qui leur permettait

---

[70] Robert-Jacques Thibaud, *Dictionnaire de mythologie et de symbolique grecque*, Paris, Éditions Dervy, coll. « Dervy Poche », 2007, p. 603.

de faire vivre leurs petites familles, de se procurer de quoi bien vivre, bien manger et bien boire » (*GF*, 144-145). Le personnage de Quirion est entièrement conditionné par sa fonction de mineur, il « aim[e] son travail, aim[e] la mine et ses couloirs froids ; il donn[e] à son travail toute l'énergie et tout l'amour dont il [est] capable. C'[est] sa vie, sa raison d'exister, et il s'offr[e] corps et âme à son gagne-pain » (*GF*, 160). Cet extrait montre bien en quoi le personnage est un « fonctionnair[e] de l'énonciation réaliste[71] », puisque son travail est pour lui « une deuxième nature » (*GF*, 160). Dans le roman de Zola, être un « vrai mineur » implique « l'écrasement de l'habitude qui [...] réduit] un peu chaque jour à une fonction de machine[72] ».

L'œuvre qui synthétise sans doute le mieux la défaite des mineurs et le désir, malgré tout, de magnifier cette figure est la nouvelle « Le vaillant mineur », publiée par Mathieu Poulin dans le recueil *Maison des jeunes*. D'emblée dans le texte, la maison des jeunes de Val-d'Or porte le nom de « Vaillant mineur », ce qui constitue certainement une tentative de valoriser la profession et, d'une certaine façon, de rendre hommage aux nombreux mineurs de la ville. Mais le personnage principal a une toute autre opinion de son père, qui est un foreur : « Sérieusement, pauvre gars. Il a passé sa vie dans le fond d'une mine à se faire exploiter par la Scorpio Gold, ne se consolant de sa propre médiocrité qu'avec l'idée qu'il arriverait à soutenir – humblement – sa famille[73]. » Un autre personnage de la nouvelle étend même cette défaite à l'ensemble de la population valdorienne :

> T'es ben le fils à ton père, toi, un esti de loser. Dans le fond, c'est la ville au complet qui est juste une estie de place à losers ! Je me demande bien pourquoi mes parents ont décidé de s'installer ici. Je veux dire, un géologue pis une journaliste, ça vaut toujours ben mieux qu'une gang de perdants de foreurs ! C'est juste ça que vous êtes ! Une grosse gang de perdants de foreurs[74] !

---

[71] Philippe Hamon, *Le personnel du roman*, *op. cit.*, p. 69.
[72] Émile Zola, *op. cit.*, p. 223.
[73] Mathieu Poulin, « Le vaillant mineur », *Maison des jeunes*, Montréal, Éditions de Ta Mère, 2013, p. 75.
[74] *Ibid.*, p. 80.

L'extrait relève certes du registre du parodique, mais il est révélateur de la dépossession du mineur que j'ai observée dans les œuvres de mes corpus, qui est ici grossie pour les besoins de l'effet comique recherché. Le personnage principal cherche à réhabiliter l'honneur de son père – et de sa communauté – en passant par la valorisation d'un film nouvellement à l'affiche, qui met en scène des foreurs:

> Dans le fond, voilà peut-être une autre raison pour laquelle je tiens tant à défendre l'honneur d'Armageddon... Oui, c'est Michael Bay; oui, ça a l'air excitant; mais ça demeure avant tout une histoire où les héros sont des foreurs! C'est comme si, inconsciemment, je ressentais le besoin d'héroïser mon propre père[75]...

L'héroïsation du mineur passe donc par une référence à la culture populaire, le film *Armageddon*, dont les protagonistes sont des perdants, des foreurs recyclés en astronautes, véritables sauveurs de l'humanité après avoir foré et fait explosé un astéroïde avant qu'il n'atteigne la Terre.

La réhabilitation de l'honneur du mineur se transforme rapidement en vengeance, tandis que les Foreurs de Val-d'Or, l'équipe locale de la ligue de hockey junior majeure du Québec, exigent réparation pour avoir été traités de perdants: « J'vais te montrer, moi, qu'est-ce qui se passe quand on dit du mal des Foreurs! On est pas des perdants, on est des câlisse de champions[76]! » La scène de combat opposant les joueurs de hockey et les adolescents qui ont manqué de respect aux habitants et habitantes de la ville se superpose à celle des foreurs du film *Armageddon*, en route vers leur mission pour sauver la planète:

> Les joueurs, qui portent tous leur chandail d'entraînement orangé, marchent les uns à côté des autres, leur image se superposant à celle du coucher de soleil qui se termine. Mes sens perturbés par l'intensité de la situation me donnent l'impression que la scène se déroule au ralenti et je suis brièvement ému par la ressemblance entre cette image et celle, vue si souvent dans la bande-annonce d'*Armageddon*, des astronautes

---

[75] *Ibid.*, p. 75.
[76] *Ibid.*, p. 81.

de fortune marchant vers la fusée qui leur permettra assurément de sauver le monde[77].

L'image du mineur est réhabilitée par les hockeyeurs, que l'on peut rapprocher des héros ordinaires, mais surtout par les foreurs-astronautes, qui offrent au personnage principal une scène très chargée émotionnellement et qui s'apparente au kitsch par son « *"hallucinatory" power, its spurious dreaminess, its promise of an easy "catharsis"*[78] ».

Les personnages du *Nickel Strange* ont aussi recours à la culture populaire, mais plus pour souligner leur sentiment d'appartenance au travail minier que pour le magnifier: « [L]es trois artificiers faisaient demi-tour en beuglant la ritournelle de Disney: HI-HO, Hi-ho, Hi-ho, *It's home from work we go!* Hi-ho, Hi-ho, HI-HO! » (*NS*, 102) Les trois ouvriers entonnent la célèbre chanson des nains – qui sont des mineurs – dans *Blanche-Neige et les sept nains* dans un contexte de franche camaraderie, tandis que des liens entre eux se tissent lors d'une beuverie. Mais la chanson représente néanmoins pour eux un moyen de mythifier l'un de leurs collègues, tandis que leur « chanson thème » est devenue « Jack, Jack, Dynamite Jack... Jack, Jack, Dynamite Jack » (*NS*, 101). Le personnage de Jack doit son statut de héros à son « épopée », lorsqu'il « a sauvé sa petite copine d'un massacre certain » (*NS*, 75) après avoir enfoncé un bâton de dynamite dans la bouche de son agresseur. La légende du personnage s'accompagne d'une certaine crainte, parce qu'

> [i]l ne faut pas baver Jack, car... Personne n'ose finir la phrase, de peur de dissiper le mythe qui devance ce petit homme. [...] C'est ainsi que le mythe de Dynamite Jack a pris forme pour ensuite se répandre comme une traînée de poudre, de table en table, parmi les mineurs, les putains et les Amérindiens de la taverne du *Nickel Strange* (*NS*, 70).

Le mythe tourne donc autour de la dynamite, qui mène aussi le protagoniste à sa fin, car il se suicide dans l'explosion de la fosse:

---

[77] *Ibid.*
[78] Matei Calinescu, *Five Faces of Modernity: Modernism, Avant-garde, Decadence, Kitsch, Postmodernism*, Durham, Duke University Press, 1987, p. 228.

l'origine de l'héroïsation du personnage cause également sa perte, comme si la légende imposait une mise à mort.

Parmi les œuvres de mes deux corpus, le mineur qui se rapproche le plus d'une figure mythique est Médéric Dutrisac dans *Temps pascal*, comme le montre ce passage :

> Elle avait entendu le nom et l'avait reconnu tout de suite. Son père et ses oncles avaient souvent parlé de Médéric Dutrisac à la maison. Pas toujours en bien. Un homme qu'on craignait et qu'on admirait un peu, tout bas. Médéric Dutrisac s'était fait un nom partout où il était passé dans le Nord de l'Ontario. Mineur, bûcheron, syndicaliste, politicien, il avait été tout cela. Pendant la crise économique, il s'était improvisé magicien et avait fait la tournée des chantiers de l'Abitibi et du Témiscamingue (*TP*, 18-19).

Un peu comme Stanislaw Szyszko et Harry Oakes, Dutrisac est doté d'une réputation et inspire la rumeur. Il est un personnage polémique, car il se distingue de la masse, du mineur moyen qui, comme nous l'avons vu précédemment, se confond souvent au groupe et perd son individualité. Le protagoniste doit également sa notoriété à son statut d'aventurier, qu'il obtient grâce à son expérience de bûcheron – métier qu'il a notamment pratiqué en Abitibi –, mais aussi parce qu'il est un « homme fatigué qui voyag[e] comme un vagabond » et un « homme des bois » (*TP*, 55), comme en témoigne son entrée en scène dans le roman : « [L]a porte s'ouvrit pour laisser monter un homme vieux et grand, avec des raquettes sur le dos. Sa barbe et ses sourcils étaient hérissés d'aiguilles de glace blanche. » (*TP*, 13) Mais c'est le pendant politique qui semble prendre le plus de place dans la construction du mythe Dutrisac. L'ancien mineur est surtout connu pour avoir été candidat communiste à la mairie de Spruce Falls (*TP*, 55) ; il est décrit comme étant un « agitateur », un « anarchiste » (*TP*, 67) et un « fauteur de troubles par excellence » (*TP*, 93). Médéric Dutrisac, dont le nom « inspire le combat, l'éternité » (*TP*, 90), doit son statut quasi légendaire à son militantisme, puisqu'il

> avait été pendant plus de vingt ans l'organisateur en chef des grands syndicats miniers du Nord ontarien. On savait qu'il avait animé les trois grandes grèves de l'or, du cuivre et du nickel. Qu'il avait risqué sa vie contre les hommes de main des compagnies minières. Un dur (*TP*, 66).

C'est le fait d'avoir tenu tête à l'autorité qui semble véritablement lui valoir son statut de héros. Alors que j'observais plus haut que l'héroïsation des mineurs est problématique – plus particulièrement parce qu'ils sont relégués au réalisme de leurs conditions de vie et de travail –, il semble que cette contrainte, une fois dépassée par le militantisme, donne lieu à l'avènement de la légende. La construction mythique du personnage de Dutrisac, au lieu d'être supportée par l'imaginaire de la ruée vers l'or, de l'Eldorado, l'est par le combat des conditions qui font des mineurs des perdants. Cette posture de héros paraît néanmoins épuisante, car avec le passage des années, Médéric Dutrisac semble désenchanté et ne souhaite plus combattre: «Écoute, je connais la chanson. La police va arriver en renfort avec des bulldozers. Les mineurs vont pas tarder à lever le siège, t'en fais pas...» (*TP*, 21) La légende du protagoniste appartient donc au passé et ne trouve de résonances ni dans le présent, ni dans le futur. Ce qui distingue surtout l'héroïsation du prospecteur de celle du mineur, c'est que le premier est d'emblée apparenté à la légende et à l'aventure – s'il respecte le script de sa fonction – parce qu'il fonde un monde, alors que le second doit parvenir au légendaire en s'élevant au-dessus de sa fonction de mineur, en se démarquant du lot et en sauvant ce monde par l'action militante.

La femme de l'hyper-terroir: l'épouse, la mère et la putain

Comme je l'ai remarqué dans la section sur la figure de l'homme, la sexualisation de l'espace profite à celui-ci, qui occupe les rôles principaux dans les œuvres minières abitibiennes et nord-ontariennes: «le lieu "classe" [...] le personnage comme être social[79]». Alors que les personnages masculins,

---

[79] Philippe Hamon, *Le personnel du roman, op. cit.*, p. 214.

prospecteurs ou mineurs, atteignent parfois la mythification, les personnages féminins, dont le rôle est souvent superficiel, sont la plupart du temps relégués aux représentations traditionnelles du roman du terroir québécois, c'est-à-dire l'épouse, la mère et la putain, qui les destinent souvent au sacrifice. Comme le mentionne Lori Saint-Martin,

> [l]a société québécoise traditionnelle, ultramontaine et misogyne, valorise, de la femme, deux modèles, enracinés tous deux dans le modèle de la Vierge: la religieuse consacrée à Dieu ou la mère d'une famille nombreuse, qui accepte avec joie la mission sacrée de garder le Québec catholique et français[80].

Dans les textes à l'étude, nombreuses sont les épouses et les mères, mais l'envers de la Vierge, c'est-à-dire la prostituée, est aussi représentée. Comme nous le verrons, certains personnages parviennent néanmoins à subvertir ces rôles. Toutefois, les œuvres analysées ne me permettent pas de me rallier à l'observation que Danielle Schaub fait dans l'œuvre d'Aritha van Herk, écrivaine de l'Ouest canadien, que «[le] Nord apporte [...] aux femmes une échappatoire vivifiante rappelant la fonction du Far West pour les hommes, à savoir un lieu où les conditions de vie sont tellement dures qu'il offre la possibilité de l'exploration de soi, son dépassement[81]». Comme nous l'avons vu plus tôt, ce sont les personnages masculins qui connaissent «l'exploration» et le «dépassement» de soi dans leur traversée des grands espaces nordiques, et non pas les femmes. J'ai aussi montré dans mon chapitre sur les grandes structures minières nord-américaines que le Nord est la *frontier* au Québec et en Ontario, et que celle-ci implique tout autant la conquête et la domination du territoire que le modèle de Turner, valeurs portées par les hommes dans mes corpus. Selon François

---

[80] Lori Saint-Martin, *Malaise et révolte des femmes dans la littérature québécoise depuis 1945*, Québec, Université Laval, Groupe de recherche multidisciplinaire féministe, coll. «Les Cahiers de recherche du GREMF», 1989, p. 4.

[81] Danielle Schaub, «Le Nord imaginaire, espace féminin? L'œuvre d'Aritha van Herk», dans Daniel Chartier (dir.), *Le(s) Nord(s) imaginaire(s)*, Montréal, Imaginaire/Nord, Laboratoire international d'étude multidisciplinaire comparée des représentations du Nord, coll. «Droit au pôle», 2008, p. 334.

Paré, le « moyen Nord » québécois et ontarien est un espace « fortement empreint des valeurs de la masculinité[82] ». Comme dans le roman de la terre, « [l]a femme n'occupe [...] qu'un petit coin de ce vaste espace où se déplacent et s'enracinent coureurs des bois et sédentaires, où la vie d'un homme prend son sens dans la passion du pays[83] ». Il existe une parenté indéniable entre la figure de la femme en milieu minier et celle du terroir, mais les personnages féminins dans mes corpus sont montrés en adéquation avec la terre – voire elles *sont*, symboliquement, la terre. Je souhaite donc proposer que les protagonistes évoluent dans une sorte d'hyper-terroir, puisque la terre a une valeur structurante encore plus grande dans le cas qui m'intéresse.

LA TERRE-MÈRE :
L'APPROPRIATION DU CORPS DE LA FEMME

Dans *Mythes, rêves et mystères*, Mircea Eliade évoque « l'image de la Terre en tant que Femme, en tant que Mère[84] ». Cette symbolique, qui détient une valeur archétypale, s'étend aussi aux « mines [...] assimilées à la matrice de la Terre-Mère[85] » ; on peut donc en déduire que « les galeries de mines [...] ont été assimilées à la *vagina* de la Terre-Mère[86] ». Gérard Fabre et Luc Bureau mentionnent tous les deux l'existence d'un « éternel féminin » qui serait en lien avec la terre et ses profondeurs ; le premier le décrit « comme un facteur de stabilité : c'est [la femme] qui sédentarise l'homme[87] », tandis que le second lui apparente les

---

[82] François Paré, « Nouvel Ontario/Abitibi : représentations sexuelles et espaces du Nord », dans Jaap Lintvelt et Janet M. Paterson (dir.), *Sexuation, espace, écriture : la littérature québécoise en transformation*, Québec, Éditions Nota bene, 2002, p. 255.

[83] Patricia Smart, *Écrire dans la maison du père. L'émergence du féminin dans la tradition littéraire du Québec*, Montréal, Éditions Québec Amérique, coll. « Littérature d'Amérique », 1990 [1988], p. 95-96.

[84] Mircea Eliade, *Mythes, rêves et mystères*, Paris, Gallimard, coll. « Folio/Essais », 1957, p. 193.

[85] *Ibid.*, p. 209-210.

[86] *Ibid.*, p. 211.

[87] Gérard Fabre, « Maurice Constantin-Weyer et Bernard Clavel. Une image rémanente du Grand Nord canadien dans la littérature française », dans Daniel Chartier (dir.), *Le(s) Nord(s) imaginaire(s)*, Montréal, Imaginaire/Nord, Laboratoire international d'étude multidisciplinaire comparée des représentations du Nord, coll. « Droit au pôle », 2008, p. 49.

« labyrinthes sans fil d'Ariane [et les] profondeurs intimes[88] ». Le symbole du sexe de la femme comme galerie de mine peut avoir une valeur négative, comme c'est le cas dans « le *Germinal* de Zola, [où] la mine n'est pas seulement une mine de charbon. Elle est le symbole vaginal profond et effrayant du roman[89] ». Cette métaphore sexuelle a aussi cours dans la mythologie bolivienne: « [L]a montagne d'argent de Potosí est la plus grande Pachamama de toute l'Amérique du Sud, et elle est présentée comme la jupe de la vierge, avec l'embouchure de la mine comme une ouverture dans cette jupe[90] ». Par contre, Desbiens semble vouloir sortir la femme de cette image dans ces vers de *Sudbury*:

> Ta force de femme [...]
> coupe à travers la barbe de trois jours des roches
> de Sudbury.
> [...]
> tu n'es pas un trou dans lequel on se perd[91]

Dans les vers de *Gens d'ici*, Dalpé rassemble à la fois l'épouse et la mère dans sa métaphore terrestre:

> [L]a terre comme une jeune mariée
> [...]
> l'amante, la mère
> au ventre immense et généreux (*GI*, 50)

Alexandre Castonguay, dans son long poème narratif intitulé « Tierra Madre », crée un parallèle entre « l'ventre d'la terre » et le ventre de la femme, qui contient de l'or[92]. Dalpé décrit également la terre qui, après des années d'exploitation, est apparentée au corps d'une vieille femme:

---

[88] Luc Bureau, *Géographie de la nuit*, Montréal, L'Hexagone, coll. « La ligne du risque », 1997, p. 176.
[89] Kjartan Fløgstad, *Pyramiden. Portrait d'une utopie abandonnée*, Paris, Actes Sud, 2009, p. 49.
[90] *Ibid.*, p. 59.
[91] Patrice Desbiens, *Sudbury, op. cit.*, p. 170.
[92] Alexandre Castonguay, « Tierra Madre », *Rouyn-Noranda littéraire,* Rouyn-Noranda, Éditions du Quartz, 2013, p. 85.

> [L]a terre d'ici, la vieille
> vidée, épuisée, belle, nue et ridée (*GI*, 51)

Malgré le fait que le texte de Dalpé s'apparente à la mine industrielle par son aspect revendicateur et son désir de restituer une part de l'histoire du Nouvel-Ontario à ses ouvriers, il mobilise tout de même des métaphores clichées qui perpétuent l'idée de la femme comme terre et qui enlèvent de l'agentivité aux femmes. Le corps de la femme, plus particulièrement comme mine, est à l'œuvre dans la nouvelle « Le Noël de Rose » de Saenz de la Calzada : « Quand elle offre son corps, c'est tout l'or de la terre qu'elle offre, toute la richesse du monde... Quand on est en elle, c'est bien simple, on monte au paradis[93]. » Dans la pièce *Klondyke*, la femme est d'abord présentée comme un moyen de rêver à la ruée vers l'or, mais constituerait en fait le véritable trésor :

> Ton ventre qui palpite
> Vaut beaucoup de pépites
> [...]
> Tu es l'os que l'on gruge
> En rêvant à la viande
> [...]
> Tu es le vrai filon ! Tu es le vrai filon[94] !

Dans *La quête d'Alexandre*, l'adéquation entre la femme et la terre implique plutôt la passivité et la résignation :

> Bientôt il la couvrit de son corps, tandis qu'elle demeurait curieusement passive, résignée, comme la bonne terre qui se laisse fouiller par la charrue, comme l'eau qui s'ouvre devant le canot. L'étreinte fut assez brève. L'homme geignit, puis il glissa de côté et bientôt se mit à ronfler (*QA*, 66).

Ce passage rappelle la prétendue opposition homme-culture et femme-nature et montre une relation sexuelle qui, au lieu d'être

---

[93] Marta Saenz de la Calzada, « Le Noël de Rose », *Rouyn-Noranda littéraire*, Rouyn-Noranda, Éditions du Quartz, 2013, p. 34.
[94] Jacques Languirand, *Klondyke, op. cit.*, p. 74.

partagée, est subie. L'exploitation minière est même traitée comme une métaphore du viol dans *Les géants familiers*:

> [La mine] souffrait qu'on la viole ainsi, qu'on souille son intimité, qu'on lui couse au corps un réseau de tuyaux et de fils électriques, qu'on lui plante de longues tiges de métal, qu'on emplisse ses cavités de dynamite et qu'on la fasse sauter au creux de ses entrailles, déchirant son ventre et labourant son cœur (*GF*, 158).

Le rapprochement entre le corps féminin et la mine est ici instrumentalisé pour formuler une critique de l'exploitation du sous-sol. Le viol est aussi illustré dans cet extrait des *Héritiers de la mine*: «[L]a roche-mère, la roche qui avait été décapée et râpée par le glacier, violée et abandonnée, [...] allait lui livrer ses secrets» (*H*, 121). La métaphore terrestre est aussi mobilisée pour lier l'amour du travail minier au désir éprouvé pour une femme, puisque le père Quirion «parlait de la mine comme un amant parle de sa nouvelle maîtresse» (*GF*, 161). Ce passage fait écho à celui-ci, tiré d'*Henri d'Ofterdingen*:

> Et la flamme qu'il a pour elle [la mine]
> Est comme pour sa fiancée[95].

Dans la nouvelle «Les ermites de l'or», l'appel de l'or de McGregor semble aussi causé par un désir sexuel symbolique, parce qu'il «ne voulait qu'une chose dans la vie: dormir dans une fente d'or[96]». Mais cet extrait pourrait tout autant suggérer le souhait du retour au giron maternel. Pour sa part, Jacques Michaud compare la femme à la terre pour illustrer un trait qu'elles auraient en commun:

> [S]i la terre est aussi jalouse qu'une femme
> elle est un corps qui ne se prend pas[97].

---

[95] Novalis, *op. cit.*, p. 99.
[96] Jeanne-Mance Delisle, «Les ermites de l'or», *Nouvelles d'Abitibi*, Montréal, Bibliothèque québécoise, 1991, p. 121.
[97] Jacques Michaud, «Si loin», dans Denis Cloutier (dir.), *Contes, légendes et récits de l'Abitibi-Témiscamingue*, Trois-Pistoles, Éditions Trois-Pistoles, coll. «Contes, légendes et récits du Québec et d'ailleurs», 2012, p. 214.

La terre, contrairement à la femme, ne se prendrait pas et ne pourrait donc pas être « violée ». Dans « Le vaillant mineur », la métaphore terrestre est plutôt employée pour ridiculiser l'homme trompé, ce qui renforcit le statut de perdant du mineur: « [P]endant que ton père fore, ta mère se fait fourrer[98] ! » Même si les femmes sont constamment rapprochées de la terre, le domaine minier leur demeure paradoxalement inconnu, car « [p]our plusieurs femmes et enfants, la visite [à la mine] avait quelque chose d'impudique. Pour la première fois, ils pénétraient dans un monde connu de leurs seuls maris ou pères » (*TP*, 115). À l'exception de cette visite de la fosse dans *Temps pascal*, les œuvres à l'étude ne donnent pas à lire l'accès des femmes à la mine. Il en va cependant autrement dans *Germinal*, où « le projet d'exclure les femmes du fond répugnait d'ordinaire aux mineurs, qui s'inquiétaient du placement de leurs filles, peu touchés de la question de moralité et d'hygiène[99] ». De surcroît, le personnage de Catherine apprend le métier de mineur à Étienne, qui est impressionné par sa « force nerveuse où il entrait beaucoup d'adresse. Elle emplissait sa berline plus vite que lui, à petits coups de pelle réguliers et rapides[100] ».

La valeur dysphorique du rapprochement femme-terre n'est pas seulement attribuable à la sexualité, comme c'est le cas dans *Poussière sur la ville*, où Madeleine fait montre d'un grand stoïcisme, puisque « [s]a figure était de pierre. Pas plus de trace de colère que d'ennui[101] », mais elle est également « malheureuse comme les pierres, froidement, figée[102] ». Les vers de *Gens d'ici* donnent à lire une utilisation plutôt atypique de l'adéquation entre la femme et la terre:

[U]ne femme, au visage et aux mains
couleur de la terre et du printemps (*GI*, 35)

---

[98] Mathieu Poulin, *op. cit.*, p. 77.
[99] Émile Zola, *op. cit.*, p. 90.
[100] *Ibid.*, p. 105.
[101] André Langevin, *op. cit.*, p. 30.
[102] *Ibid.*, p. 67.

La figure de la femme semble ainsi rapprochée de celle du mineur, qui est également marquée par la terre en raison de son travail. Dans les œuvres à l'étude, les extraits où la femme occupe un rôle actif dans son rapport à la terre sont excessivement rares. Le personnage de Clara dans *1932, la ville du nickel...* rappelle également le « personnage-caméléon » du mineur, car elle est marquée par « toutes les années de poussière de nickel qui [lui] collent à la peau » (*NI*, 51). Clara voit également son caractère altéré par la mine, parce qu'elle est « dure », « [c]omme la roche » (*NI*, 47). La métaphore terrestre, souvent liée à une sexualité passive, est le plus souvent employée pour montrer que la femme est la terre.

LA FIGURE TRADITIONNELLE DE L'ÉPOUSE-MÈRE

Les œuvres minières de l'Abitibi et du Nord de l'Ontario donnent à lire des personnages féminins relégués aux rôles traditionnels canadiens-français, notamment dans *Les géants familiers*,

> Madame Ayotte était une bonne mère de famille, surprotectrice, autoritaire sans conviction, palliant ainsi l'effacement et la servitude dont elle était contrainte face à [son] mari [...]. Comme dans toute bonne famille canadienne-française, la mère voyait à l'éducation, c'est-à-dire à l'instruction scolaire (*GF*, 14-15).

Le personnage féminin s'efface derrière son mari, car elle

> avait abandonné cette brève vocation [d'enseignante] en quittant la région montréalaise pour venir s'établir en Abitibi avec son mari. [...] Flora était une rêveuse, une artiste et, n'eût été l'amour qui avait jadis frappé son cœur de jeune femme à la vue du beau Isidore Ayotte, elle serait sans doute devenue une femme exceptionnelle (*GF*, 20).

Flora est donc représentée comme une femme dont le destin a été sacrifié à celui d'un homme et qui n'a pu s'épanouir à son plein potentiel. La pièce de Dalpé et Haentjens fait aussi mention d'un destin de femme entièrement tourné vers l'homme, comme l'indique Giuseppe: « La donna... c'est la beauté, c'est la douceur, c'est la rondeur. C'est un cadeau que le ciel nous a donné. [...] Le problème, c'est qu'elles [...] ne se rappellent pas que tout ça c'est pour nous » (*NI*, 44-45). Le personnage essentialise la femme et décrit son existence comme subordonnée à celle de l'homme, mais cet extrait donne néanmoins à lire le refus des femmes de cette vie de subalterne. Dans la même œuvre, le personnage d'Anne apparaît entièrement définie par son rôle d'épouse: «Je vais faire le train d'une femme de mineur pas parce que c'est mon lot dans la vie... juste parce que c'est ça que je suis. C'est ma patrie» (*NI*, 58). On remarque dans cet extrait que le statut de femme de mineur est empreint d'un fort sentiment nationaliste, territorial et semble déterminer l'être du personnage féminin. Même si traditionnellement, «[e]n amour, la femme doit attendre que l'homme la choisisse[103]», Clara prend son désir en main et fait les premiers pas dans la pièce de Dalpé et Haentjens: «La tête que tu as fait quand moi j'ai demandé ta main! [...] Je suis sauvage... et folle» (*NI*, 16). Yvonne, un personnage plus jeune de l'œuvre, semble poursuivre sur cette lignée de subversion de la demande en mariage: «[J]e suis sûrement folle mais c'est toi que je veux... puis je vais t'avoir» (*NI*, 39). Les protagonistes sont à contre-courant de leur époque et ne peuvent s'imaginer autrement que folles. En contexte minier, les femmes sont plus souvent réduites au silence, dans *1932, la ville du nickel...*, «[l]es femmes se taisaient comme d'habitude» (*NI*, 38). La Maheude, dans le roman de Zola, va toutefois à l'encontre de cette image: «[I]l écouta avec un hochement d'approbation les sages conseils de la Maheude, qui montrait un grand bon sens dans ces affaires-là. Toujours elle lui répétait qu'on ne gagnait rien à se buter contre la Compagnie[104]». La femme de Waldemar dans *Le Nickel Strange* affiche une semblable indépendance et se prononce contre la grève, opinion contraire à celle de son mari: «Elle était indépendante comme ça avant que je la marie, elle n'a pas changé, puis, crois-moi, elle ne changera pas. Les Canadiennes sont comme ça. Et puis, tu sais, les femmes avaient peut-être raison. Il n'y avait plus rien à gagner en continuant cette grève» (*NS*, 26). Quant à elle, le personnage de Jacinthe dans *Temps pascal* doit justifier son appui à la grève, parce qu'elle n'est pas elle-même mineuse: «J'ai le droit de sympathiser avec eux. Il y en a beaucoup dans ma famille qui ont vu le fond du

---

[103] Lori Saint-Martin, *op. cit.*, p. 114.
[104] Émile Zola, *op. cit.*, p. 197.

Trou. Certains y ont laissé leur vie, d'autres sont encore là» (*TP*, 21). L'engagement social de Jacinthe se concrétise par «un spectacle de musique et de chants pour appuyer les grévistes» (*TP*, 102). Dans un contexte où l'adhésion des personnages féminins au mouvement de grève ne va pas de soi, il est remarquable que soient créés des «comités de solidarité féminine» (*TP*, 44) et que femmes et enfants descendent dans la rue pour appuyer les mineurs (*TP*, 59). Il ne semble pas y avoir de place dans l'œuvre minière pour les personnages comme Jacinthe, qui, en plus d'être engagées, n'ont ni mari ni enfant; Jacinthe devient toxicomane et finit par se suicider (*TP*, 109). Les figures féminines d'exception semblent ainsi destinées au sacrifice. Mais la militante la plus singulière dans mes corpus est certainement Clara dans *1932, la ville du nickel...*, parce qu'elle est «la seule à travailler pour l'union et à laisser tourner autour d'elle des hommes mariés» (*NI*, 22). La subversion de la protagoniste semble autant passer par son action politique que par son refus des valeurs rattachées au mariage.

Les épouses de l'œuvre minière sont aussi caractérisées par l'attente, ce qui recoupe encore une fois le roman du terroir parce que, comme le mentionne Patricia Smart, «[c]es romans sont des romans d'attente[105]». Un peu comme «Maria Chapdelaine, qui se tient sur le seuil de la maison en songeant à son bonheur à venir[106]», les femmes de mes corpus sont dans l'attente du mari, notamment Anne dans *1932, la ville du nickel...*, «qui attend, qui attend... en silence» (*NI*, 52). Dans le cas qui m'intéresse, cette attente est constamment doublée de l'appréhension de la catastrophe:

> Dans son logis au deuxième étage, boulevard La Salle, Hélène Beaupré tremble de frayeur, hantée par cette vision cauchemardesque de la mort qui habite l'esprit de toutes les mères et de toutes les épouses des mineurs quand ceux-ci doivent les quitter pour leur labeur périlleux dans les profondeurs de la terre[107].

---

[105] Patricia Smart, *op. cit.*, p. 79.
[106] *Ibid.*, p. 91.
[107] Gilles Massicotte, *East-Malartic, 1947*, Rouyn-Noranda, Éditions du Quartz, coll. «Textes et contexte», 2012, p. 15.

Cette attente ponctuée d'angoisse est récurrente dans l'imaginaire minier et se transmet d'une génération à l'autre:

> A voit dans les yeux de sa bru, la peur qu'elle voit
> depuis des années dans le miroir de sa salle de bains
> le jour ou la nuit,
> quand est seule dans la maison
> à attendre qu'un moteur diésel rentre dans le garage[108].

L'attente, qui semble éternelle, est aussi représentée dans *1932, la ville du nickel...*:

> La mort s'est promenée.
> A'rôdait, a'rôdait
> deux gars ont tombé.
>
> Leurs femmes attendaient,
> sur la galerie.
> Leurs femmes attendaient.
> Elles attendent encore (*NI*, 5).

Le personnage de Clara a néanmoins conscience de sa posture de femme qui attend: «Vous, vous descendez dans le trou. Et nous, on devrait passer notre vie à attendre pour savoir si vous allez en sortir vivants!» (*NI*, 27) Mais elle subvertit cette image de la femme dans l'attente perpétuelle du mari, parce qu'elle souhaite rejoindre les hommes dans la fosse: «J'aimerais mieux ça que vous attendre. J'aimerais mieux ça que vous regarder sortir, comme des somnambules [...]. Oui, j'aimerais mieux ça descendre... pour ne plus y penser» (*NI*, 43). Lorsque les craintes des épouses sont confirmées et qu'il se produit un drame, les femmes sont décrites comme des hystériques; dans le roman historique *East-Malartic, 1947*, un personnage féminin vient d'apprendre le décès de son mari: «Par terre, en proie à de violentes convulsions, elle gémit en arrachant les rouleaux de sa tête et en déchirant ses vêtements[109]». La réaction des femmes face à la

---

[108] Alexandre Castonguay, *op. cit.*, p. 83.
[109] Gilles Massicotte, *op. cit.*, p. 243.

catastrophe est telle qu'un personnage doit même être hospitalisé en raison d'une «crise de folie[110]». Les accidents mortels à la mine engendrent le même type de représentation dans *Germinal*: «Des femmes, dans la foule, perdaient la raison, déchiraient leurs jupes, s'égratignaient la face[111].» Bref, devant le malheur, les femmes de l'œuvre minière n'ont aucun recours et, si elles ne sombrent pas dans la folie, elles ne font que se lamenter, notamment dans *Les héritiers de la mine*: «[J]e pouvais entendre le glouglou des femmes, attroupées devant les deux hôtels, qui se lamentaient sur le dernier chèque de paie» (*H*, 128).

Dans l'univers des mines, comme dans le roman de la terre québécois, «[l]a maison est son domaine à elle tout comme la terre ou la nature environnante sont le domaine de son mari; elle est la "reproductrice" qui assure la continuité de la lignée[112].» Les femmes sont ainsi reléguées à la sphère domestique, entre autres dans *Temps pascal*, où elles «attendent [leur mari] à la maison avec les enfants» (*TP*, 87). La femme semble parfois même faire partie de l'inventaire des biens compris dans la maison: «Étagère avec chaussures, casque de mineur, casserole et pain. Chaussettes trouées. Femme enceinte dans le chambranle de la porte» (*MC*, 7). L'espace féminin correspond plus particulièrement à la cuisine, témoin des «silences et [du] cuisinage de toutes les femmes» (*GI*, 43). L'exemple le plus prégnant de la pratique féminine de cet espace se trouve dans le roman de Saucier, où «la cuisine, sans elle, sans la présence usée et ahurie de [la] mère, la cuisine se mourait» (*H*, 41). Les trajectoires de LaMère, que «la fatigue de toute une vie [...] rendait invisible» (*H*, 21), sont conditionnées par son rôle de cuisinière; elle est

> poursuivie par une urgence. Urgence des repas, urgence des enfants, urgence de l'enchaînement des jours, urgence des pensées qu'elle chassait d'un marmonnement confus [...]. Elle était toujours à bout de souffle. Elle allait et venait, à grandes enjambées, comme s'il lui fallait parcourir des kilomètres entre l'évier et la cuisinière (*H*, 41).

---

[110] *Ibid.*, p. 102.
[111] Émile Zola, *op. cit.*, p. 684.
[112] Patricia Smart, *op. cit.*, p. 96.

La vie entière de LaMère tourne autour des mets qu'elle cuisine à sa progéniture jusqu'à en devenir une obsession: «Des recettes, elle récitait des recettes. Pour ne pas les oublier» (*H*, 42). Même des années plus tard, ne vivant plus qu'avec son mari, elle s'ébroue «dans sa cuisine de bungalow comme si elle avait encore une ribambelle d'enfants à nourrir» (*H*, 44); le conditionnement de la mère semble ainsi éternel. Les personnages féminins deviennent mères tôt dans la vie, comme LaPucelle, «deuxième mère» des Cardinal qui les «a pris sous sa protection dès le berceau et continue à veiller sur [eux]» (*H*, 23). Il en va de même dans *Les géants familiers*, où la jeune Linda prend soin de ses frères et sœurs à la suite du décès de sa mère:

> [C]oupée du monde, loin des jeunes de son âge et de la vie trépidante du village, elle s'[est] constitué un succédané d'existence en attendant, disait-elle, de rencontrer l'homme qu'elle allait épouser (*GF*, 90).

L'adolescente est donc l'héritière de la destinée de femme de sa mère, qu'elle ne quittera que pour reproduire elle-même le cycle du mariage et de la maternité, et donc du sacrifice d'une vie.

La putain: envers de la Vierge ou produit du milieu minier?

Comme nous l'avons vu dans le chapitre sur l'axe nordique de l'aventurier, l'euphorie de la ruée vers l'or s'accompagne d'une importante dysphorie, principalement vécue par les laissés-pour-compte de la *frontier*, notamment les femmes. Avec l'arrivée de nombreux aventuriers solitaires venus de loin pour étancher leur soif de l'or, vient la nécessité de se trouver une femme dans ce nouveau milieu. On assiste donc à des besoins accrus en termes de prostitution, comme le mentionne Languirand dans «Le Québec et l'américanité»: «L'aventure américaine a été une affaire d'hommes. Avec tout ce que cela comporte, y compris son contingent de "filles": car, là où les hommes se rassemblent, il n'y a pas de femmes, il n'y a toujours que des "filles"[113].» La demande est telle qu'un chercheur d'or dans *Klondyke* songe à prendre un

---

[113] Jacques Languirand, «Le Québec et l'américanité», *Klondyke, op. cit.*, p. 225.

« abonnement[114] ». Les représentations de la prostituée donnent surtout à lire un corps hautement réifié, traité comme une marchandise et sujet à une constante évaluation, notamment dans la pièce *Klondyke*: « Devant vous, messieurs, la comtesse Daisy du Yukon. [...] Elle a toutes ses dents! [...] Et pas une cicatrice[115]! » Si Daisy est « un objet de luxe au Klondyke[116] », le corps de la putain peut aussi être un objet bon marché, parce qu'« en fin de soirée, les prix baissent[117] ». Zola présente aussi la femme comme une monnaie d'échange, puisque « [c]'était un fait connu: quand un mineur voulait une prolongation de crédit, il n'avait qu'à envoyer sa fille ou sa femme, laides ou belles, pourvu qu'elles fussent complaisantes[118] ». Il en va de même dans *La maison Cage*, parce qu'Auguste paie ses dettes avec la « vente » de sa fille: « Moi, Auguste Cage, mineur, en guise de règlement de ma dette envers Monsieur Olivier Delpierre, photographe, donne ma fille Nathalie en mariage à ce dernier » (*MC*, 2). Ainsi, le chronotope minier engendre un monde patriarcal où les hommes peuvent disposer des femmes comme ils l'entendent. Les personnages féminins sont réduits à leur apparence, à leur beauté et, dans le cas de la figure de la prostituée, leur sacrifice est lié à la sexualité. Comme le mentionne François Paré à propos de l'espace nordique dans certaines œuvres franco-ontariennes et québécoises, « [l]a femme y joue [le rôle d']objet inquiétant offert au désir des hommes[119] ». Les premières « figurantes » dans « El camino tan triste » sont des danseuses qui se prostituent dans un bar abitibien:

> Deux ou trois filles en bikini s'agglutinaient autour de lui. Il devait être le patron, à en juger par le geste dominateur de sa grosse main plaquée sur la fesse d'une des danseuses et qui la caressait comme on flatte une jument (*OR1*, 14).

---

[114] *Id., Klondyke, op. cit.*, p. 113.
[115] *Ibid.*, p. 72.
[116] *Ibid.*, p. 69.
[117] *Ibid.*, p. 65.
[118] Émile Zola, *op. cit.*, p. 165.
[119] François Paré, « Nouvel-Ontario/Abitibi: représentations sexuelles et espaces du Nord », *op. cit.*, p. 259.

Personnages silencieux, elles ne sont décrites que par leur sexualité, ce qui leur confère une animalité qui est renforcée par la comparaison avec la jument. L'hôtel Nickel Strange dans l'œuvre éponyme a aussi ses « femmes fatales [qui] disent adieu, avec une certaine éloquence, à leur Jules d'une nuit » (*NS*, 56). Les prostituées dans l'ouvrage de Tremblay sont dévalorisées en raison de leur lien avec « les bas-fonds du *Nickel Strange* » (*NS*, 90), et la différence entre elles et les femmes dites légitimes se situe au niveau de leur hygiène : « Rosy, elle n'a rien que ma femme n'a pas. En plus propre ! » (*NS*, 92) Mais elles sont aussi décrites comme « de bonnes femmes d'affaires [...] : elles paient rubis sur l'ongle et elles exigent du comptant » (*NS*, 65), ce qui évoque la ruse des prostituées, qui ne sont pas décrites ici comme des victimes. Dans le même roman, le personnage de la Grande Gaspé, même si elle s'adonne à des activités sexuelles avec des clients, « n'est pas une pute, elle ne fait pas l'amour aux hommes, elle préfère dire qu'elle a d'autres talents » (*NS*, 58). Ce passage est révélateur d'une vision phallocentrique de la sexualité, selon laquelle la fellation ou encore la masturbation, qui semblent sous-entendues, ne sont pas considérées comme de véritables relations sexuelles. Mais la Grande Gaspé s'avère être un homme, ce qui constitue une certaine forme de subversion de la figure de la prostituée, car elle est d'ordinaire composée de femmes dans l'imaginaire minier.

Le roman *Les géants familiers* donne à lire une image dépréciative de la prostituée, qui traduit surtout la folie et la perversion. La mère Madach a un passé de prostitution, parce qu'« [e]lle, un homme ça ne lui faisait pas peur. C'était une façon d'arrondir ses fins de mois » (*GF*, 45). La perversion du personnage est illustrée par le fait qu'elle « payait [...] une jeune fille pour se déshabiller toute nue et porter des colliers » (*GF*, 73). Elle rémunère une mineure afin de contempler sa nudité et, ensuite, tomber dans une sorte de transe. La mère Madach est décrite de façon péjorative comme une « sorcière » (*GF*, 44), mais également comme une folle : « [L]a mère Madach [...] se promenait avec ses deux chèvres en laisse, comme si elle avait été une grande dame de la ville qui faisait prendre l'air à ses caniches »

(*GF*, 22). Une figure aussi excentrique et controversée semble devoir être sacrifiée selon la logique du récit minier: elle se suicide à la fin du roman (*GF*, 204). Dans la même œuvre, le personnage de Linda, après avoir pris la place de sa mère auprès de ses frères et sœurs, déménage finalement à Val-d'Or et devient une danseuse-prostituée (*GF*, 170); les femmes qui ne sont ni épouse ni mère semblent invariablement se tourner vers la prostitution. Le personnage de Nathalie dans *La maison Cage*, qui n'a ni mari ni enfant, se prostitue également (*MC*, 6), et ce, même si elle habite une petite ville minière désaffectée, pratiquement déserte et vidée de ses hommes. La fin de l'œuvre suggère qu'elle se suicide; même si la prostitution représente une forme de libération du mariage et de la maternité, elle semble néanmoins sans issue, parce que la protagoniste met fin à ses jours. Dans un tel contexte, le pouvoir subversif de la prostitution semble très limité.

Au terme de cette étude des figures de l'épouse-mère et de la prostituée, il subsiste un important personnage féminin inclassable: il s'agit d'Angèle dans *Les héritiers de la mine*, qui n'est pas mariée, n'a pas d'enfants et n'est pas une travailleuse du sexe. Elle est toutefois emblématique du sort réservé aux femmes dans l'œuvre minière, parce qu'elle représente une forme de féminité qui souhaite s'affirmer dans le monde machiste des mines. Le roman de Saucier met effectivement en scène un «monde masculin, un monde de machos[120]». La «douce» (*H*, 59) Angèle est rejetée par ses frères et sœurs, parce qu'elle accepte la beauté dans sa vie, ce qui semble associé à la féminité dans le récit. Le personnage féminin semble ainsi exclu du clan, sous le prétexte qu'elle présente une féminité non désirée parmi les siens. Les Cardinal souhaitent rappeler à leur sœur qu'elle appartient malgré tout à cette famille, qui s'identifie fortement à la mine:

> Ils sont venus, les uns après les autres, tâter l'étoffe princière, soulever les rangs de crinolines, admirer de leurs mains poisseuses les perles, les rubans, la dentelle, et, quand il n'est plus rien resté de blanc, quand il n'y a plus rien eu qui la distinguait de nous, ils lui ont mis une pelle

---

[120] Jocelyne Saucier, «Jocelyne Saucier: le plaisir d'allumer des feux», entrevue accordée à Louise Desjardins, p. 6.

dans les mains, et Angèle, pauvre petite chose mortifiée dans sa robe charbonnée, Angèle les a suivis vers le feu d'herbe qu'ils lui offraient en guise de cadeau de bienvenue (*H*, 79).

Cet extrait fait écho à celui du *Nickel Strange* où les coquets habits de Rim se retrouvent souillés à la suite de la leçon que ses collègues ont voulu lui donner en le laissant seul dans la noirceur d'une galerie de la mine. Angèle est également marquée par la mine et voit les traces de sa féminité et de ce qui la distingue des autres anéanties. Mais le personnage refuse d'abandonner son individualité et de se plier à la loi de son milieu, elle sera donc sacrifiée: «Angèle est morte. Morte sous des tonnes de roches. Morte écrasée, déchirée, éventrée, éviscérée, décérébrée. Morte à tout jamais. Morte pour l'éternité» (*H*, 57). Angèle est décédée dans la mine, ce qui semble définitivement sceller son appartenance minière. Afin d'échapper à toute forme de stigmatisation, sa sœur jumelle, LaTommy, «n'[a] jamais griffé ou mordu comme une fille» et se «battai[t] pour ne pas [s]e faire traiter de femelle» (*H*, 70): elle était «protégée par [s]es allures de garçonne» (*H*, 80). Le personnage doit ainsi sacrifier sa féminité pour exister non seulement au sein du clan Cardinal, mais aussi à Norcoville. Les femmes qui sortent de leur script d'épouse, de mère ou encore de prostituée sont potentiellement menacées de disparaître si elles ne se conforment pas à l'univers minier. Les exemples de personnages féminins les plus subversifs se trouvent dans le corpus nord-ontarien, puisque la prégnance de la mine industrielle permet l'existence, toutefois problématique, de militantes.

Pour conclure cette étude de la figure de la femme, il importe de se questionner à savoir s'il existe des différences notoires entre les représentations, dépendamment si l'œuvre a été écrite par un homme ou une femme. On sent poindre une critique dans l'écriture de Saint-Germain, qui souligne le destin effacé des femmes, de Poliquin, qui a créé un personnage féminin militant et chez Tremblay, qui ne victimise pas les travailleuses du sexe. Cependant, ce sont les textes de Saucier et d'Haentjens – son apport à *1932, la ville du nickel...* est indéniable, ne serait-ce qu'en comparant cette pièce au recueil *Gens d'ici* de Dalpé, dont les représentations sont beaucoup plus traditionnelles – qui problématisent le plus les protagonistes féminines. La première construit toute son intrigue autour du sacrifice d'Angèle, une jeune femme indépendante, tandis que la seconde a créé un personnage qui, en plus d'être affranchi des valeurs catholiques oppressantes, se définit surtout par son engagement. Ce sont donc deux auteures qui donnent le plus de texture à leurs personnages féminins. Toutefois, il demeure que le plus souvent, les femmes dépeintes dans les œuvres de nos corpus sont, d'une manière ou d'une autre, sacrifiées sur l'autel de la mine.

La figure de l'Autochtone : d'une essentialisation à l'autre

La société occidentale regorge de produits culturels où les Autochtones sont figés dans divers stéréotypes : « [L]es hommes amérindiens se retrouvent systématiquement stéréotypés dans les westerns, les documentaires et les textes littéraires, y compris dans la littérature québécoise, figurés tantôt comme guerriers ou vieux sages, tantôt comme ivrognes attardés ou beaux *bucks*[121] ». De cette façon, « la figure de l'Indien semble [...] ravalée au rang d'un simple stéréotype, un stéréotype partagé entre les forces contraires de la diabolisation et de l'idéalisation[122] ». L'œuvre minière s'inscrit dans cette tendance à fournir des représentations figées de ces personnages, bien que « les cultures autochtones n'[aient] jamais été statiques[123] ». Mais la stéréotypie des Autochtones prend une couleur particulière en contexte minier ; ils sont représentés dans leur rapport avec la *frontier*, grande structure nord-américaine de l'imaginaire des mines. Les protagonistes autochtones, si on peut les nommer ainsi, font les frais

---

[121] Corrie Scott, « Cowboys et Indiens. Masculinités, métissage et *queeritude* chez Tomson Highway et Louis Hamelin », *Temps zéro* [en ligne], dossier *Imaginaires autochtones contemporains*, n° 7, 2013, mis à jour le 16/01/2015, http://tempszero.contemporain.info/document1108.

[122] Jean Morency, « Images de l'Amérindien dans le roman québécois depuis 1945 », *Tangence*, n° 85, 2007, p. 86.

[123] Joëlle Papillon, « Imaginaires autochtones contemporains », *Temps zéro* [en ligne], dossier *Imaginaires autochtones contemporains*, n° 7, 2013, mis à jour le 16/01/2015, http://tempszero.contemporain.info/document1065.

de la *frontier*, par opposition à « l'homme blanc québécois, [alors que] les mythes des pionniers, trappeurs et coureurs des bois viennent fréquemment confirmer sa virilité et dissimuler la réalité d'une violente conquête derrière un récit d'aventurier individualiste et insubordonné[124] ». Les Autochtones se retrouvent donc effacés de l'espace supposément exploré pour la première fois par les grands aventuriers blancs; comme le souligne Alfonso Ortiz, « *one culture's frontier may be another culture's backwater or backyard*[125] ». Delisle décrit l'un des impacts de la *frontier* sur les populations autochtones dans son roman *La bête rouge* : « Le progrès intensifiait la coupe forestière, l'agriculture installait des colons, et les Indiens étaient repoussés sans préavis, sans recours, toujours plus au nord[126]. » Comme l'affirme Patrick Imbert, « [c]ette *frontier* s'invente toutefois selon un rapport de soustraction par rapport aux autres[127] » : elle enlève aux uns pour donner aux autres. Ce rapport de soustraction est principalement illustré par l'expropriation, tandis que « certains groupes ethniques faiblement revendicateurs et peu puissants [...] seront spoliés du droit de vivre sur leur île » (*SS*, 26). L'injustice intrinsèque à cette *frontier* est toutefois perçue comme nécessaire au progrès dans la narration de *Sept jours dans la vie de Stanley Siscoe*, qui relate une discussion entre Stanislaw Szyszko et un Autochtone :

> [T]u tentes de le convaincre que ce n'est pas de ta faute si son peuple a été dépossédé de son lieu de rendez-vous annuel ancestral, que tu n'y es pour rien, toi, si Askigwash ne leur appartient plus. On ne peut échapper aux progrès de la civilisation. C'est la vie. Et la vie s'en va vers l'avant (*SS*, 118).

Les ressources du sous-sol de l'île Askigwash a donc préséance sur les occupants du lieu qui, par opposition « aux progrès de la

---

[124] Corrie Scott, *loc. cit.*
[125] Alfonso Ortiz, « Indian/White Relations: a View From the Other Side of the "Frontier" », dans Frederick E. Hoxie (dir.), *Indians in American History: an Introduction*, Arlington Heights, Illinois, Harlan Davidson, 1988, p. 4.
[126] Jeanne-Mance Delisle, *La bête rouge*, Montréal, Éditions de la Pleine Lune, 1996, p. 140.
[127] Patrick Imbert, *Les Amériques transculturelles : les stéréotypes du jeu à somme nulle*, Québec, Presses de l'Université Laval, coll. « Américana », 2013, p. 28.

civilisation », « représente[nt] la primitivité[128] ». Bien qu'elles soient toutes les deux relativement figées dans les corpus à l'étude, les figures de la *femme* et de l'*homme* autochtones diffèrent sensiblement; elles sont représentées de façon distincte dans leur rapport problématique à la *frontier*. Je m'attarderai ainsi dans un premier temps à analyser la femme autochtone, souvent prostituée ou réduite à une présence silencieuse, puis je me pencherai sur l'homme autochtone, qui est « admir[é][129] » dans sa « parfaite symbiose avec son habitat, communiant à chaque instant avec les forces de la Nature[130] ».

La femme autochtone : subordonnée de l'homme blanc

Dans les œuvres minières à l'étude, la femme autochtone, qu'elle se livre à la prostitution ou qu'elle serve l'homme blanc dans les bois, voit son existence subordonnée à celui-ci. D'entrée de jeu, dans la pièce *Klondyke*, le personnage de la patronne décrit les Autochtones comme une sous-catégorie de femmes: « Il n'y a que quelques vraies femmes dans le Klondyke. Les squaws ne comptent pas: à cause de l'odeur[131] ! » Ainsi, il ne semble y avoir aucune solidarité possible entre femmes blanches et autochtones; ces dernières, qui sont taxées d'être de fausses femmes, subissent néanmoins les mêmes oppressions que leurs consœurs, car elles gardent leurs marques genrées – et donc leur caractère de subalterne – aux yeux des hommes. Dans « El camino tan triste », la femme autochtone est d'emblée érotisée: « Lorsque la musique se fit langoureuse et lascive, la danseuse [autochtone] tournailla autour de son indispensable poteau, s'y accrocha en dernier recours, feignant un long va-et-vient orgastique jusqu'à ce que s'éteigne la mélodie » (*OR1*, 15). Un peu plus loin dans le texte, on peut deviner que la femme ne se trouve pas dans ce bar

---

[128] Gilles Thérien, « Des écrits de la Nouvelle-France à la littérature québécoise », *La licorne*, vol. XXVII, 1993, p. 43.
[129] Corrie Scott, *loc. cit.*
[130] Pierre Dessureault, « Le Nord: réalité et images », *Nordicité*, Québec, Éditions J'ai vu, coll. « L'Opposite », 2010, p. 7.
[131] Jacques Languirand, *Klondyke, op. cit.*, p. 121.

de danseuses, la Maison du Tennessee, par choix, car elle a « un regard aux prunelles noires, abîmées de détresse » (*OR1*, 15) et ses yeux sont des « lueurs de cauchemar » (*OR1*, 19). La femme autochtone est aussi dépeinte dans sa vulnérabilité dans *Le Nickel Strange*, où on trouve « une Amérindienne, le visage en sang, qui tente d'échapper à son agresseur » (*NS*, 59). Ce personnage, l'autrefois « belle » et « pure » Rose-Aimée, « gagnait désormais sa vie dans un bordel » (*NS*, 104). Elle semble ainsi résumer à elle seule « l'enfance de l'humanité et l'ultime aboutissement de la dégradation[132] » que l'on observe dans la représentation des Autochtones.

Dans « El camino tan triste », la femme autochtone danse et se prostitue, comme le laisse entendre ce passage : « [Le *lonesome trucker*] se leva de table et marcha d'un pas rapide, disparaissant par la fente d'un rideau noir suspendu derrière le *juke-box* où la danseuse le suivit à son tour » (*OR1*, 16). Le *lonesome trucker*, par ses longs voyages solitaires et son désir de rencontres sexuelles sans lendemain lors de ses escales, peut être apparenté à une sorte d'aventurier des temps modernes, dont la contrepartie est illustrée par l'exploitation sexuelle des femmes, comme nous l'avons vu plus tôt à propos de la ruée vers l'or. Mais la prostituée amérindienne ne semble pas y prendre son plaisir, car « [d]ans ses yeux, à elle, empreints d'une amertume profonde, l'eau était trouble et noire » (*OR1*, 17). L'érotisation de la femme paraît dépourvue de tout pouvoir subversif et n'est actualisée qu'à travers les regards masculins. « [C]ette beauté dodue et anonyme » (*OR1*, 17) est également réduite à l'anonymat : elle n'est jamais nommée. Aussi, peut-être n'est-elle point nommée, car elle se fait la représentante de toutes les femmes autochtones.

Malgré le fait qu'elle soit décrite dans une position de passivité, la femme amérindienne rend possible le récit de la vie du prospecteur : « [c]'était comme si elle l'attendait, assise là depuis toujours, qu'elle était ce fil, cette mèche qui devait l'allumer et l'obliger à un trajet pénible dans ses souvenirs, le

---

[132] Emmanuelle Tremblay, « Une identité frontalière. Altérité et désir métis chez Robert Lalonde et Louis Hamelin », *Études françaises*, vol. XLI, n° 1, 2005, p. 120.

forcer à parler sans s'arrêter » (*OR1*, 19). La vie entière de la femme semble de cette façon poindre vers cette rencontre avec le prospecteur, mais l'existence même de la quête de l'or de ce dernier est conditionnelle au récit et à l'écoute active que fournira la femme autochtone. Elle se montre intéressée à l'histoire du chercheur d'or et l'oriente en lui posant des questions; à certains endroits, la narration laisse même deviner qu'elle en sait plus que le protagoniste, qu'elle trouve son récit prévisible, tandis qu'elle le « regard[e], mi-narquoise mi-émue » (*OR1*, 30) et devine qui était le guide censé le conduire à l'or équatorien. On peut entrevoir la possibilité d'un avenir autre pour le personnage féminin à la lumière de la conclusion de la nouvelle: «[Le prospecteur] sortit dans l'aveuglement du soleil d'été, abandonnant sur la table l'or captif dans le caillou, doucement illuminé » (*OR1*, 68). Il s'agit d'une tentative de rétablir une certaine justice, alors que la protagoniste a subi les contrecoups d'une *frontier* associée à la colonisation du Nord: c'est elle qui récolte le fruit de la ruée vers l'or.

Dans *La quête d'Alexandre*, Brodeur donne à lire une autre facette de la figure de la femme autochtone. Le roman contient deux personnages féminins autochtones, qui accompagnent le prospecteur Tom Clegson dans les forêts du Nord ontarien. Ces femmes sont aussi reléguées à une existence anonyme, car seulement l'une d'entre elles, Sophia, sera nommée plutôt tardivement dans le roman: l'instance narrative réfère constamment à elles avec l'appellation « les deux femmes » (*QA*, 63-65). Elles sont décrites comme les servantes de Clegson, qui « voulai[t] une femme pour prendre soin de [lui] » (*QA*, 68), et de son apprenti prospecteur Alexandre; « elles serv[ent] en silence » (*QA*, 67) et attendent que les hommes finissent leur repas avant de « recueilli[r] les assiettes et [de] mang[er] à leur tour » (*QA*, 61). Ces personnages se démarquent par leur statut d'« absente[s] présente[s][133] », car elles ne font que « ramasser du bois sec et [...] préparer le[s] repas » (*QA*, 65), et ce toujours silencieusement. Sophia, qui est victimisée dans l'écriture parce

---

[133] Patricia Smart, *op. cit.*, p. 106.

qu'elle est qualifiée de «pauvre Indienne» (*QA*, 68), a aussi pour fonction de satisfaire les besoins sexuels de Clegson: «[J]'ai besoin d'une femme pendant que je prospecte dans le Nouvel-Ontario» (*QA*, 68). Elle fait donc office de «femme temporaire au Canada» (*QA*, 68) qui peut même être prêtée, alors que le prospecteur offre à Alexandre de la «partager» (*QA*, 69): Sophia est donc entièrement au service de l'homme blanc.

Toutefois, Clegson semble vouloir restituer une bonne part du mérite des grandes découvertes faites à travers le globe aux femmes autochtones: «Tous ces découvreurs, Français, Anglais, Espagnols, s'ils sont parvenus aux Rocheuses, au Pacifique, à l'Arctique et, surtout, s'ils en sont revenus, c'est [...] parce que les femmes indigènes en ont pris soin» (*QA*, 68). Un peu comme dans «El camino tan triste», il semble ici y avoir une certaine réparation de l'injustice laissée par la *frontier*, dans ce cas-ci par l'énonciation d'une vérité historique jusque-là occultée dans le récit. Bien qu'un certain pouvoir est donné aux femmes autochtones dans la nouvelle de Delisle et le roman de Brodeur, elles demeurent restreintes à des rôles qui font d'elles des subalternes de l'homme blanc. Leur figure se rapproche ainsi de celle de la femme blanche, mais elle n'offre cependant pas de modèle d'épouse ou encore de mère: elle paraît d'emblée être placée du côté du «péché». L'agentivité de la femme autochtone semble se résumer à une sorte de supériorité passive, qu'il s'agisse de la grande perspicacité de la danseuse du bar abitibien ou encore de la bienveillance et du savoir-faire des personnages de *La quête d'Alexandre*, sans qui les explorateurs ne pourraient survivre à l'hostilité des forêts nordiques. Il est évocateur que les deux textes qui dressent le portrait de femmes autochtones soient écrits par des femmes, de la même façon que les personnages de femmes blanches les plus problématiques étaient mis en scène par des écrivaines. Le plus souvent, les écrivains de mes corpus traitent des Autochtones en général ou encore de l'homme autochtone.

L'HOMME AUTOCHTONE : UNE REPRÉSENTATION DU BON SAUVAGE

Malgré le fait que les représentations de l'homme autochtone dans la littérature québécoise sont souvent peu nuancées, en passant de l'idéalisation au dénigrement le plus total, celles que l'on trouve dans les œuvres à l'étude contribuent essentiellement à dresser le portrait du bon sauvage. L'idéalisation de l'homme autochtone passe d'abord par sa parenté avec «une espèce d'Adam avant la faute[134]», vivant en toute innocence dans les bois, intouché par la corruption de la civilisation. En ce sens, comme le souligne Alfonso Ortiz, «*Indians [are defined] as a part of American wilderness*[135]». Ainsi, dans *La vengeance de l'orignal*, les régions les plus sauvages sont habitées «seulement par les trappeurs Indiens et leurs familles qui y vivent en nomades, changeant de camp selon la saison et les habitudes des animaux à fourrure» (*V*, 81). Les personnages autochtones, qui «*are not presented as fully sentient and multidimensional beings*[136]», sont pratiquement réduits à une «couleur locale» (*SS*, 34) dans *Sept jours dans la vie de Stanley Siscoe*. Les Autochtones sont décrits comme de véritables spécialistes de l'espace sauvage – «la ruse des Indiens» (*V*, 82) semblant aller de soi – et leur expertise profite aux hommes blancs, qui «utilis[ent] chaque fois que c'[est] possible les traces gelées laissées par les trappeurs indiens» (*V*, 27). Il en va de même dans *La quête d'Alexandre*, car le prospecteur Clegson compte sur le fait «de rencontrer des Métis ou des Indiens qui connaiss[ent] bien ces régions [la forêt de Porcupine]» (*QA*, 61). On assiste de cette façon à une «fétichisation de "l'Indien traditionnel"[137]»; il s'agit sans aucun doute du stéréotype le plus prégnant de la figure de l'Autochtone, qui serait un

---

[134] Réal Ouellet, «Aux origines de la littérature québécoise: nomadisme et indianité», dans Franca Marcato-Falzoni (dir.), *La deriva delle francofonie. Mythes et mythologie des origines dans la littérature québécoise*, Bologne, Cooperativa Libraria Universitaria Editrice Bologna, 1994, p. 5.
[135] Alfonso Ortiz, *loc. cit.*, p. 4.
[136] *Ibid.*, p. 10.
[137] Joëlle Papillon, *loc. cit.*

> [a]mi, [...] un guide, un protecteur, une sorte de génie tutélaire de la forêt. Il fournit les informations essentielles: comment voyager, comment s'habiller, comment se chausser, comment chasser, comment se soigner à même la forêt. L'Indien est le révélateur des signes de la forêt[138].

Ces propos de Gilles Thérien paraissent évoquer une certaine maîtrise de la *frontier* exercée par les Autochtones, qui seraient moins démunis que les hommes blancs devant les épreuves que fournissent les espaces sauvages au climat hostile. Cependant, leur capacité à jouir de cette pratique frontalière est conditionnelle à la *frontier* telle qu'elle est pratiquée par les Blancs, pratique qui tend plutôt à amalgamer les Autochtones à la *frontier* en les repoussant toujours plus au Nord.

Dans la nouvelle « Le rêve d'un géant », on cherche d'emblée à sortir les personnages autochtones, dits « les naturels » (*OR2*, 75), de ce prétendu état de nature; Cham se met « à la recherche des campements des indigènes afin de les entretenir de la perfection de Dieu » et « [b]annir Satan et ses ténèbres du Nord » (*OR2*, 75, 77). Les peuples autochtones sont donc présentés comme des individus à évangéliser, ce qui réactive la «*civilization/sauvagism dichotomy*[139] ». Nagaëmo Beesum, chef autochtone et « enfant du bout du monde » (*OR2*, 87), agit en tant qu'informateur des lieux de l'or auprès du prospecteur Cham: il s'agit là de l'illustration de sa maîtrise spatiale. Un personnage de *La quête d'Alexandre* partage la même fonction, car il a indiqué à un prospecteur « où se trouvent des formations rocheuses qui contiennent de l'or » (*QA*, 30). Le peuple de Beesum est aussi bien au fait de l'existence du gisement aurifère: « Je sais qu'on trompe mon peuple. On nous croit naïfs. Mon peuple connaît l'existence de ce trésor, mais il ne le cherche pas. Il préfère le savoir caché et le garder, plutôt que le trouver et le perdre » (*OR2*, 93). De cette façon, Beesum met au jour la fausseté de la croyance blanche en la naïveté des Assiniboëls, ce

---

[138] Gilles Thérien, *loc. cit.*, p. 42.
[139] Alfonso Ortiz, *loc. cit.*, p. 4.

qui vient rectifier en partie l'image entretenue par les Blancs au sujet des Autochtones.

Nagaëmo Beesum apparaît comme un personnage qui possède une certaine maîtrise de la *frontier*, qui a appris de l'imprudence de ses ancêtres – qui sont décédés en tentant de transgresser l'ordre sacré de l'or. C'est lui qui met Cham en garde contre les dangers de la fièvre de l'or. Dans la logique de la nouvelle, le peuple autochtone apparaît imperméable à la folie de l'or, qui ne se présente pas nécessairement comme une fatalité dans son cas. En ce sens, les Autochtones sont idéalisés alors qu'ils sont comparés à «un peuple de saints» (*OR2*, 96). Beesum est de surcroît représenté comme l'image même du sacrifié, car «[s]ous les traits émaciés de Nagaëmo Beesum apparaissait un saint Sébastien auréolé de cheveux noirs et ligoté au poteau. Du sang rubis coulait sur la peau brune, transpercée de flèches, et ses yeux insondables laissaient échapper des larmes dorées» (*OR2*, 96-97). Le personnage est donc présenté sous les traits d'un martyr de la colonisation et de l'exploitation minière. À l'inverse, les personnages autochtones peuvent aussi être hautement dénigrés dans l'imaginaire des mines, comme en témoigne la pièce *Klondyke*, où ils sont décrits comme de stupides profiteurs: «Un Indien? Vous n'y pensez pas! Les Indiens sont des charognards! Ils sont là quand ça va mal. Ils profitent de tout. Et même pas assez malins pour avoir vidé le Klondyke avant l'arrivée des Blancs[140]!» Un personnage de la même œuvre va plus loin en affirmant qu'«[i]l n'y a d'Indien bon que l'Indien mort[141]...». Un tel degré de dénigrement n'est toutefois pas à l'œuvre dans mes corpus, bien que le roman *Le Nickel Strange* associe les Autochtones aux «bas-fonds du *Nickel Strange*» (*NS*, 90), car ils font partie des «sombres personnages de toutes sortes» (*NS*, 140) qui composent la faune de l'hôtel. En somme, l'homme autochtone est le plus souvent montré comme un être

---

[140] Jacques Languirand, *Klondyke*, *op. cit.*, p. 117.
[141] *Ibid.*, p. 203. Il s'agirait d'une version déformée des paroles prononcées par le général étatsunien Philip Sheridan en 1869, qui aurait plutôt dit: «*The only good Indians I ever saw were dead.*»

de la forêt qui est victime du « progrès » imposé par l'avancée perpétuelle de la *frontier*.

Pour conclure ce chapitre, il importe de souligner les grandes lignes de cette typologie du personnel minier – qui fait montre d'une assez grande homogénéité au sein de mon étude – que je viens de décrire. Il me semble que l'élément le plus important dans la hiérarchie des fonctionnaires de l'énonciation minière est le rapport que ceux-ci entretiennent avec la *frontier* nordique. La figure du prospecteur, qui est surtout montrée dans sa maîtrise spatiale des vastes territoires, est donc celle qui est la plus valorisée dans l'imaginaire des mines et qui se prête le mieux à l'héroïsation, puisqu'il s'agit aussi d'une figure frontalière. En outre, seul le chercheur d'or pratique véritablement l'espace minier. Mais ce personnage type n'en demeure pas moins un fonctionnaire, car il doit d'abord et avant tout son statut de héros au respect rigoureux de son script, c'est-à-dire de bien composer avec les codes de l'épreuve associée à l'axe nordique de l'hivernité. Pour sa part, le mineur n'a que très rarement un rapport direct avec la *frontier*. Quand l'ouvrier de la mine entre en scène, la *frontier* n'est déjà plus ce qu'elle a été, puisqu'elle est constamment repoussée et qu'elle a emporté avec elle la frénésie de l'or. Le mineur est le plus souvent l'ouvrier de la légende qui entretient le rêve déjà évanoui. S'il accède au légendaire, c'est seulement parce qu'il est parvenu en quelque sorte à se sortir du collectif – tout le personnel minier est profondément collectif – en devenant un militant qui, paradoxalement, œuvre pour le bien commun. Ainsi, contrairement au prospecteur, le mineur devient un héros en refusant son script.

La *frontier* a aussi ses exclues et exclus, qui sont les femmes blanches et les Autochtones. Dans les œuvres à l'étude, les seules femmes qui entretiennent un quelconque rapport avec la *frontier* sont les prostituées. Cette déclinaison de la figure de la femme est cependant évacuée de sa potentielle force subversive et ne sert qu'à dévoiler en quoi la *frontier* est dans ce cas subie au lieu d'être pratiquée: les travailleuses du sexe sont subordonnées aux aventuriers. L'héroïsation ne fait pas partie du spectre des possibles des personnages féminins, mais c'est par le militantisme que passe la subversion de leur statut de fonctionnaire. Les rôles de leaders militants sont réservés aux personnages masculins, qui seuls peuvent aspirer à la légende. La contrainte au script de l'épouse-mère – et de sa passation de mère en fille – ou de la prostituée est telle que bon nombre de personnages ne trouvent leur salut que dans le suicide. L'œuvre minière comporte effectivement son lot de femmes sacrifiées, il n'y a qu'à penser à Madeleine dans *Poussière sur la ville*, qui met fin à ses jours, car elle incarne «le refus de la contrainte[142]» et ne saurait se résigner à son existence d'épouse de médecin dans la petite ville minière de Macklin. Les personnages autochtones, qu'ils soient femmes ou hommes, sont exclus de l'aventure de la *frontier*, mais cette exclusion se traduit différemment selon le genre. En fait, l'aliénation des femmes autochtones dans un contexte frontalier est double; hommes et femmes se retrouvent confondus à la *frontier*, suivant son mouvement de perpétuel repoussement vers le Nord, mais seules les femmes seront directement subordonnées à l'aventurier blanc, que ce soit par les soins qu'elles leur prodiguent ou encore l'offrande de leur corps. Ce qui ressort le plus de cette analyse du personnel minier, cantonné à représenter sa fonction dans le récit, est sans aucun doute la primauté de la répétition du Même et le farouche refus de la différence, caractéristiques du chronotope minier.

---

[142] André Langevin, *op. cit.*, p. 31.

CONCLUSION

Les chronotopes de la mine industrielle, de la mine mythique et de la *frontier* nordique, qu'ils s'excluent ou qu'ils se rejoignent, ne sont pas simplement juxtaposés: ils interagissent et sont donc tous partie prenante du chronotope minier. C'est à partir de l'étude de ces différentes chronotopies que j'ai pu déterminer les principaux enjeux des littératures minières de l'Abitibi et du Nord de l'Ontario. Le corpus nord-ontarien est d'abord et avant tout traversé par la mine industrielle, les questions de l'exploitation des travailleuses et des travailleurs et celle de la solidarité y sont donc particulièrement prégnantes. Le chronotope de la *frontier* nordique est aussi à l'œuvre dans les textes du Nord de l'Ontario, mais surtout pour en montrer les contrecoups. Je constate que ces problématiques se trouvent également à l'origine de la production littéraire franco-ontarienne des années 1970, notamment dans les œuvres d'André Paiement, qui cherchent à dire la réalité des Franco-Ontariens, entre autres la condition ouvrière. Le récit minier se situe donc à la fois aux prémices de la communauté nord-ontarienne, car l'industrie minière a vu naître la région, mais aussi à celles de l'institution littéraire franco-ontarienne.

Développement des corpus
et mode de prédilection

En dépit de la prégnance du chronotope minier au sein des littératures franco-ontarienne et abitibienne, il demeure que ces deux corpus se sont développés de façon sensiblement différente. Il existe une différence fondamentale entre ces deux productions littéraires: en termes de hiérarchie, le corpus de l'Ontario français est plutôt l'équivalent de la littérature québécoise que celui de l'abitibienne. Bien qu'il n'y ait pas en Ontario français une littérature assez importante – quantitativement parlant – pour distinguer les régions, le corpus nord-ontarien peut néanmoins être considéré comme l'équivalent de la littérature abitibienne, car ce sont deux littératures régionales au sein de corpus nationaux, le franco-ontarien et le québécois. Or, ces deux productions littéraires n'ont pas le même poids symbolique au sein de leur littérature nationale respective, notamment parce que la littérature franco-ontarienne est née dans le Nord, tandis que la littérature québécoise a vu le jour à Québec et s'est développée à Montréal, donc au centre plutôt que dans la périphérie.

Le développement de ces corpus a une influence directe sur leur mode de prédilection – la mine industrielle ou la mine mythique. L'omniprésence de la mine industrielle dans les œuvres nord-ontariennes s'explique principalement par l'époque de leur création. À l'exception de *La maison Cage* et du *Nickel Strange*, qui datent respectivement de 1998 et de 2000, les œuvres franco-ontariennes de mon corpus ont été écrites dans les années 1980, période marquée par une grande adhésion des artistes franco-ontariens au mouvement contre-culturel. Comme l'indiquent Hotte et Melançon, « la contre-culture touche à toutes les sphères de la vie humaine: personnelle en prônant un mode de vie (commune, musique, drogue et liberté sexuelle), sociale (activisme socialiste, intervention sociale par des *sit-in*, *be-in* [sic]) et politique[1] ». La prégnance du chronotope de la mine industrielle s'inscrit sans aucun doute dans la sphère sociale contre-culturelle, les auteures et les auteurs donnant une voix aux travailleuses et aux travailleurs de la mine.

L'influence de la contre-culture étatsunienne a opéré sur les thématiques abordées par les artistes franco-ontariens, la face de l'exploitation et du militantisme des mineuses et des mineurs – dans le cas qui m'intéresse, il n'y a qu'à penser à la grève, qui

---

[1] Lucie Hotte et Johanne Melançon, *Introduction à la littérature franco-ontarienne*, Sudbury, Éditions Prise de parole, coll. « Agora », 2010, p. 49-50.

est partie prenante de l'écriture de *1932, la ville du nickel...* et de *Temps pascal*. Bien qu'il n'ait pas écrit son roman *Le Nickel Strange* pendant cette période, Tremblay peut néanmoins être apparenté à la contre-culture en Ontario français, puisqu'il a fait partie de la Coopérative des artistes du Nouvel-Ontario, qui s'inscrit dans cette mouvance. De surcroît, avant d'entamer ses études à l'Université Laurentienne, Tremblay a travaillé dans les mines de Sudbury, ce qui le rattache d'autant plus à l'imaginaire de la mine industrielle. Quant à Ouellette, il a écrit sa pièce *La maison Cage* à la fin des années 1990 lors d'une résidence d'écrivain à la Fabrique de Théâtre, dans la région du Borinage en Belgique, un ancien site minier de charbon. Même s'il en a effacé les traces référentielles, le dramaturge semble s'être inspiré du lieu de sa création, qui a aussi fait l'objet d'un documentaire intitulé *Misère au Borinage*[2] qui explore l'exploitation des mineurs et des ouvriers du Borinage.

Les raisons derrière la prédominance de la mine mythique dans la littérature de l'Abitibi se laissent moins facilement deviner. La période de création des œuvres abitibiennes de mon corpus est plus tardive, elle va de 1989 à 2005. Les époques décrites dans les récits sont très variées: « Le rêve d'un géant » se déroule au tournant du XIXe siècle, donc au début de la colonisation; *Sept jours dans la vie de Stanley Siscoe*, dans les années 1930, période pendant laquelle plusieurs mines entrent en production; *Les géants familiers*, dans les décennies 1950 et 1960, qui voient le déclin et la fermeture de plusieurs mines; *Les héritiers de la mine*, entre les années 1950 et 1990, ce qui offre une certaine vue d'ensemble de l'industrie, du moment de la fondation d'une municipalité à celui de la modernisation des minières; et finalement « El camino tan triste », au début du XXIe siècle, qui offre un exemple de la prospection telle qu'elle se pratique aujourd'hui. Les textes, plutôt que de s'inscrire dans un mouvement de société, paraissent représenter différents moments de l'exploration et de l'exploitation minières en Abitibi, ce qui leur procure une profondeur historique.

---

[2] Joris Ivens et Henri Storck, *Misère au Borinage*, Bruxelles, Club de l'Écran, 1933, 34 min.

Plus encore, selon Michel Dubé, la littérature abitibienne est surtout marquée par un « mouvement de réappropriation de [... l']histoire » : « Dans ces territoires au nord des métropoles littéraires, après l'Abitibaloney des années 1930 jusqu'au début des années 1960, des écrivains se sont mis à travailler le temps et la vie de ceux dont la vie a été trop courte[3]. » Or, cette réappropriation historique amène des thèmes de prédilection au sein du corpus, thèmes que j'ai exploités dans mon étude :

> En ce qui concerne la littérature issue de l'Abitibi-Témiscamingue et pour peu qu'on connaisse les caractéristiques de la région, on s'aperçoit qu'elle est marquée par l'éloignement des grands centres qui développe un esprit insulaire et pionnier ; une pluralité culturelle résultat [sic] de la diversité des communautés qui l'ont peuplée ; une expérience particulière des domaines minier et forestier liée à la réalité économique ; une proximité avec la nature et ses premiers habitants et un esprit de frontière étant donnée la situation géographique du territoire[4].

Même si la réalité économique rattachée aux mines, l'une des caractéristiques de la mine industrielle, figure parmi les thématiques du corpus abitibien, les questions de l'exploitation et du militantisme des ouvrières et des ouvriers en sont pratiquement évacuées.

À ce sujet, l'histoire minière de la région est révélatrice : la grève qui a le plus marqué l'imaginaire abitibien, parce qu'elle constitue la première tentative de syndicalisation des ouvriers de l'industrie minière en Abitibi, a été surnommée « la grève des Fros[5] », contraction populaire de *foreigners*, puisque la majorité des grévistes, 90 % d'entre eux[6], étaient originaires d'Europe de l'Est et déjà familiers avec l'organisation syndicale. Non seulement la plupart des militants étaient des nouveaux arrivants, des

---

[3] Michel Dubé, « Préface », dans Gilles Massicotte, *East-Malartic, 1947*, Rouyn-Noranda, Éditions du Quartz, coll. « Textes et contexte », 2012, p. 12.
[4] Marie-Claude Leclercq, « Préface », *Rouyn-Noranda littéraire*, Rouyn-Noranda, Éditions du Quartz, 2013, p. 9.
[5] Cette grève a eu lieu en 1934 à la mine Noranda, dans la municipalité éponyme.
[6] Émilie Parent-Bouchard, « Il y a 80 ans... la grève des "Fros" débutait à Noranda », *Ici Radio-Canada* [en ligne], mis à jour le 13/06/14, http://ici.radio-canada.ca/regions/abitibi/2014/06/13/001-greve-fros-80-ans.shtml.

briseurs de grève canadiens-français ont en quelque sorte contribué à saboter cette grève en prenant la place des mineurs en débrayage à la fosse. Cette grève n'aura profité qu'aux mineurs canadiens-français: « Avant la grève, les Canadiens français occupaient à peine deux cents emplois. Quelques semaines plus tard, ils en obtinrent tout près de cinq cents[7]. » De surcroît, les mineurs non naturalisés ont été déportés; cette grève n'a duré que dix jours, mais son échec et la crainte du communisme auront suffi à étouffer toute tentative de syndicalisation dans le milieu minier abitibien pendant quinze ans[8]. Ce pan de l'histoire minière de l'Abitibi est hautement problématique, il n'est donc pas étonnant qu'il fasse peu partie du mouvement de réappropriation historique que l'on observe dans la littérature de cette région[9].

Une autre explication à la portée limitée de la mine industrielle dans le corpus abitibien réside peut-être au niveau du genre de ses écrivains, qui sont majoritairement des écrivaines: à l'exception de Saint-Germain, tous les auteurs sont des auteures. Sans vouloir essentialiser les femmes en prétendant qu'elles seraient naturellement moins portées vers une représentation de l'expérience militante de la mine, il demeure qu'historiquement, le travail à la fosse est majoritairement une affaire d'hommes, ce qui pourrait expliquer pourquoi les auteures n'adoptent pas d'emblée un registre réaliste et un ton revendicateur. L'exclusion dont font l'objet les femmes dans l'industrie minière paraît laisser des traces dans l'imaginaire de celles-ci. Il m'apparaît que le rapport des femmes à l'espace minier est autre et qu'il se traduit par une écriture davantage symbolique.

Bien qu'elle ne fasse pas partie de mon corpus principal, Louise Desjardins, dans *La love* et *La 2ᵉ avenue*, emploie une écriture

---

[7] Jacques Michaud, « La grève des Fros », dans Denis Cloutier (dir.), *Contes, légendes et récits de l'Abitibi-Témiscamingue*, Trois-Pistoles, Éditions Trois-Pistoles, coll. « Contes, légendes et récits du Québec et d'ailleurs », 2012, p. 178.

[8] Émilie Parent-Bouchard, *loc. cit.*

[9] Jacques Michaud, dont le père a milité pendant cette grève, a consacré son court texte « La grève des Fros » à cette page de l'histoire régionale; Richard Desjardins, dont le militantisme n'est plus à prouver, relate le conflit dans sa chanson « Les Fros »; Jeanne-Mance Delisle fait rapidement allusion au débrayage dans sa nouvelle « La chinoise » et l'ancien mineur Rémi Jodouin en fait mention dans son texte biographique *En-d'ssour* (Montréal, Éditions québécoises, 1973, 207 p.).

poétique et symbolique pour dépeindre l'ennui, la laideur et la beauté de l'Abitibi, mais aussi du Nord. Dans *Et l'or tomba dans le quartz du Nord*, Jeanne-Mance Delisle, avec une écriture empreinte de sacré et de religieux, se penche sur la figure mythique du prospecteur en deux temps, aux époques coloniale et contemporaine. Pour sa part, Jocelyne Saucier offre un récit qui gravite autour du mythe des origines et de la cosmogonie minière de la famille Cardinal, dont les membres sont littéralement les héritiers de la mine. Ainsi, ces écrivaines, plutôt que de décrire l'espace minier proprement dit et les conditions de travail des ouvriers, se concentrent sur la valeur fondatrice et mythique du chronotope minier, valeur associée à la mine mythique. Comme nous l'avons vu, la mine mythique a une force structurante dans les œuvres minières abitibiennes. Or, l'utilisation de ce chronotope européen est directement liée à celle des chronotopes du Nord et de la *frontier*, parce que le mythe qui a fortement marqué l'imaginaire des auteurs du corpus est celui du Nord et de la colonisation.

On peut notamment attribuer la récurrence de l'écriture du mythe du Nord et de la colonisation à son ancrage dans la littérature québécoise[10], et ce depuis *Maria Chapdelaine*[11] de Louis Hémon et *Menaud, maître-draveur*[12] de Félix-Antoine Savard. Plus particulièrement, ce mythe est constitué de « l'opposition canadienne-française fondatrice entre la sédentarité et le nomadisme[13] » qui est transposée dans la littérature; on retrouve

> d'un côté la tentation érotique de l'aventure sauvage sous la figure du coureur des bois François Paradis, qui parcourt les forêts vierges, mais qui meurt gelé; de l'autre la figure paternelle et son double, Eutrope

---

[10] Le roman de la terre n'a pas connu la même fortune en Ontario français et il s'agit d'un genre très peu exploité.

[11] Louis Hémon, *Maria Chapdelaine*, Montréal, Bibliothèque québécoise, 1990 [1916], 215 p.

[12] Félix-Antoine Savard, *Menaud, maître-draveur*, Montréal, Bibliothèque québécoise, 1992 [1937], 161 p.

[13] Daniel Chartier, « Au Nord et au large. Représentation du Nord et formes narratives », dans Joë Bouchard, Daniel Chartier et Amélie Nadeau (dir.), *Problématiques de l'imaginaire du Nord en littérature, cinéma et arts visuels*, Montréal, Imaginaire/Nord, Laboratoire international d'étude multidisciplinaire comparée des représentations du Nord, coll. « Droit au pôle », 2004, p. 14.

Gagnon, qui ne cherchent qu'à établir leur domaine cultivable toujours plus au Nord, faisant avancer dans la forêt tant la raison que la nation[14].

Cette ambiguïté fondamentale est résumée dans la figure du prospecteur, qui traverse les œuvres abitibiennes de mon corpus, mais surtout dans les représentations qu'en donne Delisle dans *Et l'or tomba dans le quartz du Nord*. Dans le contexte de la colonisation du Nord historique québécois, « le système discursif du Nord » renvoie « à des symboles identitaires nationaux forts[15] ». Le mythe du Nord et de la colonisation est un incontournable du mouvement de réappropriation de l'histoire que l'on observe dans la littérature abitibienne et, comme le souligne Marie-Claude Leclercq, « [c]'est ainsi que l'on contribue à construire le mythe des origines[16] ».

Le récit fondateur des premiers colons, des prospecteurs miniers et même celui de Stanislaw Szyszko, figure mythique par excellence de la région, a déjà été traité à maintes reprises dans les fictions abitibiennes. La prégnance du mythe et de l'écriture symbolique se manifeste aussi dans des œuvres qui traitent peu ou pas de la mine. Certains auteurs de la région, comme Denys Chabot, dont les trois romans sont traversés par une cosmogonie baroque et fantastique[17], Pierre Yergeau, écrivain d'une épopée abitibienne[18], ainsi que Delisle, notamment dans ses *Nouvelles d'Abitibi*, martèlent d'une œuvre à l'autre le récit des origines de l'Abitibi. Ils s'inscrivent, d'une certaine façon, dans ce que Hotte nomme « l'esthétique particulariste », qui cherche à « mettre en

---

[14] *Ibid.*, p. 15.
[15] *Id.*, « L'hivernité et la nordicité comme éléments d'identification identitaires dans les œuvres des écrivains émigrés au Québec », dans Petr Kyloušek, Max Roy et Józef Kwaterko (dir.), *Imaginaire du roman québécois contemporain*, Montréal, Figura, Centre de recherche sur le texte et l'imaginaire, coll. « Figura », 2006, p. 124-125.
[16] Marie-Claude Leclercq, *loc. cit.*, p. 8.
[17] Denys Chabot, *L'Eldorado dans les glaces*, Montréal, Éditions Hurtubise/HMH, coll. « L'arbre », 1978, 202 p.; *La province lunaire*, Montréal, Éditions Hurtubise/HMH, 1981, 273 p.; *La tête des eaux*, Montréal, XYZ Éditeur, coll. « Romanichels », 1997, 268 p.
[18] Pierre Yergeau, *L'écrivain public*, Québec, L'Instant même, 1996, 248 p.; *La désertion*, Québec, L'Instant même, 2001, 202 p.; *Les amours perdues*, Québec, L'Instant même, 2004, 96 p.; *La cité des vents*, Québec, L'Instant même, 2005, 141 p.

évidence la communauté de destin qui fonde la communauté[19] ». L'intention de ces écrivains est sans doute de faire mentir l'idée selon laquelle « les petites villes industrielles ne disposeraient pas d'une mythologie, contrairement aux villages pittoresques[20] », et ce, par la « construction d'un récit communautaire », qui est au cœur « de toutes les écritures minoritaires[21] ».

Dans son recueil *Nouvelles d'Abitibi*, pour lequel elle a reçu le Grand Prix de la prose du *Journal de Montréal*, Delisle restitue le passé dans ce qui paraît être une tentative d'inscrire la région dans l'Histoire. On y lit différents moments de la colonisation abitibienne, qu'elle soit agricole ou minière et nombreux y sont les points de vue, de la femme d'un bûcheron à un prospecteur, en passant par une Métisse et une religieuse. L'écriture de Delisle renouvelle l'imaginaire du terroir, « genre masculin et paternaliste[22] », car elle refuse de reproduire l'idéal féminin du roman de la terre. La nouvelliste fournit d'autres modèles féminins que ceux de l'épouse et de la mère au destin effacé, qui font également partie du personnel minier. Delisle, dont l'œuvre est parcourue par l'idée de vengeance, semble vouloir restituer une certaine justice en donnant des rôles de premier plan à des personnages féminins, qui offrent un contrepoids appréciable aux « absentes présentes[23] » et aux « mères mortes du roman de la terre[24] ». Le néoterroir de l'écrivaine se manifeste aussi, de façon plus générale, par un retour constant aux débuts de l'Abitibi; l'auteure semble ainsi vouloir retourner au degré zéro de la région et doter cette Abitibi originelle d'une force transgressive qui lui serait

---

[19] Lucie Hotte, « La littérature franco-ontarienne à la recherche d'une nouvelle voie: enjeux du particularisme et de l'universalisme », dans Lucie Hotte, Stefan Psenak et Louis Bélanger (dir.), *La littérature franco-ontarienne: voies nouvelles, nouvelles voix*, Ottawa, Le Nordir, coll. « Roger-Bernard », 2002, p. 41.

[20] Francis Langevin, « La régionalité dans les fictions contemporaines au Québec » – Une conférence de Francis Langevin à Québec, *Salon double. Observatoire de la littérature contemporaine*, 21 février 2013 [en ligne], http://salondouble.contemporain.info/la-regionalite-dans-les-fictions-contemporaines-au-quebec.

[21] François Paré, *Théories de la fragilité*, Ottawa, Le Nordir, 1994, p. 12.

[22] Patricia Smart, *Écrire dans la maison du père. L'émergence du féminin dans la tradition littéraire du Québec*, Montréal, Éditions Québec Amérique, coll. « Littérature d'Amérique », 1990 [1988], p. 35.

[23] *Ibid.*, p. 106.

[24] *Ibid.*, p. 20.

inhérente, par opposition à l'obéissance et au conformisme du terroir. Force est de constater que le mythe de la colonisation du Nord constitue une image obsédante dans l'imaginaire abitibien, ce qui se traduit par une écriture hautement symbolique.

Du chronotope au genre

La prépondérance du chronotope minier dans les productions littéraires de l'Abitibi et du Nord de l'Ontario, même si elle témoigne d'une réalité régionale, n'indique pas un repli identitaire. La mine, comme je l'ai montré dans mon étude chronotopique de ses grandes structures, a quelque chose de profondément universel. Certains textes de mes corpus font éclater les frontières, il n'y a qu'à penser à *Et l'or tomba dans le quartz du Nord*, qui met en scène une petite ville minière d'Équateur, où les bidonvilles s'ajoutent aux ruines de l'espace minier (*OR1*, 34 et 65), à *Temps Pascal*, qui fait mention des mines d'Indonésie et du Zaïre, où l'exploitation des travailleuses et des travailleurs est pratiquement sans limite (*TP*, 97), et au *Nickel Strange*, où il est plus généralement question des mines du Sud, qui servent de débarras aux mines de Sudbury, qui y entreposent leurs surplus de nickel (*NS*, 24). Dans tous les cas, le chronotope minier exerce une structuration des possibles, mais différemment, parce que le chronotope de la mine industrielle peut être complexifié par le rapport Nord-Sud.

Bien que mon étude se limite aux littératures abitibiennes et nord-ontariennes, je crois que celles-ci partagent une parenté certaine avec d'autres corpus où l'espace minier est prégnant. Je pense à la Bolivie, dont la littérature de l'époque coloniale est traversée par la ville légendaire de Potosí, construite au pied d'une montagne d'argent[25], et dont la production littéraire à partir du XXe siècle aborde les conditions des travailleuses et des travailleurs de la mine. Au Pérou, c'est surtout dans les textes littéraires de l'indigénisme, « courant qui s'efforce de dénoncer le

---

[25] http://www.embajadadebolivia.com.ar/m_cultura/c_literatura.html [Embajada del Estado Plurinacional de Bolivia en la Argentina].

sous-développement du Pérou[26]», qu'on remarque une utilisation plus importante de la mine industrielle. Du côté de la Belgique, les principales œuvres minières sont aussi associées à la mine industrielle: il en va ainsi du roman *Treize hommes dans la mine*[27] de Pierre Hubermont, l'un des représentants de la littérature prolétarienne belge, qui relate l'histoire de treize mineurs emprisonnés dans une fosse à la suite d'un éboulement. L'imaginaire norvégien du XIXe siècle est à la fois traversé par la mine industrielle et la mine mythique, parce que les lutins et les nains qui l'habitent sont utilisés comme métaphore de «ce qu'il y a d'arriéré dans la tradition et la société[28]» et qui doit être détruit. Les différentes productions littéraires trouvent leur spécificité dans le contexte socio-historique et l'idéologie de l'époque, qui ont un impact certain sur l'imaginaire des communautés et des créateurs et parmi lesquels on pourrait sans aucun doute déceler des chronotopes.

Les récits miniers forment un genre en soi, déterminé par le chronotope qui, comme on l'a vu, est composé d'un certain nombre de possibles formels, thématiques et idéologiques. À l'instar du genre, le chronotope module la forme et le contenu de l'œuvre littéraire. Pour Mikhaïl Bakhtine, les concepts de chronotope et de genre sont indissociables: «le chronotope, écrit-il, a une importance capitale pour les genres. On peut affirmer que ceux-ci, avec leur hétéromorphisme, sont déterminés par le chronotope[29]». En outre, selon Jean-Marie Schaeffer, «[t]oute classification générique est fondée sur des critères de similitude» et «l'identité d'un genre est fondamentalement celle d'un terme général identique appliqué à un certain nombre de textes[30]». La généricité est aussi dotée d'un aspect dynamique, car «*tout* texte

---

[26] Pascal Mougin et Karen Haddad-Wotling, «Pérou», *Dictionnaire mondial de la littérature*, Paris, Larousse, 2012. Aussi en ligne http://www.larousse.fr/encyclopedie/litterature/P%C3%A9rou/175993.

[27] Pierre Hubermont, *Treize hommes dans la mine*, Bruxelles, Labor, coll. «Espace Nord», 1993 [1930], 171 p.

[28] Kjartan Fløgstad, *Pyramiden. Portrait d'une utopie abandonnée*, Paris, Actes Sud, 2009, p. 54.

[29] Mikhaïl Bakhtine, *Esthétique et théorie du roman*, Paris, Gallimard, 1978, p. 238.

[30] Jean-Marie Schaeffer, *Qu'est-ce qu'un genre littéraire?*, Paris, Éditions du Seuil, coll. «Poétique», 1989, p. 8 et 65.

modifie "son" genre: la composante générique d'un texte n'est jamais [...] la simple réduplication du modèle générique constitué par la classe de textes (supposés antérieurs) dans la lignée desquels il se situe[31] ». Comme nous l'avons vu, le genre minier est très codé et l'écriture de textes canoniques tels *Germinal* ou encore *Poussière sur la ville* ont une influence certaine sur les récits de la mine à venir, qui à leur tour viennent ajouter leurs particularités au genre.

En outre, le roman minier peut être apparenté aux romans du terroir québécois et canadien par la représentation de l'importance du rapport au territoire ainsi que les rôles préétablis et normatifs des personnages masculins et féminins – notamment attribuables au « maintien de la famille traditionnelle soumise à l'autorité paternelle[32] » –, sans oublier le statut de subalterne des Autochtones. Bien qu'elle ne soit pas toujours centrale, la thématique de la colonisation est également à l'œuvre dans le genre minier qui, à l'instar du terroir, est tourné vers le passé: on pense aussi à l'importance du mythe de la colonisation nordique. De surcroît, les héros de l'œuvre minière et ceux du terroir sont parents par leur appartenance au panthéon légendaire du Nord, qui comprend autant le prospecteur que le voyageur et le coureur des bois. Comme c'est le cas dans la littérature du terroir, le roman de la mine problématise le rapport à l'ailleurs et à toute forme d'altérité.

L'œuvre minière, qu'elle ait pour cadre les Amériques, l'Océanie, l'Afrique ou encore l'Asie, est traversée par le complexe de Kalamazoo, qui décrit la similitude entre des petites villes qui sont parfois laides mais le plus souvent banales, et qui partagent aussi des modes de vie et une désorganisation de l'espace, ce qui suggère la répétition du Même. Le concept de Nepveu peut être conçu comme un produit du chronotope minier, mais également un des paramètres qui forment l'ossature du genre. Le complexe de Kalamazoo peut aussi être caractérisé par un espace désolé et mutilé, plus particulièrement dans un contexte post-exploitation:

---

[31] *Id.*, « Du texte au genre », dans Gérard Genette et Tzvetan Todorov (dir.), *Théorie des genres*, Paris, Éditions du Seuil, coll. « Points », 2000, p. 197.
[32] Josée Bonneville, « Le contexte sociohistorique », dans Claude-Henri Grignon *et al.*, *Trois visions du terroir*, Montréal, XYZ éditeur, coll. « Romanichels plus », 2008, p. 127.

> On a démoli chevalements, moulin et autres bâtiments, et passé les tas de *muck* au concasseur pour en faire du ballast à vendre à la compagnie ferroviaire Canadien National. On s'est débarrassé des poutres de métal et de bois et des pierres stériles, comme si on avait voulu rayer de la carte toute trace de l'exploitation minière et de la raison même de l'existence du village (*SS*, 10).

Dans les textes étudiés, l'avenir de la mine est illustré par un territoire en ruines, ce qui réitère la problématique de l'industrie minière qui, même si elle est par essence éphémère, donne vie à des communautés qui en sont partiellement ou totalement dépendantes. Comme le souligne le narrateur du *Nickel Strange*, « [l]es mines sont comme des sépulcres blanchis » (*NS*, 33). Il en va de même dans le monde référentiel, le chevalement de l'ancienne mine East-Malartic, à Malartic en Abitibi, détruit en 2012 pour des raisons de sécurité par la Corporation minière Osisko, a été remplacé par une reproduction du chevalement « ornée d'une plaque commémorative rendant hommage à la mémoire des douze hommes victimes de l'incendie survenu le 24 avril 1947[33] », qui fait ainsi office de monument funéraire. Même si je suis consciente du danger de confondre le monde représentant et le monde représenté, force est de constater que la reproduction du Même semble aussi être partie prenante du fonctionnement du chronotope réel de la mine. L'industrie minière, polluante et régie par une logique capitaliste où qu'elle se situe dans le monde, tend aussi vers l'uniformité et ne diffère qu'en termes de degrés, la dysphorie qu'elle apporte variant selon qu'elle se trouve dans les puissances mondiales ou dans les pays en voie de développement. En outre, un futur possible du chronotope minier paraît être le chronotope de la ville morte, comme en font foi certaines œuvres minières, telles *La maison Cage* de Ouellette et *Les héritiers de la mine* de Saucier.

Il me semble que la représentation de villes mortes est destinée à se multiplier dans les prochaines décennies, si l'on considère

---

[33] Gilles Massicotte, *East-Malartic, 1947*, Rouyn-Noranda, Éditions du Quartz, coll. « Textes et contexte », 2012, p. 248.

l'exploitation de plus en plus fréquente de mines à ciel ouvert[34], plus rentables mais aussi plus dommageables que les mines souterraines, car elles peuvent être opérées en milieu urbain et potentiellement entraîner la destruction de quartiers et même de villages entiers[35]. En Abitibi, selon Richard Desjardins, seulement 6% du territoire est protégé et ne peut donc être sous *claim*[36]. Autrement dit, pour le 94% qui reste, les droits des compagnies qui souhaitent exploiter le sous-sol ont préséance sur ceux des habitantes et des habitants du lieu, en accord avec la *Loi sur les mines*. L'espace minier abitibien est particulièrement problématique, car la presque totalité de la région est potentiellement appelée à disparaître, considérant que la tendance est aux projets miniers à ciel ouvert. Selon Diana Cooper-Richet, auteure d'un essai intitulé *Le peuple de la nuit. Mines et mineurs en France (XIXe-XXe siècle)*[37], la pérennité de l'œuvre minière pourrait être menacée par le fait que « la mine soit un secteur en détresse[38] ». Au contraire, je crois que les transformations de l'industrie minière se répercutent sur le genre, étant donné son aspect dynamique. Si le chronotope de la ville morte est systématiquement employé d'un corpus minier à l'autre, cela pourrait sensiblement changer le visage du genre qui, traditionnellement axé sur le passé et le présent, celui des conditions de vie immédiates, pourrait davantage se centrer sur un futur hautement problématique, disparu ou quasi apocalyptique.

---

[34] L'écrivain québécois Biz a fait paraître en 2014 un roman intitulé *Mort-Terrain*, qui met en scène la ville fictive éponyme où est opérée une mine à ciel ouvert. Il s'agit d'un *thriller* d'horreur dans lequel le représentant d'une minière est comparé à un wendigo, créature cannibale issue du folklore anishnabé, qui possède les habitants et les habitantes de la ville, poussés au meurtre et au suicide. Montréal, Leméac, 2014, 234 p.

[35] Je pense à *Raconte-moi Massabielle* de Jacques Savoie, où le village acadien fictif du même nom est entièrement exproprié, à l'exception d'un seul irréductible surnommé « le fou du village », pour permettre l'exploitation d'une mine. Moncton, Éditions d'Acadie, 1979, 153 p.

[36] Richard Desjardins et Robert Monderie, *Trou Story*, Montréal, Office national du film du Canada, 2011, 79 min.

[37] Diana Cooper-Richet, *Le peuple de la nuit. Mines et mineurs en France (XIXe-XXe siècle)*, Paris, Perrin, 2011, 678 p.

[38] *Ibid.*, p. 266.

BIBLIOGRAPHIE

Corpus principal

Brodeur, Hélène, *La quête d'Alexandre*, Sudbury, Éditions Prise de parole, 1985, 283 p.

Dalpé, Jean Marc, *Gens d'ici*, Sudbury, Éditions Prise de parole, 1983, 94 p.

Dalpé, Jean Marc et Brigitte Haentjens, *1932, la ville du nickel. Une histoire d'amour sur fond de mine*, Sudbury, Éditions Prise de parole, 1984, 62 p.

Delisle, Jeanne-Mance, *Et l'or tomba dans le quartz du Nord*, Montréal, Éditions de la Pleine Lune, coll. «Plume», 2002, 122 p.

Germain, Doric, *La vengeance de l'orignal*, Sudbury, Éditions Prise de parole, 1980, 90 p.

Ouellette, Michel, *La maison Cage*, Université d'Ottawa, Centre de recherche en civilisation canadienne-française, Fonds Michel-Ouellette, P338, 42 f.

Poliquin, Daniel, *Temps pascal*, Sudbury, Éditions Prise de parole, 2003 [1982], 163 p.

Saint-Germain, Daniel, *Les géants familiers*, Hull, Éditions Asticou, 1989, 206 p.

Saint-Germain, Daniel, *Sept jours dans la vie de Stanley Siscoe*, Gatineau, Éditions Vents d'Ouest, coll. «Azimuts», 2005, 135 p.

Saucier, Jocelyne, *Les héritiers de la mine*, Montréal, XYZ Éditeur, coll. «Romanichels», 2000, 197 p.

Tremblay, Gaston, *Le Nickel Strange*, Montréal, Trait d'union, 2000, 184 p.

Corpus secondaire

Albert, Pierre, *L'espace éclaté*, Sudbury, Éditions Prise de parole, 1988, 87 p.

Bouchard, Serge, «L'histoire du silence», dans Denis Cloutier (dir.), *Contes, légendes et récits de l'Abitibi-Témiscamingue*, Trois-Pistoles, Éditions Trois-Pistoles, coll. «Contes, légendes et récits du Québec et d'ailleurs», 2012, p. 24-26.

Castonguay, Alexandre, «Tierra Madre», *Rouyn-Noranda littéraire*, Rouyn-Noranda, Éditions du Quartz, 2013, p. 77-86.

CLOUTIER, Denis (dir.), *Contes, légendes et récits de l'Abitibi-Témiscamingue*, Trois-Pistoles, Éditions Trois-Pistoles, coll. « Contes, légendes et récits du Québec et d'ailleurs », 2012, 521 p.

COLLECTIF, *Rouyn-Noranda littéraire*, Rouyn-Noranda, Éditions du Quartz, 2013, 158 p.

DELISLE, Jeanne-Mance, *La bête rouge*, Montréal, Éditions de la Pleine Lune, 1996, 216 p.

DELISLE, Jeanne-Mance, *Nouvelles d'Abitibi*, Montréal, Bibliothèque québécoise, 1991, 197 p.

DESBIENS, Patrice, *Décalage*, Sudbury, Éditions Prise de parole, 2008, 63 p.

DESBIENS, Patrice, *Sudbury (poèmes 1979-1985). L'espace qui reste*, suivi de *Sudbury*, suivi de *Dans l'après-midi cardiaque*, Sudbury, Éditions Prise de parole, coll. « Bibliothèque canadienne-française », 2013, 266 p.

DESJARDINS, Louise, *La 2ᵉ avenue*, Montréal, L'Hexagone, coll. « Poésie », 1995, 157 p.

DESJARDINS, Louise, *La love*, Montréal, Leméac, coll. « Roman/Leméac », 1993, 154 p.

DESJARDINS, Richard et Robert MONDERIE, *Trou Story*, Montréal, Office national du film du Canada, 2011, 79 min.

DESROSIERS, Léo-Paul, *Nord-Sud*, Montréal, Fides, coll. « Bibliothèque québécoise », 1980, 229 p.

DICKSON, Robert, « Au nord de notre vie », graphisme de Raymond Simond, Sudbury, Éditions Prise de parole, 1975. [Reproduit dans *Poèmes et chansons du Nouvel-Ontario*, Sudbury, Éditions Prise de parole, 1982, 108 p.]

DICKSON, Robert, *Or«é»alité*, Sudbury, Éditions Prise de parole, 1978, 48 p.

FLØGSTAD, Kjartan, *Pyramiden. Portrait d'une utopie abandonnée*, Paris, Actes Sud, 2009, 176 p.

LANGEVIN, André, *Poussière sur la ville*, Montréal, Cercle du livre de France, 1953, 209 p.

LANGUIRAND, Jacques, *Klondyke*, Montréal, Cercle du livre de France, 1971, 237 p.

MASSICOTTE, Gilles, *East-Malartic, 1947*, Rouyn-Noranda, Éditions du Quartz, coll. « Textes et contexte », 2012, 257 p.

MICHAUD, Jacques, « La grève des Fros », dans Denis Cloutier (dir.), *Contes, légendes et récits de l'Abitibi-Témiscamingue*, Trois-Pistoles, Éditions Trois-Pistoles, coll. « Contes, légendes et récits du Québec et d'ailleurs », 2012, p. 175-179.

MICHAUD, Jacques, « Les jumelles », dans Denis Cloutier (dir.), *Contes, légendes et récits de l'Abitibi-Témiscamingue*, Trois-Pistoles, Éditions Trois-Pistoles, coll. « Contes, légendes et récits du Québec et d'ailleurs », 2012, p. 164-167.

MICHAUD, Jacques, *Marie-Clarisse*, Gatineau, Éditions Vents d'Ouest, 1993, 161 p.

MICHAUD, Jacques, « Si loin », dans Denis Cloutier (dir.), *Contes, légendes et récits de l'Abitibi-Témiscamingue*, Trois-Pistoles, Éditions Trois-Pistoles, coll. « Contes, légendes et récits du Québec et d'ailleurs », 2012, p. 209-216.

NOVALIS, *Henri d'Ofterdingen*, Paris, Gallimard, coll. « L'imaginaire », 1975 [1802], 249 p.

Paiement, André, *Moé, j'viens du Nord, 'stie*, suivi de *Le septième jour* et *À mes fils bien-aimés*, Sudbury, Éditions Prise de parole, coll. « Théâtre », 1978, vol. 1, 131 p.

Poulin, Mathieu, « Le vaillant mineur », *Maison des jeunes*, Montréal, Éditions de Ta Mère, 2013, p. 69-83.

Saenz De La Calzada, Marta, « Départ », *Rouyn-Noranda littéraire*, Rouyn-Noranda, Éditions du Quartz, 2013, p. 63-76.

Saenz De La Calzada, Marta, « Le Noël de Rose », *Rouyn-Noranda littéraire*, Rouyn-Noranda, Éditions du Quartz, 2013, p. 31-36.

Walker, Joan, *Pardon my Parka*, Toronto, McClelland and Stewart, 1954, 198 p.

Zola, Émile, *Germinal*, Paris, Gallimard, coll. « Folio », 1978 [1885], 755 p.

Autres œuvres

Archibald, Samuel, *Arvida*, Montréal, Le Quartanier, coll. « Polygraphe », 2011, 314 p.

Biz, *Mort-Terrain*, Montréal, Leméac, 2014, 234 p.

Buies, Arthur, *L'Outaouais supérieur*, Québec, C. Darveau, 1889, 309 p.

Chabot, Denys, *La province lunaire*, Montréal, Éditions Hurtubise/HMH, coll. « L'arbre », 1981, 273 p.

Chabot, Denys, *La tête des eaux*, Montréal, XYZ Éditeur, coll. « Romanichels », 1997, 268 p.

Chabot, Denys, *L'Eldorado dans les glaces*, Montréal, Éditions Hurtubise/HMH, coll. « L'arbre », 1978, 202 p.

Clavel, Bernard, *Harricana: le royaume du Nord*, Paris, Albin Michel, 1983, 284 p.

Collectif, *Amos littéraire. Un parfum de centenaire*, Rouyn-Noranda, Éditions du Quartz, 2014, 174 p.

Collectif, *C'est arrivé à Val-d'Or*, Rouyn-Noranda, Éditions du Quartz, 2015, 150 p.

Collectif, *Val-d'Or littéraire*, Rouyn-Noranda, Éditions du Quartz, 2012, 160 p.

Dickinson, Mary Lou, *Ile d'Or*, Toronto, Inanna Publications and Education, coll. « Inanna Poetry and Fiction Series », 2010, 290 p.

Dickner, Nicolas, *Nikolski*, Québec, Alto, 2005, 325 p.

Ferron, Jacques, *Contes du pays incertain*, Montréal, Éditions d'Orphée, 1962, 200 p.

Ferron, Jacques, *Les grands soleils*, Montréal, Éditions d'Orphée, 1958, 180 p.

Genuist, Monique, *Nootka*, Sudbury, Éditions Prise de parole, 2003, 210 p.

Grignon, Claude-Henri, *Un homme et son péché: les belles histoires des pays d'en haut*, Montréal, Stanké, coll. « Québec 10/10 », 1998 [1933], 207 p.

Hamelin, Louis, *Le soleil des gouffres*, Montréal, Éditions du Boréal, 1996, 372 p.

Hamelin, Louis, *Sauvages*, Montréal, Éditions du Boréal, 2006, 289 p.

Hémon, Louis, *Maria Chapdelaine*, Montréal, Bibliothèque québécoise, 1990 [1916], 215 p.

HUBERMONT, Pierre, *Treize hommes dans la mine*, Bruxelles, Labor, coll. «Espace Nord», 1993 [1930], 171 p.

IVENS, Joris et Henri STORCK, *Misère au Borinage*, Bruxelles, Club de l'écran, 1933, 34 min.

JODOUIN, Rémi, *En-d'ssour*, Montréal, Éditions québécoises, 1973, 207 p.

La Bible, traduction œcuménique de la Bible, Toronto, Société biblique canadienne, 2004, 1819 p.

LE FRANC, Marie, *La rivière solitaire*, Montréal, Fides, coll. «Nénuphar», 1957, 194 p.

LÉTOURNEAU, Philippe, *L'odeur des pierres*, Rouyn-Noranda, Éditions du Quartz, coll. «Roman», 2015, 270 p.

LLEWELLYN, Richard, *Qu'elle était verte ma vallée!*, Paris, Phébus, 1998, 560 p.

MESSIER, William S., *Townships. Récits d'origine*, Montréal, Marchand de feuilles, 2009, 112 p.

O'NEILL, Jean, *Mon beau Far West*, Montréal, Libre Expression, 2005, 240 p.

PAQUET, Nicolas, *La règle d'or*, Montréal, Les Films du 3 Mars, 2011, 75 min.

PLOUFFE, Simon, *L'or des autres*, Montréal, Amazone Film, 2011, 60 min.

POLIQUIN, Daniel, *L'Obomsawin*, Sudbury, Éditions Prise de parole, 1987, 160 p.

RICHARD, Jean-Jules, *Le feu dans l'amiante*, Montréal, Chez l'auteur, 1956, 287 p.

ROUQUETTE, Louis Frédéric, *Le grand silence blanc*, Paris, J. Ferenczi, 1921, 256 p.

SAVARD, Félix-Antoine, *Menaud, maître-draveur*, Montréal, Bibliothèque québécoise, 1992 [1937], 161 p.

SAVOIE, Jacques, *Raconte-moi Massabielle*, Moncton, Éditions d'Acadie, 1979, 153 p.

YERGEAU, Pierre, *La Cité des Vents*, Québec, L'Instant même, 2005, 144 p.

YERGEAU, Pierre, *La désertion*, Québec, L'Instant même, 2001, 202 p.

YERGEAU, Pierre, *L'écrivain public*, Québec, L'Instant même, 1996, 247 p.

YERGEAU, Pierre, *Les amours perdues*, Québec, L'Instant même, 2004, 96 p.

OUVRAGES THÉORIQUES

AARON, Paul, *La littérature prolétarienne en Belgique francophone depuis 1900*, Genève, Labor, 1995, 220 p.

ANDERSON, Benedict, *Imagined Communities: Reflections on the Origin and Spread of Nationalism*, Londres/New York, Verso, 2006, 240 p.

ANDRÈS, Bernard et Gérard BOUCHARD (dir.), *Mythes et sociétés des Amériques*, Montréal, Éditions Québec Amérique, coll. «Dossiers et documents», 2007, 432 p.

AURAIX-JONCHIÈRE, Pascale et Alain MONTANDON, *Poétique des lieux*, Clermont-Ferrand, Presses Universitaires Blaise Pascal, Centre de recherches sur les littératures modernes et contemporaines, 2004, 347 p.

BACHELARD, Gaston, *La poétique de l'espace*, Paris, Presses universitaires de France, 1957, 214 p.

BACHELARD, Gaston, *La terre et les rêveries de la volonté*, Paris, Éditions José Corti, 1948, 407 p.

BACHELARD, Gaston, *La terre et les rêveries du repos*, Paris, Éditions José Corti, 1948, 337 p.

BAKHTINE, Mikhaïl, *Esthétique et théorie du roman*, Paris, Gallimard, 1978, 488 p.

BANARÉ, Eddy, *Les récits du nickel en Nouvelle-Calédonie (1853-1960)*, Paris, Éditions Honoré Champion, coll. « Francophonies », 2012, 432 p.

BARNES, Trevor J. et James S. DUNCAN, *Writing Worlds: Discourse, Text and Metaphor in the Representation of Landscape*, Londres/New York, Routledge, 1992, 282 p.

BERDOULAY, Vincent, *Des mots et des lieux: la dynamique du discours géographique*, Paris, Éditions du Centre national de la recherche scientifique, coll. « Mémoires et documents de géographie », 1988, 10 p.

BERND, Zilá (dir.), *Américanité et mobilités transculturelles*, Québec, Presses de l'Université Laval, 2009, 166 p.

BERTON, Pierre, *The Wild Frontier: More Tales From the Remarkable Past*, Toronto, McClelland and Stewart, 1978, 250 p.

BLANCHOT, Maurice, *L'espace littéraire*, Paris, Gallimard, coll. « Idées », 1955, 194 p.

BLUNT, Alison et Gillian ROSE, *Writing Women and Space: Colonial and Postcolonial Geographies*, New York, Guilford Press, 1994, 268 p.

BOUCHARD, Joë, Daniel CHARTIER et Amélie NADEAU (dir.), *Problématiques de l'imaginaire du Nord en littérature, cinéma et arts visuels*, Université du Québec à Montréal, Figura, Centre de recherche sur le texte et l'imaginaire, coll. « Figura », 2004, 171 p.

BOURDIEU, Pierre, *Les règles de l'art: genèse et structure du champ littéraire*, Paris, Éditions du Seuil, 1992, 480 p.

BOUVET, Rachel, *Pages de sable. Essai sur l'imaginaire du désert*, Montréal, XYZ Éditeur, coll. « Documents », 2006, 204 p.

BOUVET, Rachel, André CARPENTIER et Daniel CHARTIER, *Nomades, voyageurs, explorateurs, déambulateurs: les modalités du parcours dans la littérature*, Paris, L'Harmattan, 2006, 255 p.

BOUVET, Rachel et Basma EL OMARI, *L'espace en toutes lettres*, Québec, Éditions Nota bene, 2003, 306 p.

BROSSEAU, Marc, *Des romans-géographes*, Paris, Gallimard, 1996, 246 p.

BUREAU, Luc, *Entre l'Eden et l'utopie: les fondements imaginaires de l'espace québécois*, Montréal, Éditions Québec Amérique, 1984, 235 p.

BUREAU, Luc, *Géographie de la nuit*, Montréal, L'Hexagone, coll. « La ligne du risque », 1997, 253 p.

BUREAU, Luc, *La terre et moi*, Montréal, Éditions du Boréal, 1991, 273 p.

BUTOR, Michel, *Essais sur le roman*, Paris, Gallimard, coll. « Tel », 1992, 184 p.

CALINESCU, Matei, *Five Faces of Modernity: Modernism, Avant-garde, Decadence, Kitsch, Postmodernism*, Durham, Duke University Press, 1987, 395 p.

CHADWICK, A.R., Magessa O'REILLY et Neil B. BISHOP (dir.), *Le lointain: écrire au loin, écrire le lointain: 10ᵉ colloque de l'APLAQA*, Québec, Publications MNH, coll. « Écrits de la francité », 2002, 216 p.

CHAPMAN, Rosemary, *Siting the Quebec Novel: The Representation of Space in Francophone Writing in Quebec*, Berne, Peter Lang, coll. «Modern French Identities», vol. VIII, 2000, 282 p.

CHARTIER, Daniel, *Bibliographie sur l'imaginaire du Nord (Arctique, hiver, Antarctique)*, Montréal, Imaginaire/Nord, Laboratoire international d'étude multidisciplinaire comparée des représentations du Nord, coll. «Droit au pôle», 2007, 744 p.

CHARTIER, Daniel (dir.), *Le(s) Nord(s) imaginaire(s)*, Montréal, Imaginaire/Nord, Laboratoire international d'étude multidisciplinaire comparée des représentations du Nord, coll. «Droit au pôle», 2008, 335 p.

CHEVALIER, Jean et Alain GHEERBRANT, *Dictionnaire des symboles*, Paris, Robert Laffont/Jupiter, coll. «Bouquins», 1982 [1969], 1060 p.

COLLINGTON, Tara, *Lectures chronotopiques. Espace, temps et genres romanesques*, Montréal, XYZ Éditeur, coll. «Théorie et littérature», 2006, 263 p.

COLLOT, Michel, *L'horizon fabuleux*, Paris, Éditions José Corti, 1988, 2 v., 224 p.

COLLOT, Michel, *Pour une géographie littéraire*, Paris, Éditions José Corti, coll. «Les essais», 2014, 280 p.

COLLOT, Michel et Antonio RODRIGUEZ (dir.), *Paysage et poésies francophones*, Paris, Presses Sorbonne Nouvelle, 2005, 285 p.

COLLOT, Michel et Jean-Claude MATHIEU (dir.), *Espace et poésie*, Paris, Presses de l'École normale supérieure, 1987, 175 p.

COOPER-RICHET, Diana, *Le peuple de la nuit. Mines et mineurs en France (XIXe-XXe siècle)*, Paris, Perrin, 2011, 678 p.

CÔTÉ, Jean-François et Emmanuelle TREMBLAY (dir.), *Le nouveau récit des frontières dans les Amériques*, Québec, Presses de l'Université Laval, coll. «Américana», 2005, 232 p.

CROUZET, Michel, *Espaces romanesques*, Paris, Presses universitaires de France, 1982, 246 p.

DAUNAIS, Isabelle, *Frontière du roman: le personnage réaliste et ses fictions*, Montréal, Presses de l'Université de Montréal, 2002, 241 p.

DE CERTEAU, Michel, *L'invention du quotidien. 1. Arts de faire*, Paris, Gallimard, coll. «Folio/essais», 1990, 349 p.

DESSUREAULT, Pierre (dir.), *Nordicité*, Québec, Éditions J'ai vu, coll. «L'Opposite», 2010, 91 p.

DÉSY, Jean, *L'esprit du Nord. Propos sur l'autochtonie québécoise, le nomadisme et la nordicité*, Montréal, XYZ Éditeur, 2010, 230 p.

DIONNE, René, *La littérature régionale aux confins de l'histoire et de la géographie*, Sudbury, Éditions Prise de parole, 1993, 87 p.

DUBOIS, Jacques, *L'institution de la littérature*, Paris, Nathan, 1978, 188 p.

DUPOUY, Christine, *La question du lieu en poésie: du surréalisme jusqu'à nos jours*, Amsterdam/New York, Rodopi, 2006, 306 p.

DURAND, Gilbert, *Les structures anthropologiques de l'imaginaire. Introduction à l'archétypologie générale*, Paris, Bordas, 1969, 518 p.

ELIADE, Mircea, *Mythes, rêves et mystères*, Paris, Gallimard, coll. «Folio/Essais», 1957, 279 p.

GAMARRA, Pierre, «La littérature prolétarienne en question», *Europe*, n° 575-576, 1977, 203 p.

GARNIER, Xavier et Pierre ZOBERMAN (dir.), *Qu'est-ce qu'un espace littéraire?*, Saint-Denis, Presses universitaires de Vincennes, coll. « L'imaginaire du texte », 2006, 206 p.

GLAUDES, Pierre et Yves REUTER, *Le personnage*, Paris, Presses universitaires de France, coll. « Que sais-je ? », 1998, 128 p.

GREGORY, Derek, *The Dictionary of Human Geography*, Malden, Blackwell, 2009, 1052 p.

HALL, Stuart, *Stuart Hall: Critical Dialogues in Cultural Studies*, édition de David Morley et Kuan-Hsing Chen, Londres/New York, Routledge, 1996, 522 p.

HAMELIN, Louis-Edmond, *Nordicité canadienne*, Montréal, Éditions Hurtubise/HMH, coll. « Cahiers du Québec », 1980, 438 p.

HAMON, Philippe, *Introduction à l'analyse du descriptif*, Paris, Hachette, 1981, 268 p.

HAMON, Philippe, *Le personnel du roman: le système des personnages dans les Rougon-Macquart d'Émile Zola*, Genève, Librairie Droz, coll. « Histoire des idées et critique littéraire », 1983, 325 p.

HOTTE, Lucie et Guy POIRIER (dir.), *Habiter la distance. Études en marge de La distance habitée*, Sudbury, Éditions Prise de parole, 2009, 189 p.

IMBERT, Patrick, *Les Amériques transculturelles: les stéréotypes du jeu à somme nulle*, Québec, Presses de l'Université Laval, coll. « Américana », 2013, 331 p.

ISSACHAROFF, Michael, *L'espace et la nouvelle. Flaubert, Huysmans, Ionesco, Sartre, Camus*, Paris, Éditions José Corti, 1976, 120 p.

JOUVE, Vincent, *L'effet-personnage dans le roman*, Paris, Presses universitaires de France, coll. « Écriture », 1992, 271 p.

JUNG, Carl Gustav, *Les types psychologiques*, Genève, Éditions Georg, 1950, 506 p.

KESTNER, Joseph, *The Spatiality of the Novel*, Detroit, Wayne University Press, 1978, 203 p.

LAHAIE, Christiane, *Ces mondes brefs. Pour une géocritique de la nouvelle québécoise contemporaine*, Québec, L'Instant même, 2009, 456 p.

LEMIRE, Maurice, *Le mythe de l'Amérique dans l'imaginaire canadien*, Québec, Éditions Nota bene, coll. « Essais critiques », 2003, 236 p.

« Les régions à nos portes », *Liberté*, vol. LIII, n° 3 (295), printemps 2012, 88 p.

LÉVY, Jacques, *Dictionnaire de la géographie et de l'espace des sociétés*, Paris, Belin, 2003, 1033 p.

LOTMAN, Iouri, *La sémiosphère*, Limoges, Presses universitaires de Limoges, 2000, 149 p.

LOTMAN, Iouri, *La structure du texte artistique*, Paris, Gallimard, coll. « Bibliothèque des sciences humaines », 1973, 415 p.

LUSSAULT, Michel, *L'homme spatial: la construction sociale de l'espace humain*, Paris, Éditions du Seuil, coll. « La couleur des idées », 2007, 363 p.

MAFFESOLI, Michel, *Du nomadisme. Vagabondages initiatiques*, Paris, Librairie Générale Française, coll. « Biblio Essais », 1997, 190 p.

MITTERAND, Henri, *Le discours du roman*, Paris, Presses universitaires de France, 1980, 266 p.

Morency, Jean, *Le mythe américain dans les fictions d'Amérique: de Washington Irving à Jacques Poulin*, Québec, Nuit blanche, coll. «Terre américaine», 1994, 258 p.

Morissonneau, Christian, *La terre promise: le mythe du Nord québécois*, Montréal, Éditions HMH/Hurtubise, coll. «Cahiers du Québec», 1978, 212 p.

Nepveu, Pierre, *Intérieurs du Nouveau Monde*, Montréal, Éditions du Boréal, coll. «Papiers collés», 1998, 375 p.

Nepveu, Pierre, *Lectures des lieux*, Montréal, Éditions du Boréal, coll. «Papiers collés», 2004, 270 p.

Onfray, Michel, *Esthétique du pôle Nord*, Paris, Librairie Générale Française, coll. «Biblio Essais», 2004, 158 p.

Paré, François, *La distance habitée*, Ottawa, Éditions Le Nordir, 2004, 277 p.

Paré, François, *Le fantasme d'Escanaba*, Québec, Éditions Nota bene, coll. «Les conférences publiques de la CEFAN», 2007, 183 p.

Paré, François, *Les littératures de l'exiguïté*, Ottawa, Éditions Le Nordir, 1992, 230 p.

Paré, François, *Théories de la fragilité*, Ottawa, Éditions Le Nordir, 1994, 156 p.

Saint-Martin, Lori, *Malaise et révolte des femmes dans la littérature québécoise depuis 1945*, Québec, Presses de l'Université Laval, Groupe de recherche multidisciplinaire féministe, coll. «Les Cahiers de recherche du GREMF», 1989, 373 p.

Schaeffer, Jean-Marie, *Qu'est-ce qu'un genre littéraire?*, Paris, Éditions du Seuil, coll. «Poétique», 1989, 185 p.

Shields, Rob, *Places on the Margin: Alternative Geographies of Modernity*, Londres, Routledge, coll. «International Library of Sociology», 1991, 334 p.

Smart, Patricia, *Écrire dans la maison du père. L'émergence du féminin dans la tradition littéraire du Québec*, Montréal, Éditions Québec Amérique, coll. «Littérature d'Amérique», 1990 [1988], 347 p.

Tadié, Jean-Yves, *Le récit poétique*, Paris, Gallimard, coll. «Tel», 1994, 206 p.

Thibaud, Robert-Jacques, *Dictionnaire de mythologie et de symbolique grecque*, Paris, Éditions Dervy, coll. «Dervy Poche», 2007, 622 p.

Turner, Frederick Jackson, *The Frontier in American History*, New York, Holt, Rinehart and Winston, 1962, 375 p.

Ubersfeld, Anne, *Lire le théâtre I*, Paris, Belin, coll. «Lettres Belin Sup», 1996, 237 p.

Van Baak, Joost, *The Place of Space in Narration*, Amsterdam, Rodopi, 1983, 276 p.

Vion-Dury, Violette (dir.), *Le lieu dans le mythe*, Limoges, Presses universitaires de Limoges, coll. «Espaces humains», 2002, 348 p.

Warwick, Jack, *L'appel du Nord dans la littérature canadienne-française*, traduit par Jean Simard, Montréal, Éditions Hurtubise/HMH, coll. «Constantes», 1972, 249 p.

Weisgerber, Jean, *L'espace romanesque*, Lausanne, L'Âge d'homme, 1978, 265 p.

Westphal, Bertrand (dir.), *La géocritique mode d'emploi*, Limoges, Presses universitaires de Limoges, 2000, 311 p.
Westphal, Bertrand (dir.), *La géocritique: réel, fiction, espace*, Paris, Éditions de Minuit, 2007, 278 p.

Articles théoriques

Alsina, Jean, «Espace et narratologie (Gérard Genette et *Alfanhui*)», dans Milagros Ezquerro (dir.), *Espaces*, Toulouse, Presses universitaires du Mirail, coll. «Hespérides», 1988, p. 143-158.
Berdoulay, Vincent, Xavier Arnauld De Sartre et Danièle Laplace-Treyture, «Les figures géographiques du sujet», *Cahiers de géographie du Québec*, vol. LIV, n° 153, décembre 2010, p. 389-394.
Berdoulay, Vincent et J. Nicholas Entrikin, «Lieu et sujet. Perspectives théoriques», *L'Espace géographique*, n° 2, 1998, p. 111-121.
Berdoulay, Vincent, Danièle Laplace-Treyture et Xavier Arnauld De Sartre, «La question du sujet et la géographie», *Cahiers de géographie du Québec*, vol. LIV, n° 153, décembre 2010, p. 397-418.
Bergeron, Louis, «Archéologie industrielle, patrimoine industriel: entre mots et notions», dans Jean-Claude Daumas (dir.), *La mémoire de l'industrie. De l'usine au patrimoine*, Besançon, Presses universitaires de Franche-Comté, 2006, p. 21-30.
Bonhomme, Béatrice, «Espace et voix narratives dans le poème contemporain», dans Marc Marti (dir.), *Espace et voix narrative*, Nice, Université de Nice-Sophia Antipolis, coll. «Cahiers de narratologie», nouvelle série, n° 58, 1999, p. 175-203.
Bonneville, Josée, «Le contexte sociohistorique», dans Claude-Henri Grignon *et al.*, *Trois visions du terroir*, dossier d'accompagnement présenté par Josée Bonneville et André Vanasse, Montréal, XYZ Éditeur, coll. «Romanichels plus», 2008, p. 123-136.
Bouchard, Gérard, «Le mythe. Essai de définition», dans Bernard Andrès et Gérard Bouchard (dir.), *Mythes et sociétés des Amériques*, Montréal, Éditions Québec Amérique, p. 409-426.
Bourneuf, Roland, «L'organisation de l'espace dans le roman», *Études littéraires*, vol. III, n° 1, 1970, p. 77-94.
Bouvet, Rachel, «Du désert ocre au désert blanc», dans Daniel Chartier (dir.), *Le(s) Nord(s) imaginaire(s)*, Montréal, Imaginaire/Nord, Laboratoire international d'étude multidisciplinaire comparée des représentations du Nord, coll. «Droit au pôle», 2008, p. 55-71.
Bozonnet, Jean-Paul, «La montagne initiatique», dans Michel Maffesoli (dir.), *Espaces et imaginaire*, Grenoble, Presses universitaires de Grenoble, 1979, p. 47-68.
Brosseau, Marc, «L'espace littéraire entre géographie et critique», dans Blanca Navarro Pardiñas et Luc Vigneault (dir.), *Après tout, la littérature. Parcours d'espaces interdisciplinaires*, Québec, Presses de l'Université Laval, 2011, p. 31-53.
Brosseau, Marc, «Sujet et lieux dans l'espace autobiographique de Bukowski», *Cahiers de géographie du Québec*, vol. LIV, n° 153, décembre 2010, p. 517-537.

Brosseau, Marc et Micheline Cambron, «Entre géographie et littérature: frontières et perspectives dialogiques», *Recherches sociographiques*, vol. XLIV, n° 3, 2003, p. 525-547.

Cambron, Micheline, «Le concept de littérature régionale», dans Fernand Harvey (dir.), *La région culturelle: problématique interdisciplinaire*, Québec, Institut québécois de recherche sur la culture, 1994, p. 143-161.

Chartier, Daniel, «Au Nord et au large. Représentation du Nord et formes narratives», dans Joë Bouchard, Daniel Chartier et Amélie Nadeau (dir.), *Problématiques de l'imaginaire du Nord en littérature, cinéma et arts visuels*, Montréal, Imaginaire/Nord, Laboratoire international d'étude multidisciplinaire comparée des représentations du Nord, coll. «Droit au pôle» 2004, p. 9-25.

Chartier, Daniel, «L'hivernité et la nordicité comme éléments d'identification identitaires dans les œuvres des écrivains émigrés au Québec», dans Petr Kyloušek, Max Roy et Józef Kwaterko (dir.), *Imaginaire du roman québécois contemporain*, Montréal, Figura, Centre de recherche sur le texte et l'imaginaire, coll. «Figura», 2006, p. 123-129.

Chartier, Daniel, «Nordicité et mémoire», dans Pierre Dessureault (dir.), *Nordicité*, Québec, Éditions J'ai vu, coll. «L'Opposite», 2010, p. 67-72.

Chartier, Daniel, «Vers l'immensité du Grand Nord. Directions, parcours et déroutements dans les récits nordiques», dans Rachel Bouvet, André Carpentier et Daniel Chartier (dir.), *Nomades, voyageurs, explorateurs, déambulateurs: les modalités du parcours dans la littérature*, Paris, L'Harmattan, 2006, p. 131-141.

Côté, Jean-François, «Littérature des frontières et frontières de la littérature: de quelques dépassements qui sont aussi des retours», *Recherches sociographiques*, vol. XLIV, n° 3, 2003, p. 499-523.

Coyault, Sylviane, «Parcours géocritique d'un genre: le récit poétique et ses espaces», dans Bertrand Westphal (dir.), *La géocritique mode d'emploi*, Limoges, Presses universitaires de Limoges, 2000, p. 41-58.

Daunais, Isabelle, «Le roman des marges», *Études françaises*, vol. XXX, n° 1, 1994, p. 135-147.

Davallon, Jean, «Tradition, mémoire, patrimoine», dans Bernard Schiele (dir.), *Patrimoines et identités*, Québec, MultiMondes, 2002, p. 41-64.

Debarbieux, Bernard, «Le lieu, fragment et symbole du territoire», *Espaces et sociétés*, n° 82-83, 1996, p. 13-35.

Desbois, Henri, «Introduction: territoires littéraires et écritures géographiques», *Géographie et cultures*, n° 44, 2002, p. 3-4.

Desjardins, Richard, «Préface», dans Alain Deneault et William Sacher, *Paradis sous terre*, Montréal, Éditions Écosociété, 2012, p. 7-12.

Dessureault, Pierre, «Le Nord: réalité et images», *Nordicité*, Québec, Éditions J'ai vu, coll. «L'Opposite», 2010, p. 5-16.

Dupont, Didier, «Oscar-Paul Gilbert, *Bauduin-des-mines*. Lecture de Jean-François Pocentek», *Textyles*, n° 15, 1999, p. 261-262. Aussi en ligne http://textyles.revues.org/1409.

Dupont, Jean-Claude, « Présentation », dans Christian Morissonneau, *La terre promise: le mythe du Nord québécois*, Montréal, Éditions Hurtubise/HMH, coll. « Cahiers du Québec », 1978, p. 3.

Fabre, Gérard, « Maurice Constantin-Weyer et Bernard Clavel. Une image rémanente du Grand Nord canadien dans la littérature française », dans Daniel Chartier (dir.), *Le(s) Nord(s) imaginaire(s)*, Montréal, Imaginaire/Nord, Laboratoire international d'étude multidisciplinaire comparée des représentations du Nord, coll. « Droit au pôle », 2008, p. 37-54.

Falardeau, Jean-Charles, « Préface. Le Nord et nous », dans Christian Morissonneau, *La Terre promise: le mythe du Nord québécois*, Montréal, Éditions Hurtubise/HMH, coll. « Cahiers du Québec », 1978, p. 15-18.

Genette, Gérard, « La littérature et l'espace », *Figures II*, Paris, Éditions du Seuil, 1969, p. 43-48.

Grassin, Jean-Marie, « Pour une science des espaces littéraires », dans Bertrand Westphal (dir.), *La géocritique: réel, fiction, espace*, Paris, Éditions de Minuit, 2007, p. 1-9.

Hamelin, Louis-Edmond, « La nordicité francophone », *L'année francophone internationale*, 2005, p. 102-203.

Hamelin, Louis-Edmond, « Le langage de la nordicité », dans Pierre Dessureault (dir.), *Nordicité*, Québec, Éditions J'ai vu, coll. « L'Opposite », 2010, p. 17-22.

Hamon, Philippe, « Pour un statut sémiologique du personnage », *Littérature*, n° 6, 1972, p. 86-110.

Imbert, Patrick, « Les romans du voyage et la légitimation des déplacements géo-symboliques », dans Jean Morency, Jeanette den Toonder et Jaap Lintvelt (dir.), *Romans de la route et voyages identitaires*, Québec, Éditions Nota bene, coll. « Terre américaine », 2006, p. 325-351.

Imbert, Patrick, « Les souterrains idéologiques », dans Franca Marcato Falzoni (dir.), *Autour de l'univers souterrain dans la littérature québécoise*, Bologne, Cooperativa Libraria Universitaria Editrice Bologna, 1990, p. 7-22.

Katerberg, William H., « A Northern Vision: Frontiers and the West in the Canadian and American Imagination », *The American Review of Canadian Studies*, vol. IV, n° 33, 2003, p. 543-563.

Laflèche, Guy, « Les maudits sauvages et les saints martyrs canadiens », Gilles Thérien (dir.), *Les figures de l'Indien*, Montréal, Éditions Typo, 1995, p. 173-191.

Langevin, Francis, « La régionalité dans les fictions contemporaines au Québec » – Une conférence de Francis Langevin à Québec, *Salon double. Observatoire de la littérature contemporaine*, 21 février 2013 [en ligne], http://salondouble.contemporain.info/la-regionalite-dans-les-fictions-contemporaines-au-quebec.

Langevin, Francis, « La régionalité dans les fictions québécoises d'aujourd'hui. L'exemple de *Sur la 132* de Gabriel Anctil », *Temps zéro* [en ligne], dossier *Instabilité du lieu dans la fiction narrative contemporaine*, n° 6, 2013, mis à jour le 05/08/2014, http://tempszero.contemporain.info/document936.

Langevin, Francis, « Un nouveau régionalisme ? De Sainte-Souffrance à Notre-Dame-du-Cachalot, en passant par Rivière-aux-Oies (Sébastien Chabot, Éric Dupont et Christine Eddie) », *Voix et Images*, vol. XXXVI, n° 1 (106), automne 2010, p. 59-70.

Languirand, Jacques, « Le Québec et l'américanité », *Klondyke*, Montréal, Cercle du Livre de France, 1971, p. 219-237.

Lebrec, Caroline, Janet Paterson et Antje Ziethen (dir.), « Lire le texte et son espace : outils, méthodes, études », *Arborescences*, n° 3, été 2013. Aussi en ligne http://www.erudit.org/revue/arbo/2013/v/n3/index.html.

Lefebvre, Pierre, « Présentation », *Liberté*, vol. LIII, n° 3 (295), printemps 2012, p. 5-6.

Maffesoli, Michel, « L'espace de la socialité », *Espaces et imaginaire*, Grenoble, Presses universitaires de Grenoble, 1979, p. 15-18.

Mitterand, Henri, « Chronotopies romanesques : *Germinal* », *Poétique*, n° 81, 1990, p. 89-103.

Morel, Alain, « Des identités exemplaires », *Terrain* [en ligne], n° 23, octobre 1994, mis à jour le 15/06/07, http://terrain.revues.org/3109.

Morency, Jean, « Du centre vers les marges : l'expérience des frontières dans le roman américain et québécois », dans Jean François Côté et Emmanuelle Tremblay (dir.), *Le nouveau récit des frontières dans les Amériques*, Québec, Presses de l'Université Laval, coll. « Américana », 2005, p. 145-160.

Morency, Jean, « Images de l'Amérindien dans le roman québécois depuis 1945 », *Tangence*, n° 85, 2007, p. 83-98.

Mougin, Pascal et Karen Haddad-Wotling, « Pérou », *Dictionnaire mondial de la littérature*, Paris, Larousse, 2012. Aussi en ligne http://www.larousse.fr/encyclopedie/litterature/P%C3%A9rou/175993.

Nareau, Michel, « Le mythe étatsunien du baseball et ses contradictions dans les Amériques », dans Bernard Andrès et Gérard Bouchard (dir.), *Mythes et sociétés des Amériques*, Montréal, Éditions Québec Amérique, 2007, p. 173-204.

Ortiz, Alfonso, « Indian/White Relations : a View From the Other Side of the "Frontier" », dans Frederick E. Hoxie (dir.), *Indians in American History: An Introduction*, Arlington Heights, Harlan Davidson, 1988, p. 1-16.

Ouellet, Réal, « Aux origines de la littérature québécoise : nomadisme et indianité », dans Franca Marcato-Falzoni (dir.), *La deriva delle francofonie. Mythes et mythologies des origines dans la littérature québécoise*, Bologne, Cooperativa Libraria Universitaria Editrice Bologna, 1994, p. 1-32.

Pageaux, Daniel-Henri, « De la géocritique à la géosymbolique. Regards sur un champ interdisciplinaire : littérature générale et comparée et géographie », dans Bertrand Westphal (dir.), *La géocritique, mode d'emploi*, Limoges, Presses universitaires de Limoges, 2000, p. 126-160.

Papillon, Joëlle, « Imaginaires autochtones contemporains », *Temps zéro* [en ligne], dossier *Imaginaires autochtones contemporains*, n° 7, 2013, mis à jour le 16/01/2015, http://tempszero.contemporain.info/document1065.

Rey, Alain (dir.), « Mines et mineurs », *Dictionnaire culturel de la langue française*, tome III, Paris, Dictionnaires Le Robert, 2005, p. 637.

Ringger, Kurt et Christof Weiand, «Aspects littéraires de la mine», *Revue de littérature comparée*, n° 4, octobre-décembre 1984, p. 417-441.

Roy, Camille, «Critique et littérature nationale», *Le Canada français*, vol. XIX, n° 1, septembre 1931, p. 7-13; n° 2, octobre 1931, p. 73-82.

Schaeffer, Jean-Marie, «Du texte au genre», dans Gérard Genette et Tzvetan Todorov (dir.), *Théorie des genres*, Paris, Éditions du Seuil, coll. «Points» 2000, p. 179-205.

Schaub, Danielle, «Le Nord imaginaire, espace féminin? L'œuvre d'Aritha van Herk», dans Daniel Chartier (dir.), *Le(s) Nord(s) imaginaire(s)*, Montréal, Imaginaire/Nord, Laboratoire international d'étude multidisciplinaire comparée des représentations du Nord, coll. «Droit au pôle», 2008, p. 323-335.

Scott, Corrie, «Cowboys et Indiens. Masculinités, métissages et *queeritude* chez Tomson Highway et Louis Hamelin», *Temps zéro* [en ligne], dossier *Imaginaires autochtones contemporains*, n° 7, 2013, mis à jour le 16/01/2015, http://tempszero.contemporain.info/document1108.

Soubeyroux, Jacques, «Le discours du roman sur l'espace. Approche méthodologique», *Lieux dits*, Saint-Étienne, Publications de l'Université Saint-Étienne, 1993, p. 11-24.

Stock, Mathis, «L'habiter comme pratique des lieux géographiques», *EspacesTemps.net* [en ligne], mis à jour le 18/12/2004, http://www.espacestemps.net/articles/habiter-comme-pratique-des-lieux-geographiques/.

Thérien, Gilles, «Avant-propos», *Figures de l'Indien*, Montréal, Éditions Typo, 1995, p. 7-10.

Thérien, Gilles, «Des écrits de la Nouvelle-France à la littérature québécoise», *La licorne*, vol. XXVII, 1993, p. 33-46.

Tremblay, Emmanuelle, «Une identité frontalière. Altérité et désir métis chez Robert Lalonde et Louis Hamelin», *Études françaises*, vol. LXI, n° 1, 2005, p. 107-124.

Vigneault, Louise, «Le pionnier: acteur de la frontière», dans Bernard Andrès et Gérard Bouchard (dir.), *Mythes et sociétés des Amériques*, Montréal, Éditions Québec Amérique, coll. «Dossiers et documents», 2007, p. 275-311.

Walecka-Garbalinska, Maria, «La mine suédoise comme espace mélodramatique», dans Simone Bernard-Griffiths et Jean Sgard (dir.), *Mélodrames et romans noirs*, Toulouse, Presses universitaires du Mirail, 2000, p. 277-298.

Thèses

Arentsen, María Fernanda, «Discours autour des frontières, histoires des cicatrices», thèse de doctorat, Ottawa, Université d'Ottawa, 2007, 393 f.

Lepage, Élise, «Géographie des confins: espace et littérature chez trois écrivains québécois: Pierre Morency, Pierre Nepveu et Louis Hamelin», thèse de doctorat, Victoria, Université de la Colombie-Britannique, 2010, 374 f.

Sinclair, Caroline, «Aller vers l'autre voyager vers soi. Poésie et identité dans l'œuvre de Robert Dickson», thèse de maîtrise, Sudbury, Université Laurentienne, 2003, 108 f.

Sylvain, Véronique, « Au nord du Nord, au nord de soi, au nord de l'Autre... une analyse du thème du Nord dans *Décalage* de Patrice Desbiens et *L'espace éclaté* de Pierre Albert », thèse de maîtrise, Ottawa, Université d'Ottawa, 2012, 154 f.

Ouvrages et articles sur le corpus

Asselin, Viviane, « Nouveautés », *Québec français*, n° 138, 2005, p. 4-21.

Benson, Marc, « *La quête d'Alexandre* ou La quête d'un pays », dans Robert Viau (dir.), *La création littéraire dans le contexte de l'exiguïté*, Québec, Publications MNH, coll. « Écrits de la francité », 2000, p. 353-364.

Boivin, Aurélien, « *Les héritiers de la mine* ou Le prix du sacrifice », *Québec français*, n° 164, 2012, p. 93-95.

Chabot, Denys, *L'Abitibi minière*, Val-d'Or, Société d'histoire et de généalogie de Val-d'Or, 2002, 407 p.

Chabot, Denys, *Le village minier de Bourlamaque*, Québec, Direction des relations publiques du ministère de la Culture, des Communications et de la Condition féminine, coll. « Patrimoines », 2009, 43 p.

Cloutier, Denis, « Présentation », *Contes, légendes et récits de l'Abitibi-Témiscamingue*, Trois-Pistoles, Éditions Trois-Pistoles, coll. « Contes, légendes et récits du Québec et d'ailleurs », 2012, p. XIII-XIX.

De La Riva, Paul, *Mine de rien. Les Canadiens français et le travail minier à Sudbury, 1886-1930*, Sudbury, Éditions Prise de parole, coll. « Ancrages », 1998, 239 p.

Dickson, Robert, « L'espace à créer et l'espace qui reste », *Revue du Nouvel-Ontario*, « Littérature sudburoise: Prise de parole 1972-1982 », n° 4, 1982, p. 45-80.

Dickson, Robert, « Moi e(s)t l'autre: quelques représentations de mutation identitaire en littérature franco-ontarienne », *Francophonies d'Amériques*, n° 11, 2001, p. 77-90.

Dorais, Fernand, *Entre Montréal... et Sudbury. Pré-textes pour une francophonie ontarienne*, Sudbury, Éditions Prise de parole, 1984, 165 p.

Dubé, Michel, « Préface », dans Gilles Massicotte, *East-Malartic, 1947*, Rouyn-Noranda, Éditions du Quartz, coll. « Textes et contexte », 2012, p. 11-14.

Faucher, Alexandre, *De l'or... et des putes*, Rouyn-Noranda, Éditions du Quartz, coll. « Mémoire vive », 2014, 115 p.

Gaudreau, Guy, *L'histoire des mineurs du Nord ontarien et québécois*, Sillery, Les éditions du Septentrion, coll. « Cahiers des Amériques », 2003, 296 p.

Gaudreau, Guy, Sophie Blais et Kevin Auger, *Mine, travail et société à Kirkland Lake*, Sudbury, Éditions Prise de parole, coll. « Agora », 2016, 308 p.

Gay, Paul, « Chroniques du Nouvel Ontario », *Liaison*, n° 16, 1981, p. 10-11.

Grisé, Yolande, « La thématique de la forêt dans deux romans ontarois », *Voix et Images*, vol. XIV, n° 2 (41), 1989, p. 269-280.

Hotte, Lucie, *Doric Germain*, Ottawa, Éditions David, coll. « Voix didactiques », 2012, 217 p.

Hotte, Lucie, « Errance et enracinement dans *Visions de Jude* de Daniel Poliquin », *Voix et Images*, vol. XXVII, n° 3, 2002, p. 435-447.

HOTTE, Lucie, « La littérature franco-ontarienne à la recherche d'une nouvelle voie : enjeux du particularisme et de l'universalisme », dans Lucie Hotte, Stefan Psenak et Louis Bélanger (dir.), *La littérature franco-ontarienne : voies nouvelles, nouvelles voix*, Ottawa, Le Nordir, coll. « Roger-Bernard », 2002, p. 35-47.

HOTTE, Lucie, « L'espace en littérature franco-ontarienne. Présentation », *Revue du Nouvel-Ontario*, n° 31, 2006, p. 5-11.

HOTTE, Lucie (dir.), « L'espace littéraire franco-ontarien », *Revue du Nouvel-Ontario*, n° 31, 2006, 139 p.

HOTTE, Lucie, « S'éloigner, s'exiler, fuir, la migration comme mise à distance chez Michel Ouellette », dans Lucie Hotte et Guy Poirier (dir.), *Habiter la distance. Études en marge de* La distance habitée, Sudbury, Éditions Prise de parole, 2009, p. 123-145.

HOTTE, Lucie, « Un pays à soi : construction d'un territoire franco-ontarien », dans Jaap Lintvelt et François Paré (dir.), *Frontières flottantes/Shifting Boundaries*, New York/Amsterdam, Éditions Rodopi, coll. « Faux titre », 2001, p. 217-228.

HOTTE, Lucie et Johanne MELANÇON (dir.), *Introduction à la littérature franco-ontarienne*, Sudbury, Éditions Prise de parole, coll. « Agora », 2010, 277 p.

HOULE, Guy, « *Temps pascal* ou... quand il est question de survivre ! », *Liaison*, n° 26, 1983, p. 27.

KELLETT-BETSOS, Kathleen, « Le Nord littéraire dans le théâtre franco-ontarien », *Revue internationale d'études canadiennes*, vol. XXIV, automne 2001, p. 129-148.

LECLERCQ, Marie-Claude, « Préface », *Rouyn-Noranda littéraire*, Rouyn-Noranda, Éditions du Quartz, 2013, p. 7-10.

LÉGER, Richard, « L'espace comme lieu d'aliénation par le quotidien dans *Sudbury (poèmes 1979-1985)* », *Revue du Nouvel-Ontario*, n° 31, 2006, p. 13-32.

MARCHAND, Micheline, « Les gens d'ici... en poésie », *Liaison*, n° 20, 1982, p. 25.

MELANÇON, Johanne, « Le Nouvel-Ontario : espace réel, espace imaginé, espace imaginaire », *Québec Studies*, « L'Ontario français », n° 46, automne 2008/hiver 2009, p. 49-69.

MOÏSE, Claudine, « Le discours mondialisant de la minorité franco-ontarienne : des grands espaces du Nord à l'espace urbain », dans Marie-Linda Lord (dir.), *Francophonies d'Amérique*, « Urbanité et durabilité des communautés francophones du Canada », n° 22, 2006, p. 209-223.

MOÏSE, Claudine, « "Le Nord" ou La construction d'un mythe identitaire chez les Franco-Ontariens du Nord de l'Ontario », *Études Canadiennes/Canadian Studies*, Université de Lille III, Centre d'études et de recherches nord-américaines et canadiennes, Association française des études canadiennes, 1999, p. 56-71.

MOÏSE, Claudine, « Le Nouvel Ontario, nordicité et identité », dans Monica Heller et Normand Labrie (dir.), *Discours et identités. Le Canada français, entre modernité et mondialisation*, Fernelmont (Belgique), Éditions modulaires européennes, 2004, p. 43-88.

O'Neill-Karch, Mariel, *Théâtre franco-ontarien. Espaces ludiques*, Ottawa, Éditions L'Interligne, 1992, 190 p.

O'Sullivan, Marc, « Nickel », *Liaison*, n° 30, 1984, p. 29.

Paré, François, « Nouvel-Ontario/Abitibi : représentations sexuelles et espaces du Nord », Jaap Lintvelt et Janet M. Paterson (dir.), *Sexuation, espace, écriture : la littérature québécoise en transformation*, Québec, Éditions Nota bene, 2002, p. 255-274.

Parent-Bouchard, Émilie, « Il y a 80 ans... la grève des "Fros" débutait à Noranda », *Ici Radio-Canada* [en ligne], mis à jour le 13/06/14, http://ici.radio-canada.ca/regions/abitibi/2014/06/13/001-greve-fros-80-ans.shtml.

Poulin, Gabrielle, « Ce feu qui couve...; Hélène Brodeur, *Chroniques du Nouvel Ontario. La Quête d'Alexandre*, coll. Prose entière », *Lettres québécoises*, n° 24, 1981, p. 19-21.

Renaud, Normand, « Aux portes de l'enfer : Sudbury dans l'imaginaire littéraire », *Liaison*, n° 69, 1992, p. 20-22.

Saucier, Jocelyne, « Jocelyne Saucier : le plaisir d'allumer des feux », entrevue accordée à Louise Desjardins, *Lettres québécoises*, n° 148, 2012, p. 6-8.

Tremblay, Isabelle, « *La Côte-de-sable* de Daniel Poliquin ou L'espace comme matériau de la quête identitaire », *Revue du Nouvel-Ontario*, n° 31, 2006, p. 33-54.

Vanasse, André, « *La vengeance de l'orignal* de Doric Germain ou Les nouveaux chercheurs de trésors », *Lettres québécoises*, n° 22, 1981, p. 41.

Yergeau, Robert, « La poésie franco-ontarienne : les lieux de la dépossession », *Francophonies d'Amérique*, n° 1, 1991, p. 7-13.

Sites Web consultés

http://editionsduquartz.com/About.aspx [Les Éditions du Quartz]

http://editionsdavid.com/a-propos-de-nous/mandat/ [Éditions David]

http://interligne.ca/ [Éditions L'Interligne]

http://prisedeparole.ca/a-propos/ [Éditions Prise de parole]

http://www.britannica.com/topic/APRA [Encyclopaedia Britannica]

http://www.embajadadebolivia.com.ar/m_cultura/c_literatura.html [Embajada del Estado Plurinacional de Bolivia en la Argentina]

http://www.quebecmeilleuremine.org/content/assouplissement-des-normes-environnementales-%C3%A0-malartic [Coalition pour que le Québec ait meilleur mine]

http://www.thecanadianencyclopedia.ca/fr/article/or-104/ [The Canadian Encyclopedia]

http://www.universalis.fr/encyclopedie/eldorado/ [*Encyclopaedia Universalis*]

https://www12.statcan.gc.ca/census-recensement/2011/dp-pd/prof/details/page.cfm?Lang=F&Geo1=POPC&Code1=0498&Geo2=PR&Code2=24&Data=Count&SearchText=&SearchType=Begins&SearchPR=01&B1=All&Custom=&TABID=1 [Statistique Canada]

jonimitchell.com [Site officiel de Joni Mitchell]

www.toponymie.gouv.qc.ca/ct/ToposWeb/fiche.aspx?no_seq=116 [Commission de toponymie du Québec]

TABLE DES MATIÈRES

Introduction 9

CHAPITRE I –
Les chronotopes hérités de l'imaginaire minier européen 31
    La dysphorie du chronotope de la mine industrielle 35
    Le travail minier comme menace à la santé 36
    La mine industrielle et son paysage 39
    Des accidents et des catastrophes minières 43
    Une solidarité qui ne va pas de soi: la question de la grève 50
    D'un sacrifice à l'autre 56
    Le pouvoir du capital 59
    L'euphorie et son envers dans le chronotope de la mine mythique 62
    La mine: un monde sacré et religieux? 62
    Vers une cosmogonie minière abitibienne 70
    Le parcours initiatique: quête du sacré ou passage obligé? 76
    Sacralisation et désacralisation de l'espace minier 83
    La mine mythique comme chronotope producteur d'autres mondes .. 85

CHAPITRE II –
Formes génériques minières nord-américaines:
les chronotopes de la *frontier* et du Nord 95
    L'axe nordique de la colonisation:
        entre désert blanc et terre de tous les possibles 101
    Les *frontiers* de l'Ouest et du Nord 101
    La colonisation d'un bout du monde 103
    Des villes minières d'« extrême frontière » 108
    Le cosmopolitisme des centres miniers 109
    Des villes de style *boom-town* 115
    L'effet ville-fantôme 118

L'axe de l'aventurier:
    les parcours du prospecteur et la face cachée de la *frontier* 121
La prospection minière: entre errance et sédentarité 123
La valeur chronotopique des ruées vers l'or de la Californie
    et du Klondike 127
La démocratisation de la *frontier* 131
La folie de la ruée vers l'or 134
Les lieux de la *frontier* 135
Un monde souterrain associé à la criminalité 141
L'axe de l'hivernité: espace de l'épreuve
    et de la multiplication de la *frontier* 145
L'expérience d'un climat extrême 146
Les codes de la *frontier* nordique 148
Une épreuve spirituelle et ses états-limites 153
L'axe du Nord esthétique et l'axe franco-ontarien:
    fonctions du Nord et de l'hiver en milieu minier 158
L'ambiguïté de l'axe du Nord esthétique 158
L'axe nordique franco-ontarien: axe identitaire de la solidarité 162

CHAPITRE III –
De la magnificence à l'exclusion: le personnel de l'œuvre minière 167
L'homme comme initié: le prospecteur et le mineur,
    construction et déconstruction de la légende 170
Le «personnage-caméléon» et le marquage de la mine 171
L'habiter: mobilités et immobilités de l'homme 179
Machisme et refus de l'Autre dans l'imaginaire minier 186
Héros ou perdants? La problématique de l'héroïsation
    du mineur et du prospecteur 192
La femme de l'hyper-terroir: l'épouse, la mère et la putain 211
La Terre-Mère: l'appropriation du corps de la femme 213
La figure traditionnelle de l'épouse-mère 218
La putain: envers de la Vierge ou produit du milieu minier? 223
La figure de l'Autochtone: d'une essentialisation à l'autre 228
La femme autochtone: subordonnée de l'homme blanc 230
L'homme autochtone: une représentation du bon sauvage 234

Conclusion 239
    Développement des corpus et mode de prédilection 239
    Du chronotope au genre 247

Bibliographie 253
    Corpus principal 253

Corpus secondaire 253
Autres œuvres 255
Ouvrages théoriques 256
Articles théoriques 261
Thèses 265
Ouvrages et articles sur le corpus 266
Sites Web consultés 268

www.ingramcontent.com/pod-product-compliance
Lightning Source LLC
Chambersburg PA
CBHW050242170426
43202CB00015B/2888